RDI
蓝迪国际

中国式现代化开启新篇

蓝迪国际智库年度报告 2022

A NEW CHAPTER FOR CHINESE PATH TO MODERNIZATION
RDI ANNUAL REPORT 2022

荣誉主编　王伟光
主　　编　赵白鸽　吕红兵
副 主 编　王　镭　叶海林　马　融

中国经济出版社
CHINA ECONOMIC PUBLISHING HOUSE
·北 京·

图书在版编目（CIP）数据

中国式现代化开启新篇：蓝迪国际智库年度报告2022／赵白鸽，吕红兵主编．--北京：中国经济出版社，2023.12

ISBN 978-7-5136-7616-8

Ⅰ．①中… Ⅱ．①赵… ②吕… Ⅲ．①咨询机构-研究报告-中国-2022 Ⅳ．①C932.82

中国国家版本馆 CIP 数据核字（2023）第 235481 号

责任编辑 姜 莉 李玄璇
责任印制 马小宾

出版发行 中国经济出版社
印 刷 者 北京富泰印刷有限责任公司
经 销 者 各地新华书店
开　　本 710mm×1000mm 1/16
印　　张 22
字　　数 309 千字
版　　次 2023 年 12 月第 1 版
印　　次 2023 年 12 月第 1 次
定　　价 99.00 元
广告经营许可证 京西工商广字第 8179 号

中国经济出版社 **网址** www.economyph.com **社址** 北京市东城区安定门外大街 58 号 **邮编** 100011
本版图书如存在印装质量问题，请与本社销售中心联系调换（联系电话：010-57512564）

编 委 会

序　言

2022年，承前启后，极不平凡。

放眼寰宇，世纪疫情影响深远，全球经济复苏乏力，并不太平的世界进入新的动荡变革期。乌克兰危机升级，全球粮食能源供给危机，主要发达国家通货膨胀持续上升，气候变化问题突出，《区域全面经济伙伴关系协定》（RCEP）开年生效，人民币快速国际化，2022年冬奥会、世界杯举办，等等。变革与动荡两种趋势持续演进，团结与分裂两种导向相互激荡。

在全球化旋涡逆流中，中国坚定站在历史正确的一边，站在人类文明进步的一边，以“中国之治”对冲“世界之乱”，推动高水平对外开放，与世界分享发展机遇。在外部风险的冲击中，我们努力做好自己的事情，把中国发展进步的命运牢牢掌握在自己手中。维护大国关系战略稳定，奉行开放的区域主义，汇聚发展中国家自强合力，建设性参与应对全球挑战。中国发出推动经济全球化最强音，高质量共建“一带一路”捷报频传，打造促进各国发展的新引擎。

党的二十大胜利召开，描绘了中国式现代化全面推进中华民族伟大复兴的宏伟蓝图。中国式现代化指明了构建人类命运共同体的未来发展方向，开辟了社会主义发展新境界，是对世界现代化理论和实践的重大创新。本报告聚焦“中国式现代化开启新篇”，讲述新型智库在现代化建设中的探索与实践。

2023年是全面落实党的二十大精神开局之年、全面建设社会主义现代化国家新征程起步之年，同时是中国实施改革开放45周年、习近平主席提出构建人类命运共同体重大理念10周年、“一带一路”倡议提出10周年。奋进的中国，需要各行各业百花齐放、共同努力。变化的世界，急需新型智库继续发挥咨政建言、理论创新、舆论引导、社会服务、公共外交等重要作用，为推动国家治理体系和治理能力现代化、促进第四次产业革命发展、服务“一带一路”倡议和构建人类命运共同体贡献力量。

蓝迪国际智库成立于“一带一路”倡议初始期，现已走过夯基垒台、立柱架梁、蓬勃发展的8年。回眸2022年，蓝迪国际智库紧紧把握社会进步的脉搏和国际发展态势，充分发挥了自身作为新型应用型智库的价值和优势。

蓝迪国际智库积极向党和国家建言献策，已完成近百篇高质量研究报告，内容涉及国际局势、大国外交、区域经济、先进科技及行业发展等领域。在中国社会科学院的领导下，在全国政协、统战、外联及外交、商务、工信、科技等部门的支持下，广泛开展智库研究、建言献策、技术研讨、产业调研。积极推动共建“一带一路”国家与国内重要城市的合作链接，推介以第四次产业革命为引领的中国科技创新企业走向国际舞台，在“一带一路”建设与发展中注入中国新科技活力。积极探索平台建设，开展地方园区、行业协会、研究机构、国际组织的调研与合作，进一步增强服务地方经济和企业发展的专业化能力。积极助力区域经济发展，为地方政府和企业在政策解读、产业升级等方面提供智力支持。积极组织和参与国内外高端论坛及会议，主题涉及乌克兰危机、中美合作、中英合作、中巴经济走廊建设、上合组织地方经贸合作、RCEP及亚洲经济一体化、国际枢纽自贸港建设等。积极与中亚、中东欧、南亚等区域开展智库外交和研究合作，促进民心相通。

《中国式现代化开启新篇——蓝迪国际智库年度报告2022》全面系统地梳理了蓝迪国际智库2022年度在智库、国际、城市、企业、媒体五大网络中形成的重大活动和重要成果。希望本报告所呈现的专家学者的真知灼见和“一带一路”建设等多领域的鲜活实践，能成为有关部门政策制定和广大企业参与高质量共建“一带一路”的有益参考。

百年未有之大变局下，世界经济、地缘政治、能源环境、全球治理等都面临严峻挑战。尽管全球化作为经济发展必然趋势不会终结，但全球化发展进入深度调整期已成为共识。中国发展前景与世界整体形势紧密相连，在中国高质量转型发展的关键时期，无论是国家发展战略调整、政策优化，还是企业抢抓成长机遇、认清风险，都需要放眼世界，把握全球发展趋势。

党的二十大报告提出，要“始终从国情出发想问题、作决策、办事情”“坚持科学决策、民主决策、依法决策，全面落实重大决策程序制度”，报告强调的“坚持问题导向，坚持系统观念，坚持胸怀天下”等要求，正是蓝迪国际智库长期遵循的工作原则。2023 年政府工作报告继续强调“加强智库建设”，对新型智库平台、决策咨询机构发展发出了动员令，提出了新要求。

面对新的挑战，蓝迪国际智库将立足新型应用型智库平台定位，紧紧依托中国社会科学院这一国家智库平台，继续夯实人才基础，加强能力建设，发挥智库引领作用；积极联动企业服务国家战略，助力企业国际能力建设，推动企业“引进来”“走出去”；持续做好政策研究工作，为国家的改革开放与发展提供智力支持，为推动和落实“一带一路”倡议、新型全球化和第四次产业革命向前发展贡献力量。

第十三届全国政协常委、民族和宗教委员会主任
中国社会科学院原党组书记、院长　王伟光
蓝迪国际智库名誉理事长

2023 年 5 月

目 录

第一章　国际风云　动荡变革期的全球机遇与挑战

回首 2022 年，世界之变、时代之变、历史之变以前所未有的方式展开。新冠疫情反复延宕，世界经济脆弱性更加突出，地缘政治局势紧张，全球治理严重缺失，粮食和能源等多重危机叠加，人类社会面临前所未有的挑战。党的二十大胜利召开，清晰描绘以中国式现代化全面推进中华民族伟大复兴的宏伟蓝图，为解决人类面临的共同问题贡献中国方案。本章围绕国际局势中的热点议题，分析其背景成因、演进趋势以及对国内外政治经济局势的影响，为整体把握国际形势形成参考。这里首先按时间顺序盘点 2022 年度十大国际热点。

1. RCEP 生效实施为全球经济增长注入强大动力

2022 年 1 月 1 日，《区域全面经济伙伴关系协定》（RCEP）正式生效。RCEP 的生效实施，标志着全球人口最多、经贸规模最大、最具发展潜力的自由贸易区正式落地，充分体现了各方共同维护多边主义和自由贸易、促进区域经济一体化的信心和决心，将为区域乃至全球贸易投资增长、经济复苏和繁荣发展作出重要贡献。区域国家企业积极利用关税减让、原产地累积规则、贸易便利化等，获得了实实在在的收益。中国政府采取一系列务实举措，全面落实市场开放承诺和协定义务，促进自由贸易区政策红利持续释放。

2. 疫情反复延宕持续冲击全球

疫情反复延宕给人民生命健康造成巨大伤害，给世界经济和民众生产生活带来深远影响，加剧了供应链紊乱、劳动力短缺等问题。中国政府坚持人民至上、生命至上，因时因势不断优化调整疫情防控措施，统筹疫情防控和经济社会发展取得重大积极成果。各国着眼人类共同福祉，加大宏观政策协调，在产业链供应链修复、公共卫生、贸易金融、粮食与能源安全等领域加强国际合作。

3. 乌克兰危机加速百年变局演进

2022 年 2 月 24 日，俄罗斯对乌克兰发起特别军事行动，乌方宣布在乌全境实施战时状态。美国等北约国家持续“拱火”，对俄方实施制裁，向乌方提供军援。芬兰和瑞典申请加入北约，“北溪”天然气管道发生爆炸。乌克兰危机激化欧洲地缘政治矛盾，导致全球能源和粮食供应短缺等问题。面对危机，大多数国家拒绝跟风制裁俄罗斯。中方始终站在和平一边，为劝和促谈发挥建设性作用。伴随这场危机，世界多极化趋势更加明显，世界百年未有之大变局加速演进。

4. 美联储“强收缩”放大全球经济衰退风险

2022 年 3 月 16 日，美联储为缓解高通胀宣布加息 25 个基点，开启新一轮加息周期。这一年，美联储连续 7 次累计加息 425 个基点。这一“强收缩”导致多国货币汇率跌至历史低点，输入性通胀压力陡增，债务违约风险上升，金融市场剧烈震荡。美国收紧流动性，拉升美元汇率，向外转嫁危机，致使全球金融环境收紧，世界经济增长放缓，对新兴市场和发展中国家，尤其是对欠发达国家经济造成损害。世界经济总体下行，而中国经济持续回升，对增强人民币资产吸引力、吸引资本回流、人民币国际化形成新的机遇。

5. 英国女王伊丽莎白二世去世，英国首相频繁更迭

2022 年 9 月 8 日，英国女王伊丽莎白二世去世，查尔斯王子随即成为英国的新君主。2022 年 10 月 25 日，在利兹 · 特拉斯和鲍里斯 · 约翰逊被迫辞职后，里希 · 苏纳克在 50 天内成为新的英国首相。同时，苏纳克也成为英国历

史上首位印度裔首相、英国200多年以来最年轻的首相。

6. 联合国人权理事会否决涉疆决定草案

2022年10月6日，联合国人权理事会第五十一届会议对美国牵头提交的一项涉疆问题决定草案进行表决。草案遭到人权理事会多数成员特别是广大发展中国家的强烈反对，最终以失败告终。一段时间以来，美国及一些西方国家反复借涉疆问题造谣生事，在人权理事会散布涉疆谎言谬论，企图利用联合国人权机构干涉中国内政，推进其“以疆制华”图谋。会议期间，巴基斯坦代表近70个国家作共同发言，反对将人权问题政治化和双重标准，反对以人权为借口干涉中国内政。20多个国家以单独发言等方式支持中国，近百个国家以不同方式表达对中国正当立场的理解和支持。

7. 党的二十大对世界影响深远

2022年10月22日，中国共产党第二十次全国代表大会在北京胜利闭幕。大会向世界展现了以中国式现代化全面推进中华民族伟大复兴的光明前景，传递了新时代中国一如既往深化对外开放与合作、推动世界和平与发展的强烈信号，在全球引发广泛回响。国际社会普遍认为，党的二十大对世界影响深远，为复杂动荡的国际局势注入强大稳定性，在中国共产党坚强领导下，中国将不断以自身新发展为世界提供新机遇，继续推动构建人类命运共同体，建设更加美好的世界。

8. 各国共谋人与自然和谐共生

2022年11月6日，世界气象组织发布报告说，过去8年或成为有气象记录以来最热的8年。一年来，多国遭遇罕见高温以及随之而来的严重干旱和森林火灾，巴基斯坦、阿富汗等国遭受特大洪灾，保护地球刻不容缓。年终岁末，三个全球环境公约缔约方大会相继举行。《湿地公约》缔约方大会通过“武汉宣言”，《联合国气候变化框架公约》缔约方大会取得一揽子积极成果，《生物多样性公约》缔约方大会通过“昆明—蒙特利尔全球生物多样性框架”，国际社会携手合作，共建清洁美丽的地球家园。

9. 世界总人口突破 80 亿

联合国宣布，世界人口在 2022 年 11 月 15 日达到 80 亿。联合国网站“80 亿人口日”栏目介绍，这是人类发展史上的一个里程碑。随着公共卫生、营养状况、个人卫生以及医疗条件的改善，人类寿命逐渐延长，全球人口持续增长。另外，一些国家的高生育率也推动了人口快速增长。联合国秘书长古特雷斯表示，全球人口达到 80 亿，这是人类思考对地球负起共同责任的时刻。

10. 中国元首外交书写时代新篇

2022 年 12 月 10 日，习近平主席在结束出席中国—阿拉伯国家峰会、中国—海湾阿拉伯国家合作委员会峰会并对沙特进行国事访问后回国。这一年，习近平主席开启“冬奥时间”，世界目光聚焦东方。习近平主席还 3 次出访，到访五国，主持或出席中国—中亚、中阿、中海、金砖、上合组织、G20 峰会和亚太经济合作组织（Asia-Pacific Economic Cooperation，APEC）领导人非正式会议等多边会议，同俄罗斯总统普京、美国总统拜登、法国总统马克龙、德国总理朔尔茨、欧洲理事会主席米歇尔和联合国秘书长古特雷斯等多国领导人和国际组织负责人会晤。中国元首外交高举和平、发展、合作、共赢旗帜，大力推动全球发展倡议、全球安全倡议取得成果，为维护世界和平、促进共同发展凝聚广泛共识、汇聚磅礴力量。

一、乌克兰危机后的世界秩序剧变

2022 年 2 月 24 日爆发的乌克兰危机，是冷战结束之后，甚至是二战结束之后，国际秩序面临的最大挑战，是世界秩序发展的重要分水岭，正在深刻影响国际格局，推动国际秩序和国际体系加速演进。

（一）乌克兰危机的深层背景与直接诱因

从较长期的角度来看，以下三个方面的基本变化是乌克兰危机的深层背景。

第一，20 多年来，乌克兰国家政治发展方向不定，国内宪政体制多变，国家治理功能衰弱，社会经济长期波动，腐败盛行，民生艰难，这是造成本次动荡的一个长期的内部原因。弗朗西斯·福山在《政治秩序的起源》一书中，对在“颜色革命”中被选上台的乌克兰总统维克多·安德烈耶维奇·尤先科，以及 2010 年当选总统的亚维克托·亚努科维奇，都给予了尖锐批评。他认为，在他们治理下的乌克兰是后冷战阶段充满“政治焦虑”的“民主失败”国家的典型。这揭示了西方以所谓的“民主与威权”划分世界，企图将乌克兰纳入欧美势力范围的图谋，乃是导致乌克兰危机的重要背景。

第二，乌克兰地处欧亚大陆东西方文明结合部最西端的特定历史地理位置是危机的又一深层原因。西欧的宗教与政治历史对乌克兰西部地区影响深厚，而基辅本身又是俄罗斯文明发祥地。在后冷战地缘政治的特殊背景下，北约与欧盟等西方势力的拓展、俄罗斯的传统影响以及当地传统犬牙交错，在乌克兰突出表现为东西方之间不可遏制的东拉西扯、相互冲撞，使该国成为大国纷争的旋涡。乌克兰难以复制同处欧洲文明结合部地带的其他国家（如瑞士、奥地利等）的民族与区域建构路径。难以规避的既定文明历史背景、西方基于意识形态对国际转型的总体战略设计，都为这场危机作了伏脉千里的铺垫。

第三，还有一个关键的背景因素，即俄罗斯与西方的关系。一方面，西方对俄罗斯的成见根深蒂固；另一方面，与 20 世纪 90 年代痛苦转型中的萧条虚弱相比，俄罗斯“黄金十年”所获得的国力增长、普京引导的强国精神，使俄罗斯再也不愿以“冷战失败者”的身份与西方打交道，而是急起直追，以牙还牙，以俄罗斯推动的欧亚经济联盟与西方对峙。以上种种暗潮涌动，为乌克兰危机的爆发早早埋下了伏笔。

乌克兰危机的直接诱因可从以下三个方面分析。

第一，苏联解体过程尚未终结，“苏联解体综合征”还深深困扰着艰难转型中的苏联各国，而美国一直策动“颜色革命”，力推乌克兰、格鲁吉亚加入北约。欧盟在乌克兰问题上采取排他性的“欧盟联系国协定”和“东方伙伴关系”计划，直逼俄罗斯的安全与经济命脉底线，激起俄方的强烈反抗。

第二，原来作为欧俄双边关系的“黏合剂”，并有一系列基础设施作为保障的欧俄能源合作体系，因乌克兰过境天然气危机与“页岩气革命”的骤然发生、欧洲政治的代际更替、跨大西洋关系的走向不明等新出现的不确定性因素正在发生动摇，致使俄欧关系趋于疏离与对立。美俄关系在奥巴马上台之后的“重启”举措中一度短暂缓和，后又因“阿拉伯之春”、叙利亚战争，以及“反导”等一系列双边核心问题而搁浅，直到 2014 年 2 月，美国在乌克兰首都骚乱中直接干预和离间，这表明美国不光企图在俄乌之间，甚至企图在俄欧之间插入“楔子”，以力求继续掌控欧亚事务。但是，实力和意愿之间的差距，往往使其力不从心，捉襟见肘。

第三，乌克兰危机过程中多重冲突交织，不光有乌克兰和俄罗斯之间的纷争，有乌克兰东部和西部间的矛盾，有激进极右翼和寡头之间的角斗，还有其他各个政治利益集团之间的复杂博弈。有评论家认为，乌克兰政坛不像是一个政治家的聚合处，而更像是一批拳击手的竞技场，各方乐于寻租，罕言道义，也难有建设性动议，因此造成了危机的爆发和预后的处理等极难控制的局面。

（二）美国是乌克兰危机的始作俑者

百年变局和世纪疫情交织下，乌克兰危机的爆发牵动世界。如何着眼当下，面向未来，找到解决方法，早日停火止战，是一切爱好和平的国家和人民的共同愿望。大国更是应发挥建设性作用。然而，对危机的发生负有不可推卸责任的美国，不是采取切实行动化解危机，而是一方面极力把自己包装成“和平卫士”和“以规则为基础的国际秩序”的“守护者”，另一方面处心积虑编织所谓“民主对抗威权”“正义对抗邪恶”的政治叙事，企图通过渲染阵营对抗、挑动意识形态冲突，达到转嫁危机、制造矛盾、遏制他国发展的目的。乌克兰危机让世人进一步看清了美式霸权的本质和冷战思维的破坏性影响。

美国主导的北约东扩是乌克兰危机的根源，美国是乌克兰危机的始作俑者。正如国际人士所指出的：“只有了解这场战争的背景，才有可能停止战争。”乌克兰问题有其复杂历史经纬，局势演变至今是各种因素共同作用的结果。谈论乌克兰问题的来龙去脉、是非曲直，绕不开的关键问题是北约东扩。北约是冷战的产物。20世纪90年代，苏联解体、冷战结束，北约已失去存在的理由。然而，美国领导下的北约却不断扩张势力范围。在“巩固民主”“延伸稳定、推进共同价值观”等幌子下，北约一再违背承诺，五次东扩，将边界向东推进1000多千米，部署大量先进的进攻性战略武器，并向乌克兰等国家许下加入北约的诺言，“刀尖”抵近俄罗斯边境。

北约作为一个军事集团，早已沦为美国推行霸权的工具。美国主导的北约通过发动“颜色革命”等，长期在俄罗斯周边制造动荡，打开了一个又一个潘多拉魔盒。法兰西学院院士安德烈·马金尼指出，北约1999年未经联合国安理会授权轰炸贝尔格莱德、摧毁塞尔维亚，加之美西方在阿富汗、伊拉克和利比亚发动战争，都实实在在地让俄罗斯有遭受包围之感。美国芝加哥大学教授约翰·米尔斯海默指出：“西方尤其是美国要对这场危机承担主要责任。”

从历史维度全球视野看，乌克兰危机是美国自编自导的又一场全球性安全危机。二战后，美国一直将地缘政治作为外交指导思想，把世界看作“玩瓜分地盘”游戏的“大棋局”。在这种冷战思维的怂恿下，美国在亚非地区遥控“阿拉伯之春”，在欧亚国家导演“颜色革命”，在拉美地区推行“新门罗主义”，在许多国家搞政变、暗杀，严重破坏国际秩序、威胁世界和平。德国联邦议院选择党党团主席魏德尔指出，西方强硬派固守过时的冷战思维，傲慢地否认俄罗斯大国地位，给乌克兰许下加入北约这一根本无法兑现的承诺，犯下灾难性的历史错误。各方需要的是现实、清醒地看待地缘政治，尽最大努力建立超越东西方阵营思维的欧洲安全机制。

“为什么在冷战结束带来的所有充满希望的可能性的情况下，东西方关系却集中在谁将与谁结盟的问题上，并暗示在未来某个幻想的、完全不可预见和最不可能的军事冲突中与谁对抗？”美国前驻苏联大使乔治·凯南1997年的疑问，今天依然在等待美国政府的回答。

解决乌克兰危机的根本出路在于对话谈判，逼迫他国选边站队只会干扰危机的解决。许多国家明确表示拒绝跟从美国对俄采取敌对立场或行为，认为单边制裁不仅不能解决任何问题，反而会引发更大规模的人道主义危机，加深普通民众的苦难。美国《外交官》杂志指出，大部分发展中国家在应对乌克兰危机上与美西方有着明显分歧，“这些国家的态度反映了对加剧地缘政治对抗做法的警惕”。

（三）危机深刻影响全球经济复苏

俄罗斯和乌克兰作为全球能源、工业原材料和农产品的重要供给国和连接欧亚大陆的重要运输通道，是全球主要产业的重要参与者，有着“牵一发而动全身”的影响。

2022 年 12 月 15 日，欧洲理事会批准了欧盟委员会此前提出的第九轮对俄罗斯制裁措施。美国政府同一天也宣布新一轮对俄个人和实体制裁措施。自 2022 年 2 月 24 日俄罗斯发起对乌克兰的特别军事行动以来，西方采取多轮制裁，试图从经济上击垮俄罗斯。乌克兰危机升级以及此后的拉锯式延续，使俄乌经济民生受到冲击，也深刻影响全球经济复苏。

国际货币基金组织总裁格奥尔基耶娃 2022 年 11 月表示，乌克兰危机是 2022 年世界经济面临的“最大不利因素”，而且 2023 年可能也是如此。经合组织 2022 年 11 月预计 2022 年全球经济增速为 3.1%，2023 年放缓至 2.2%。国际货币基金组织预计 2023 年欧元区经济增长率降至 0.5%，美国降至 1%。

首先，全球粮食、能源安全受到严重冲击。世界银行行长马尔帕斯说，乌克兰危机及西方制裁导致粮食、能源、化肥短缺，由此引发粮食安全危机，而遭受打击最大的是最贫困人群。在欧洲，受能源供应紧张影响，多地天然气价格屡创新高，加剧通胀压力，加重民生负担。欧盟统计局于 2022 年 10 月 31 日公布的初步统计数据显示，欧元区能源和食品价格持续飙升，2022 年 10 月通胀率按年率计算达 10.7%，再创历史新高。欧盟委员会近日发布的 2022 年秋季经济预测报告称，欧盟、欧元区和大多数成员国经济预计在

2022年第四季度陷入衰退，2023年第一季度经济活动将继续萎缩。

其次，供应链受阻等因素拖累全球经济复苏。乌克兰危机和西方对俄制裁不断升级导致港口堵塞、领空关闭，使海运、空运和陆路交通压力持续升高，长期依赖跨境运输的汽车零部件、半导体、粮食、能源等行业的短缺问题持续加剧。中国常驻联合国副代表耿爽2022年12月6日在安理会审议乌克兰人道问题时表示，当前全球面临的粮食、能源危机不是生产和需求问题，而是供应链出了问题，国际合作受到干扰。

在全球经济复苏受到乌克兰危机深刻影响的同时，美国则是这场危机最大的受益者。据美国雅虎新闻网站报道，2022年2月乌克兰危机升级以来，欧盟国家已承诺购买价值约2300亿美元的武器装备，鉴于美国军火商是欧洲的主要供应商，他们会拿到这些订单中的最大份额；当欧洲深陷能源危机时，美国则"趁火打劫"，抢占欧洲能源市场并高价兜售。金融信息服务提供商路孚特公司的数据显示，美国2022年9月出港货船装载的液化天然气近70%运往欧洲。据欧洲多家媒体报道，美国公司每艘驶往欧洲的液化天然气运输船可赚取超过1亿美元利润。

分析认为，全球经济复苏本就面临地区不平衡、政策不协调以及疫情反复带来的诸多不确定性，乌克兰危机叠加西方对俄制裁导致全球供应链受到干扰，严重影响全球贸易正常运行。除此之外，在高通胀的压力下，美国等经济体继续收紧货币政策，将导致一些国家债务违约风险升高，令世界经济复苏面临更多风险。

（四）俄乌冲突对国际秩序的影响持续发酵

一是世界多极化进入复杂演变阶段。冷战后，多极化进程曲折发展，美国霸权经过阿富汗战争和伊拉克战争及2008年国际金融危机后走向衰落。随着新兴市场国家群体性崛起，世界政治版图"东升西降"转换加速推进。俄罗斯、中国、欧盟作为多极化的主要推手和维护者与美国展开多种形式的较量。俄乌危机升级过程中，美国不断拱火，在冲突爆发后源源不断地向乌克兰输送武器，同时裹挟欧洲国家对俄罗斯施以史上最严厉的经济制裁，其根本动机在于通过重新打造盟友体系和划分“民主”与“专制”两大阵营把世界引向“新冷战”，最终目的就是要在打击和削弱对手的同时重建美国全球霸权和以美国为中心的世界秩序。

二是全球治理体系遭到严重破坏。二战后建立的全球治理体系，最初主要代表以美国为首的西方国家的价值观和利益诉求，是维护西方主导地位的系列国际规则和框架机制。冷战结束 30 多年以来，世界格局发生深刻演变，新兴大国快速崛起，美国软硬实力呈现衰落之势，多极化进程深入推进，联合国日益成为坚定维护国际公平正义、促进世界和平发展的重要平台，各种全球和地区性合作机制也在全球治理中发挥独特作用。俄乌冲突发生后，美国抓住俄罗斯对主权国家采取军事行动违背联合国宪章宗旨原则这一“把柄”大做文章。美国利用多边舞台却违背了多边主义的初衷，不是推动对话、促进和平与维护公正，而是通过把大国博弈和地缘政治议题引入几乎所有多边机制，以政治胁迫推行“选边站队”，从而制造阵营分化与对立，完全不在乎对人类发展合作和应对全球性挑战等重要议程构成干扰和影响，事实上已背离了国际关系基本准则和国际多边协议，贬损了战后建立起来的国际规则的全球信誉，给动荡的世界增添了新的不确定不稳定因素。

三是经济全球化遭遇重大挫折和断裂风险。2022 年初以来，在新冠疫情持续蔓延、全球通胀持续高企、世界经济大概率陷入衰退的背景下，以美国为首的西方国家不顾巨大外溢负面效应实施快速加息紧缩政策，同时针对俄罗斯发起史无前例的全方位大规模经济金融制裁，不仅导致全球能源和粮食安全受到威胁、原材料等大宗商品供求矛盾突出，而且令艰难修复中的产业链供应链再陷困境，国际债务和金融领域风险激增，美元结算和支付体系的信誉与安全性受到质疑，自由贸易规则严重受损，经济全球化遭遇历史性重创，世界经济正面临分裂和断层的风险。

二、美国“印太经济框架”升级地缘博弈

2022 年 5 月 23 日，美国总统拜登在访问日本时正式宣布启动“印太经济框架”（Indo-Pacific Economic Framework，IPEF）。14 个成员国，包括美国、日本、韩国、澳大利亚、新西兰、文莱、新加坡、马来西亚、泰国、菲律宾、越南、印度尼西亚、印度、斐济将在贸易（尤其是数字贸易）、供应链、清洁能源与基础设施、税收（反洗钱）与反腐败四大支柱、多个领域加强协调与合作，“重新定义美国与其伙伴国在这一关键地区（印太地区）的共同利益和共同目标”。IPEF 的提出，在为美国印太战略提供新的经济基础的同时，将使中国的周边环境变得更加复杂多变。

（一）“印太经济框架”的内涵特征

在贸易领域，IPEF 将弥补美国退出《跨太平洋伙伴关系协定》（TPP）[《全面与进步跨太平洋伙伴关系协定》（CPTPP）的前身] 后在印太区域经济一体化进程中的缺位和空白，恢复、强化美国与该地区的经贸联系。与 TPP 等以关税削减、市场准入、贸易自由化和投资便利化为核心要素的区域贸易协定、自由贸易协定相比，IPEF 更加关注高新技术的出口管制、公平贸易而非自由贸易、数字贸易和与贸易有关的劳工、环境标准等美国优先或利益集中领域（其中数字贸易规则、劳工和环境标准也是 TPP、CPTPP 的重要组成部分）。与 TPP 等强约束性的自由贸易协定相比，IPEF 更具灵活性和针对性，不必像 TPP 一样须经美国国会授权或批准；也不必像 TPP 一样需要接受一揽子规则。IPEF 采用模块化而非一揽子模式，成员可在 4 个模块中选择一个进行谈判，而不必对所有模块作出承诺。

在数字经济和数字贸易规则领域，IPEF 将与 USMCA（美国—墨西哥—加拿大协定）、CPTPP、美日数字贸易协定一起为美国在区域和全球数字治理领域保持优势地位提供新的路径、模式。作为 IPEF 贸易模块最重要的组成部分，

IPEF 将为跨境数据自由流动、禁止数据本地化要求、源代码和算法保护、交互式计算服务和平台免责、数字知识产权和数字资产保护等美式数字规则/标准在印太地区的渗透和在全球范围内的扩展提供新的载体。据世界贸易组织（World Trade Organization，WTO）、TAPED 数据库（Trade Agreements Provisions on Electronic Commerce and Data）统计，截至 2021 年 6 月，全球共有 188 个区域贸易协定（RTAs）含有与数字贸易相关的特定条款，其中 113 个含有特定的电子商务条款，89 个含有电子商务（数字贸易）章节。作为全球第一数字经济大国、第一数字贸易大国（据中国信息通信研究院测算，2021 年，美国数字经济规模达 13.6 万亿美元；据 UNCTAD 统计，2021 年美国数字支付服务贸易出口额为 5330.93 亿美元，约占全球数字支付服务贸易出口总额的 16.83%），美式数字规则在区域和全球范围内的扩散、渗透，将为美国维护其在全球数字治理中的主导地位发挥重要作用。

在供应链韧性和安全领域，IPEF 将与美日澳半导体联盟、美日澳印稀土联盟等一起为美国重塑印太地区供应链，维护美国在全球供应链尤其是半导体供应链中的主导地位、关键节点地位发挥新的作用。在新的 IPEF 下，美日等国将在半导体芯片、稀土等关键矿产资源领域继续加强合作，以提高半导体、关键矿物、关键原材料（中间品）等关键产业链供应链的透明度（可溯源性）、多样性（“去中国化”）、安全性和可持续性。以 IPEF 为平台，美国、日本等国还会以所谓国家安全、人权为由，综合使用出口管制、外资审查、新的贸易规则（劳工、环境标准）、新的贸易调查和诉讼、限制市场准入等工具，进一步强化针对“第三方”的供应链安全审查机制，维护发达国家在关键行业的领先地位。早在 2021 年 7 月 IPEF 提出之前，美国白宫就曾发布一份关键产品供应链风险评估报告，要求对稀土等关键矿物和材料的提取与加工制定“21 世纪标准”；还以提高半导体供应链透明度为由，要求三星、台积电等多家芯片企业向美国政府提供商业机密数据。同期公布的欧盟供应链多元化计划也将半导体、锂电池、氢能、云计算等 6 个领域的供应链安全列入战略规划。而在小多边层面，2021 年 3 月组建的美日澳印稀土联盟则试图将澳大利亚和印度的稀土资源与美国的精炼技术相结合，以减少对中国稀土的依赖。据 GTA 全球贸易信息系统数据库统计，美国每年约有 80%的进口稀土来自中国，欧盟则有 98%的进口稀土来自中国。另据美国地质调查局统计，2020 年，全球稀土储量约有 1.2 亿吨，其中中国储量为 4400 万吨，约占全球储量的 36.7%，居世界第 1 位；IPEF 成员中，印度、澳大利亚、美国的储量分别为 690 万吨、410 万吨、150 万吨，分别居世界第 5 位、第 6 位、第 7 位。

在与供应链安全密切相关的尖端技术与标准制定领域，IPEF 将与美日/美韩关键和新兴技术伙伴关系、美日澳印关键新兴技术合作联盟、美欧跨大西洋贸易和技术理事会（TTC）等排他性技术联盟一起为美国维护其在尖端技术领域的领先地位发挥重要作用。在新的、统一的 IPEF 下，美国及其盟友、伙伴在人工智能、电信、下一代移动通信（包括 6G）、数字基础设施、云和电信供应商的多样性、开放式无线接入网、量子计算、半导体芯片、标准互认和系统互操性等关键新兴技术领域继续加强政策协调、联合研究的同时，还会以安全为由进一步加大针对“第三方”的技术封锁和规则围堵力度。2021 年 5 月，美国参议院通过《美国创新和竞争法案》，明确提出美国要在电信、人工智能、量子计算和半导体等关键技术方面保持领先地位；同时发布的《无尽前沿法案》更是将人工智能、高性能计算机、量子计算和信息系统、机器自动化与先进制造、先进通信技术、生物医疗技术和基因组学、网络安全和数据存储管理技术、先进能源、先进材料科学等列为美国关键产业科技十大优先发展领域，并上升至国家安全高度。2021 年 9 月举行的美欧首次 TTC 会议则将投资审查、出口管制、人工智能、半导体供应链和应对全球贸易挑战列入首批 5 个重点合作领域；以 TTC 为平台，美欧欲在尖端技术、标准制定、技术贸易等领域进一步加强合作，进一步巩固美欧在尖端技术和标准制定领域的优势地位。在美欧强化技术合作的同时，IPEF 成员中，美日、美澳、美韩也在双边层面加大了在高科技领域的合作和政策协调力度；日本更是在强化美日技术伙伴关系的同时与美国一起加大了对人工智能、量子信息、生物科技等高新技术的出口管制力度，部分出口管制对象与美国的“实体名单”高度重合。

在清洁能源（脱碳）领域，IPEF 将与美日清洁能源伙伴关系、美日气候伙伴关系等双边合作机制一起为美国在脱碳、清洁能源和全球气候治理领域继续发挥主导作用提供新的平台。以 IPEF 为平台，美日等 IPEF 核心成员将在可再生能源、电网现代化、能源存储、能效标准、智能电网、氢气、碳捕获、碳回收、工业脱碳和先进核能等脱碳和清洁能源技术领域加强合作，共同推动印太地区实现《巴黎协定》2050 年净零排放目标，共同应对全球气候变化。

在基础设施领域，IPEF 将与七国集团“重建更美好世界”（B3W）倡议、欧盟“全球门户”计划一起为美国的全球基建计划和在印太地区的落地提供新的支持。在 IPEF 启动之前，美国先是于 2019 年 11 月与日本、澳大利亚一起推出“蓝点网络”计划，随后又在美日澳印“四方安全对话机制”（QUAD）框架下推出美日澳印基础设施伙伴关系，加大对印太地区的基础设施投资力度。2021 年 6 月，以美国为首的西方七国集团又推出 B3W 倡议，着重在数字技术、气候变化、卫生健康等领域加大对发展中国家基础设施投资、援助力度的同时，还与 G20《优质基建投资原则》、OECD“蓝点网络”认证咨询会一起将价值观、标准、贸易、安全、气候等因素纳入美国主导的全球基建计划。同期，欧盟也于 2021 年 12 月宣布启动规模达 3000 亿欧元的“全球门户”计划，在数字、气候和能源、交通、健康、教育和研发等优质基础设施投资领域加大欧盟战略自主的同时，强化与美国的战略互动和与中国（特别是“一带一路”倡议）的战略竞争。

（二）“印太经济框架”的出台成因

拜登政府一手主导建立的“印太经济框架”，无论从出台背景还是合作内容看，都贯穿着明显的政治考量，主要有三个目的。

一是补齐“印太战略”的经济短板。随着世界经济重心东移，亚太地区的地缘重要性日益上升。长期以来，美国“印太战略”偏重军事安全合作，尤其是特朗普执政期间美国退出 TPP，使拜登政府对于美国置身亚太区域合作架构之外感到焦虑。“印太经济框架”看似是经济倡议，实则是为推进美国地缘战略服务，意在抢抓地区经济秩序的主导权，补齐美国“印太战略”的经济短板。

二是服务美国国内经济。特朗普执政期间，“美国优先”思潮主导了美国对外经贸政策取向，贸易保护主义大行其道。拜登政府上台后，迫于国内反对自贸协议的压力，难以重返 CPTPP，遂决定另起炉灶，谋求通过“印太经济框架”强化对地区供应链的掌控和核心技术的掌控，恢复美国在亚太的主导地位，进而扩大美国在亚太的经济利益。“印太经济框架”还希望保护美国工人、小企业和农场主的利益，确保他们具备参与印太地区竞争的能力。

三是打造对华战略竞争的新工具。拜登政府从构建“印太经济框架”之初就刻意将中国排除在外，试图以此来遏制中国发展。美国希望借助“印太经济框架”，在地区经贸规则上制约中国，供应链上减少对中国的依赖，核心技术上强化对华竞争力。美国将合作重点放在增强供应链的韧性和安全上，究其实质，无非是想通过高科技产品出口管制等手段，转移区域内各国的涉华供应链，进而推动对华“脱钩”，强化地区国家对美国的经济捆绑。

（三）“印太经济框架”或难以走远

“印太经济框架”自诞生之初就被打上地缘战略竞争的烙印，这种拉拢“小圈子”扰乱地区合作的做法不得人心，“印太经济框架”注定难以走远。

“印太经济框架”性质模糊，可持续性存疑。一般来说，多边贸易协定从提出到正式签署需要经历漫长的谈判和复杂的审批流程。美国预计“印太经济框架”谈判将持续 12~18 个月，但至今尚未公布“印太经济框架”的具体案文、合作方式、项目资金投入等具体细节，使谈判前景存在诸多变数。此外，由于“印太经济框架”没有经过美国国会的授权和批准，导致其法律地位不明确，面临“朝令夕改”的隐患。

“印太经济框架”不包括关税减免、市场准入等安排，不关心地区国家的发展水平和实际需要，有悖于地区国家开放包容的理念。如果“印太经济框架”内的合作无法给地区国家带来增加出口、扩大外国投资、拉动国内就业等实际利益，成员国的谈判积极性将大打折扣。同时，“印太经济框架”也面临与地区既有合作机制如何协调兼容的难题，尤其是其中隐现的排他色彩和意识形态偏见，与亚太区域多元包容的发展理念相违背。

“印太经济框架”以合作之名，行排他之实，企图建立美国主导的贸易规则，重组产业链体系，让地区国家与中国经济“脱钩”。其着眼点并不是要做大地区经济“蛋糕”，而是将重心放在规则约束、索取战略资源上，使其无法给各国带来普惠，是变相的“美国优先”做法。不少国家参与“印太经济框架”主要是为了获得美国更多的投资，而“印太经济框架”却将合作重点放在地区主导权的争夺上，这可能导致现有的地区经贸合作机制分化，扰乱区域内正常经贸秩序的稳定运行，损害地区国家利益。

“印太经济框架”难以成为地区主导型的制度安排，已经成为外界的普遍共识。不少国家媒体和学者撰文指出，美国标榜要深化地区供应链、减排和基础设施合作，却无视地区经济的客观现实，人为地把世界第二大经济体——中国排除在外，只会破坏亚洲团结，加剧阵营对抗，进而破坏地区繁荣和稳定。而中国恰恰是维护地区稳定和繁荣的重要力量。今后，中国将进一步深化与亚太地区贸易伙伴的务实合作，推进区域经济一体化，构建开放型地区经济，维护地区和平稳定发展。

亚太地区国家众多，价值观念多元，发展水平各异，合作共赢才是亚太成功的关键。亚太地区的经贸规则应由区域各国共商共建共享，应当符合开放包容、互利共赢的原则，也应遵循市场经济规律。美国企图以“印太经济框架”冲击现行的区域合作架构，将亚太打造为地缘博弈的棋局，是开地区一体化倒车的不得人心之举。任何不能真正有利于促进地区国家共同发展的框架，终将难以走远。

三、欧洲政局和经济的转折点

乌克兰危机是欧洲2022年的关键词、主旋律，这一危机打断了欧洲的正常发展进程，也重挫其地缘政治雄心，面对这一“时代转折”性大事变，欧洲陷入重重困境。

（一）经济困境前所未有

2022年本应是欧洲走出新冠疫情、迎来经济快速发展的一年，但乌克兰危机改变了一切。欧盟对俄罗斯实施了前所未有的全面制裁，俄罗斯则实施反制，导致欧洲能源和食品价格持续飙升，通胀率居高不下，民众面临日益严重的生活成本危机，经济发展遭遇前所未有的困难局面，到2023年极可能陷入衰退。

第一，制造业开始萎缩。欧洲特别是德国几十年来与俄罗斯形成了特殊的能源伙伴关系，俄气是欧洲特别是德国工业“竞争力的基础”。完全排斥俄罗斯天然气，对欧盟和欧洲国家来说是一个巨大的、结构性的变化。大量能源密集型企业永久性减产或倒闭，雪上加霜的是，美国能源价格低廉，只有欧洲的1/5，而且由于资金相较于欧盟更为充沛，能够提供更多的补贴，“通胀削减法案”补贴规模达3690亿美元，这是欧盟即便有心也无法企及的巨额资金，对欧盟制造业形成强大的虹吸效应。2022年10月，欧元区制造业已经大幅下滑2%，未来情况可能更为严峻。

第二，欧元区进入逆差时代。欧盟2023年2月发布的数据显示，欧元区在2022年出现创纪录的3147亿欧元逆差。由2021年的1164亿欧元顺差转为巨大逆差，给欧洲经济社会带来相当大的影响。究其原因，一是能源进口价格居高不下；二是失去俄罗斯市场导致出口减少；三是因制造业竞争力下降导致出口减少；四是欧元贬值导致购买力下降。对于欧元这样一个没有中央政府支持的货币来说，贸易逆差意味着需要更多外部资金，也意味着更大的金融风险。

第三，德国经济下行的溢出效应。德国受乌克兰危机的短期及长期影响均十分突出，其经济已经开始失速，预计 2023 年将出现较大程度萎缩。德国经济出现问题，一是会影响到周边国家如波兰、捷克、匈牙利、斯洛伐克等，这些国家已经深度融入德国产业链，一损俱损，一荣俱荣；二是会影响欧元区稳定，德国如果意大利化（经济停滞、债务攀升、政治不稳），也就意味着欧元区的终结。

第四，债务负担更为沉重。在乌克兰危机爆发之前，欧洲国家债务占国内生产总值（Gross Domestic Product，GDP）比例已经有明显上升。乌克兰危机爆发后，能源和食品价格飙升，欧洲国家出台了大规模的针对民众和企业的补贴措施，仅德国一国就花费了近 5000 亿欧元；德国等国还宣布将大幅增加军费，这些措施所需资金大部分来自不可持续的债务。对意大利、西班牙、希腊和法国等重债国来说，其能源补贴资金相当于新增 3~6 个百分点的债务。

乌克兰危机进一步加剧了欧盟的经济困境，进一步压缩了欧盟的政策选择空间。其一，能源价格上涨，理论上应推动欧盟加速经济向数字化、绿色化转型，但实际情况恰恰相反，如德国等国开始重新启用煤电，花费巨额资金修建液化天然气接收站从而固化对液化天然气的依赖等；其二，经济下行将降低欧盟对数字和绿色技术及其运用的投入，而这反过来又会拉低欧盟经济竞争力，形成恶性循环；其三，开放是欧洲经济的生命线，但经济下行刺激欧盟进一步走向保护主义，向内收缩，反而不利于经济发展。

（二）战略自主更加遥远

在安全与防务领域，欧洲对美国的依赖更大。自 2015 年以来，美国在欧洲的驻军人数首次超过 10 万。中东欧国家特别是波兰、波罗的海国家，对美国和北约更为倚重，要求美国在本国建立永久军事基地并增加驻军。北欧的中立国芬兰和瑞典向北约提出了加入申请。芬兰总理马琳公开声称，欧洲离不开美国。曾称北约“脑死亡”的法国总统马克龙也不得不承认，俄乌冲突让北约复活了。

欧洲国家纷纷宣示将增加军费，德国设立了1000亿欧元的军事现代化基金，主要用于购买武器装备，还准备将每年军费占GDP的比例提升至2%的水平，波兰准备提升到5%的水平，法国准备每年增加军费7.4%，等等。欧洲国家增加的军费，大部分将流向美国而不是欧洲国家。德国1000亿欧元的军事现代化基金，首批支出是花费100亿欧元采购35架美国F-35战斗机。欧盟的多数成员国，仍将采购美国武器作为对美忠诚度的体现。这种趋势将进一步强化美国的军工业，美国军工业将进一步垄断欧洲市场，未来更可以借助欧洲国家资金扩大生产规模、提升研发水平，相对于欧洲军工业将拥有更大的竞争优势，这是一个欧盟难以改变的恶性循环。

在经济领域，俄乌冲突对欧洲经济的损害远超过对美国经济的损害，加速改变欧美经济实力对比，欧盟对美国的依赖增大，像安全与防务领域一样，美欧在经济上也变成一种不平等的关系。也就是说，欧盟在经济领域曾长期保有的较大的战略自主能力，在未来可能会逐渐降低。

一是在能源上自主性的下降。乌克兰危机爆发后，欧盟加速摆脱对俄能源的依赖，转而大量采购液化天然气，其中大部分是美国液化气。二是在市场选择上自主性的下降。欧盟已经基本失去俄罗斯市场，近年来出于地缘政治和意识形态上的原因，对中欧贸易和投资关系设置了更多的障碍，谋求降低所谓对华“依赖”。与此同时，欧盟更为倚重美国市场。三是在金融领域自主性的下降。由于欧盟经济发展受阻、逆差扩大，欧元相对于美元将更为弱势，对美元的制衡作用也将趋于下降。

欧盟内部力量格局的变化也不利于战略自主建设。欧盟内的中东欧和北欧成员国传统上更为亲美，热情拥抱北约，对欧盟战略自主持怀疑甚至反对态度，担心触怒美国。由于地理上邻近以及历史上的恩怨情仇，这些国家对俄罗斯更为敌视，是欧盟内的对俄强硬派，从目前来看，中东欧及北欧国家在欧盟内的声音明显增大，其政策主张，如亲美遏俄正成为欧盟内的主流。法德两国由于在对俄政策上“犯了错”，“道德合法性”下降，受到指责和批评，在欧盟内的影响力相对下降。

当然，值得指出的是，当前欧盟内力量格局变化更多是指影响力的变化，并不意味着实际综合国力的变化，法德两国综合实力仍远超中东欧国家及北欧国家。但中东欧及北欧国家拥有数量上的优势，而且其对俄及对欧洲战略自主的立场进一步固化，对法德两国的疑虑也更深，从这方面来说，法德两国推动的战略自主努力也将更难得到中东欧、北欧及欧盟整体的支持。

欧盟统计局于 2022 年 10 月 31 日公布的初步数据显示，经季节调整后，2022 年第三季度欧元区和欧盟 GDP 环比均仅增长 0.2%。而比利时、拉脱维亚和奥地利经济已现环比萎缩。

（三）法德轴心作用可能生变

从积极方面来说，乌克兰危机给欧洲一体化带来新动能，一是共同体意识增强。欧盟对俄罗斯连续出台了八轮制裁措施，包括经济制裁和外交制裁，维护了团结一致对外的局面。二是地缘政治意识增强。欧盟首次在共同安全与防务政策框架下向交战一方即乌克兰输送攻击性武器。三是共同行动的紧迫性上升。

俄乌冲突叠加世纪疫情的影响，欧盟面临前所未有的困难局面，能源转型、供应链安全、生活成本危机、非法移民、极右翼势力上升、战争的风险、国际地位边缘化的风险等，任何一个成员国都很难单独应对，各国都认为更有必要在欧盟层面统一行动，比如联合采购天然气、联合采购军备、形成共同的产业政策以及共同的难民政策等。

但乌克兰危机在给欧洲一体化带来新动能的同时，也强化了欧盟内部业已存在的阻碍一体化发展的负面因素。

一是内部矛盾愈益突出。在南北矛盾方面，相对北方国家，南欧国家是债务危机、难民危机以及新冠疫情的更大受害者。乌克兰危机爆发带来的能源价格飙升再次沉重打击了南欧国家特别是意大利。由于南欧国家财政普遍捉襟见肘，因此无力拿出更多资金用于应对生活成本危机。而富裕的北方国家则可以花更多的资金来保护本国民众和企业。这将进一步加大德国等国与南欧国家经济的分化程度，自然也招致这些国家的怨恨。法国、意大利等国提出欧盟应该像疫情期间设立恢复基金一样，再次以共同发债的形式应对俄乌冲突的经济后果，但遭到德国、荷兰等国断然拒绝。在东西矛盾方面，欧盟内东、西部国家在对俄短期政策上虽达成了一致，但长期战略性目标仍存在较大差异。在价值观问题上，欧盟以波兰、匈牙利等国违反价值观为由，拒绝发放欧盟资金，加大了两国对西欧大国及欧盟机构的怨恨情绪。

二是领导力的缺失。欧洲一体化主要靠大国推动，法德作为最大的两个国家，传统上扮演了欧洲一体化的领导者角色，但乌克兰危机削弱了这一角色。两国道德权威和影响力下降，特别是对中东欧及北欧国家而言。既然两国过去的对俄政策是“错误的”，那么其任何有关欧盟政策的建议都可能引发中东欧及北欧国家本能地猜疑甚至反对。法德轴心作用可能生变。乌克兰危机爆发以来，法德两国在能源管道建设、能源补贴以及军事合作等领域分歧巨大，法德两国推迟了本应于2022年11月召开的内阁联席会议，这对两国来说也是前所未有的事情。

三是民粹主义的掣肘。俄乌冲突给欧盟带来的经济变化及生活成本危机将远甚于主权债务危机和难民危机的影响，经济问题必然会向社会和政治领域传导。2022年下半年以来，欧洲各种抗议示威此起彼伏，而且规模在扩大，破坏性在上升，而欧洲政治家对此无能为力。欧盟内部极端主义、民族主义、民粹主义等乘机崛起，声势日趋高涨。乌克兰危机爆发以来欧盟国家的选举已经显现了这一发展趋势。2022年5月的法国总统选举，极右翼的国民阵线领导人勒庞得票率创新高；6月议会选举，极右和极“左”政党所获议席大幅上升，执政党被迫组成少数政府。9月瑞典议会大选，极右翼的民主党成为议会第二大党，并参与执政。9月26日的意大利选举，产生了意大利历史上最右的一届政府，新任总理梅洛尼是有法西斯主义渊源的极右翼政党意大利兄弟党领导人。政治的极化、碎片化将加大欧盟成员国之间协调和妥协的难度，阻碍一体化的深化发展。

综上所述，在欧盟表面团结的背后，利益进一步分化，裂痕进一步扩大，凝聚力实际上不升反降，在这种情况下，很难想象一体化会有大的突破性进展。

欧盟诞生于冷战时期，其发展壮大促进了世界的多极化，也起到了平衡美国霸权的作用，乌克兰危机不仅打乱了其正常发展进程，也可能扼杀其成为世界一极的地缘政治梦想，这不利于世界的多极化、不利于遏制霸权主义和强权政治。当然，这一切并非必然，如果欧盟能对俄乌冲突的教训进行正确的反思，团结一致，以更为开放和包容的态度看世界，那欧盟可能会有一个更好的未来。

四、“上合大家庭”的扩员与发展

上海合作组织（简称上合组织）作为中俄等新兴大国和发展中国家主导的新型地区合作组织，人口总数超过全球的40%，成员国国内生产总值占全球GDP的近1/4，是世界上人口最多、面积最大的区域性国际组织之一，经济总量和外贸总额的年均增速远高于世界平均水平，在欧亚地区经济合作中发挥着重要引领作用。

2022年，适逢上合组织宪章签署20周年，成员国长期睦邻友好合作条约签署15周年。自2001年上合组织诞生于上海黄浦江畔以来，这个以中国城市命名的国际组织走过一段不平凡的发展历程。以互信、互利、平等、协商、尊重多样文明、谋求共同发展为基本内容的“上海精神”犹如一盏明灯，始终指引着上合组织前进的方向。宪章、条约的签署，不断丰富着“上海精神”的时代内涵。

2022年，新冠疫情大流行沉重打击了世界经济，乌克兰危机使世界经济形势雪上加霜。美国霸权行径同发展中国家求和平、谋发展形成尖锐对立，国际挑战和威胁更加复杂，国际形势逐步恶化。上合组织在共同推动构建相互尊重、公平正义、合作共赢的新型国际关系和人类命运共同体方面，具有重要的现实意义。

（一）撒马尔罕峰会掀开上合组织地区合作新篇章

2022 年 9 月 15 日—16 日，上合组织成员国元首理事会第二十二次会议在撒马尔罕举行，这是新冠疫情发生后“上合大家庭”首次线下全员聚首。

1. 上合组织发展合作中国主张引发热烈反响

国家主席习近平出席撒马尔罕峰会并发表题为《把握时代潮流　加强团结合作　共创美好未来》的重要讲话。习近平主席深刻总结上合组织成长壮大的成功经验，强调秉持“上海精神”，牢牢把握时代潮流，不断加强团结合作，推动构建更加紧密的上合组织命运共同体。

多国人士认为，习近平主席的讲话立足当下，着眼未来，总结了上合组织作为新型国际组织成长壮大的重要经验启示，为上合组织发展提供了重要指引，展现出携手弘扬“上海精神”，推动构建更加紧密的上合组织命运共同体的诚意和决心。

多年来，中国以自身发展助力地区国家发展，为各国人民创造更多福祉，不断为上合组织发展注入蓬勃动力。“一带一路”、构建人类命运共同体等中国倡议被纳入上合组织机制成果文件，全球发展倡议、全球安全倡议等中国主张得到组织内各方领导人高度评价。

此次峰会期间，中方宣布设立中国—上海合作组织反恐专业人员培训基地、举办产业链供应链论坛、建立中国—上海合作组织大数据合作中心以及向有需要的发展中国家提供 15 亿元人民币紧急人道主义粮食援助等。这些举措实实在在、顺应各国需要，体现出中国不仅是全球发展倡议和全球安全倡议的提出者，也是践行倡议的行动派。习近平主席在会上强调，要继续加强“一带一路”倡议同各国发展战略和地区合作倡议对接。各方对此予以积极响应。各方一致认为，共建“一带一路”是推动构建人类命运共同体的重要引擎。

2. 撒马尔罕峰会亮点纷呈、成果丰硕

作为上合组织历史上出席领导人最多、成果文件最为丰富的一次峰会，这是上合组织成长壮大之路上的又一重要里程碑。上合组织成员国领导人签署并发表《上海合作组织成员国元首理事会撒马尔罕宣言》，峰会通过涵盖经济、金融、科技、人文、机制建设、对外交往等领域共 40 余项成果文件，数量之多、分量之重，居历次峰会前茅。成员国元首发表关于维护国际能源安全、维护国际粮食安全、应对气候变化、维护供应链安全稳定多元化 4 份重磅声明，就应对时下最紧迫的全球性挑战发出了共克时艰的“上合声音”，展现了团结一致的“上合立场”。与此同时，上合组织迎来新一轮最大规模扩员，巩固扩大了作为世界上人口最多、幅员最为辽阔的地区合作组织的地位和影响，再次彰显出“上海精神”的生命力、凝聚力和吸引力。

（二）上合组织二次扩员，“上合大家庭”深入人心

上合组织成立于 2001 年，自 2017 年首次扩员后，这是第二次扩员。本次撒马尔罕峰会批准了伊朗成员国地位，启动接收白俄罗斯成为成员国的程序，批准了给予巴林、马尔代夫、科威特、阿联酋和缅甸对话伙伴地位，签署了给予埃及、沙特和卡塔尔对话伙伴地位的备忘录。至此，上合组织已拥有 9 个成员国、3 个观察员国和 11 个对话伙伴国。上合组织“朋友圈”从 18 个扩大到 23 个。

1. 上合组织吸引力不断增加

越来越多的国家申请加入“上合大家庭”，充分表明上合组织的理念深入人心，发展前景被广泛看好。上合组织实现第二次扩员，将为维护本地区和世界和平稳定注入正能量、创造新活力。在国际形势复杂多变，美国推动逆全球化、单边主义、集团对抗、零和博弈背景下，上合组织成员国高举多边主义，促进世界正在走向多极化和多边合作，这是上合组织具有吸引力和生命力的源泉。

实现第二次扩员，标志着上合组织区域范围从中亚、南亚拓展到波斯湾沿岸地区，向世界展示上合组织的吸引力不断增加，在地区和全球的影响力不断

提升；标志着上合组织多年来坚持的原则和理念在国际社会得到认同，互信互利、平等协商、尊重多样文明谋求共同发展的“上海精神”得到更多国家的认同；标志着多边主义、和平发展、互利共赢的合作理念得到更多国家的认同，许多国家都愿意在平等、互利、相互尊重的基础上建立国家间关系并开展合作。

2. 上合组织扩员推动区域经济合作

扩员后，上合组织拥有 9 个成员国，成为亚洲乃至世界经济增长的新动力、新引擎。

第一，不断扩大的区域市场、能源资源供给市场和劳动力市场等，有利于区域经贸合作发展。上合组织能源合作将进一步加强，也有利于中国经济实现可持续发展。

第二，中蒙俄三国领导人在峰会前会晤，强调中蒙俄三方将共同推动已经签署的中蒙俄合作框架落实，促进“一带一路”框架下中蒙俄经济走廊建设，为上合组织区域经济合作带来新机遇，也为中国扩大开放和外贸增长带来新机遇。

第三，随着中吉乌铁路建设项目启动，将加强区域交通互联互通，对促进中国与其他成员国经贸合作具有新的推动作用。中吉乌铁路建成后可以把途经哈萨克斯坦、俄罗斯的中欧班列向南延伸，形成欧亚大陆上的大通道，推动中国与中亚、南亚、西亚、欧洲国际市场的深度融合，为疫情后重启区域经济合作创造新机遇。

第四，峰会通过成员国扩大本币结算份额路线图，加强本币跨境支付结算体系建设，有利于成员国抵御地区和全球金融风险，也有利于推动人民币国际化，推动上合组织区域经济一体化。

第五，此次峰会成员国就地区供应链产业链安全问题达成一致，通过“一带一路”与各国发展战略对接、产业对接，协调产业规划，提升合作质量，形成新的区域供应链产业链，将有力推动地区经贸合作发展。

（三）上合组织发展面临新问题、新挑战、新机遇

当前，世界百年未有之大变局正在加速演进，世界进入新的动荡变革期。团结与分裂、合作与对抗的矛盾日益突出，上合组织维护地区和平安全面临诸多考验，各成员国维护自身安全稳定遭遇严峻挑战。新形势下，作为国际和地区事务中重要建设性力量，上合组织需要直面挑战、寻找机遇，在风云变幻中肩负历史使命。

1. 美西方对上合组织的打压力度不断加大

由于主导上合组织的中俄被美国视为全球战略对手，加之伊朗成为上合组织成员国，白俄罗斯正积极申请成为上合组织成员国，美西方已将上合组织视为颠覆其主导的世界秩序的主要威胁，对上合组织的态度由以唱衰和无视为主，转向以分化和打压为主。美国挑动上合成员国内部矛盾，并加紧政治渗透，为策动“颜色革命”和制造域内混乱创造条件。美西方试图在国际上孤立上合组织，炒作对上合组织不公正不理性的认知，将上合组织抹黑为具有反西方性质的“类华约组织”。美国一方面将印度作为“印太战略”重要成员进行拉拢，另一方面唆使印度扰乱上合组织决策与合作。哈萨克斯坦、乌兹别克斯坦、吉尔吉斯斯坦等国家，在美西方压力下对参与上合组织合作顾虑增加。同时，由于上合组织采取的是“协商一致”决策原则，成员国顾虑和分歧的增大可能降低上合组织的决策效率和行动能力。

2. 上合组织成员国面临复杂严峻的经济形势

新冠疫情持续蔓延特别是乌克兰危机严重冲击了上合组织成员国的内外经济环境。变异新冠病毒传播，导致世界部分经济体重新加强限制人员流动等防疫措施。据世贸组织测算，乌克兰危机使 2022 年全球 GDP 增速下降 0.7%～1.3%。全球贸易预期增速从 4.7%下降至 2.4%～3%。国际大宗商品价格持续高涨，能源、粮食等市场持续动荡，输入性通货膨胀压力增加，上合组织成员国的经济和民生问题不断加剧。上合组织成员国对俄经贸合作面临遭遇美西方

制裁乃至“断链”“脱钩”的压力。国际物流运输和供应链因俄罗斯与美西方相互关闭领空、黑海停航而陷入混乱。欧盟关闭对俄过境口岸，导致中欧班列开行频次减少、货运周期延长。由于上述原因，上合组织成员国生产成本和消费品价格普遍上涨，投资、出口和消费严重萎缩，恢复经济面临重重困难。哈萨克斯坦等上合组织成员国虽油气收入有所增加，但经济发展压力仍然很大。

3. 域内国家对中国和上合组织的战略倚重增大

俄罗斯为应对欧洲方向的战略压力加快了“转向东方”的步伐，将独联体国家、中国、印度、中东国家作为外交战略的重点方向。俄罗斯为尽快重构被西方切断的产业链供应链，积极推进中俄、上合组织经贸合作以及区域经济“去美元化”和本币结算进程，试图构建域内经济新秩序特别是能源新秩序、金融新秩序。上合组织成员国贸易本币结算特别是人民币和卢布结算的比重明显上升，搁置已久的中吉乌铁路等多边项目加速启动。

域内国家特别是中亚国家在乌克兰危机后对俄疑虑增大，试图借助大国关系运筹化解俄罗斯对其主权与领土安全的压力。但是，借重美国势必引起俄极大不满与强力打压，而借重与俄关系友好的中国以及上合组织成为其最佳选择。域内国家对加强与中国及上合组织的经济合作更为积极。比如，哈萨克斯坦一改多年来对中国公民签证从严控制的做法，面向中国、伊朗和印度公民推出 14 天免签入境政策。

受全球疫情、主要经济体货币政策转向、地缘冲突加剧等多重因素影响，国际大宗商品价格形势更加严峻复杂和不确定，上合组织成员国普遍希望加强经济安全合作，建立健全各种反危机机制，以便应对汇率危机、债务危机、能源危机、产权危机、粮食危机以及产业链、供应链、金融链的断链危机。反危机机制还能增强共同抵御外部经济制裁的能力。

后疫情时代上合组织合作拓出新领域。上合组织凭借医疗卫生领域政府间会晤机制及一系列非官方国际论坛、科研合作等，为成员国间抗疫合作提供帮助，为后疫情时代的合作开拓创造有利条件。得益于有效的疫情防控措施，中国经济有力复苏，上合组织成员国期望在数字经济、生物医药、绿色能源、现代农业等领域与中国开展更深入的合作。

撒马尔罕峰会掀开上合组织各成员国关系和地区合作崭新的一页，开启了构建新型地区和国际秩序的新征程。上合组织为构建相互尊重、公平正义、合作共赢的新型国际关系树立了典范，日益成为推动构建人类命运共同体的重要力量。

五、“一带一路”推动全面对外开放格局形成

2013 年，习近平主席在出访哈萨克斯坦和印度尼西亚时先后提出共建“丝绸之路经济带”和“21 世纪海上丝绸之路”的重大倡议，旨在传承丝绸之路精神，携手打造开放合作平台，为各国共同发展和繁荣提供新动力。“一带一路”倡议实施以来，在以习近平同志为核心的党中央坚强领导下，我国统筹谋划推动高质量发展、构建新发展格局和共建“一带一路”，坚持共商共建共享原则，把基础设施“硬联通”作为重要方向，把规则标准“软联通”作为重要支撑，把共建国家人民“心联通”作为重要基础，推动共建“一带一路”高质量发展，取得实打实、沉甸甸的成果。

（一）深化政策沟通，广泛国际共识不断凝聚

政策沟通是共建“一带一路”的行动先导与重要保障。“一带一路”倡议提出以来，我国与有关国家和国际组织充分沟通协调，达成了共建“一带一路”的广泛国际合作共识。

1. 战略合作对接持续扩大

“一带一路”倡议得到越来越多国家和国际组织的积极响应，成为当今世界深受欢迎的国际公共产品和国际合作平台。截至 2023 年 6 月，中国已同世界上 152 个国家和 32 个国际组织签署“一带一路”合作文件，涵盖全球超过

3/4 的国家和六成以上人口。同时，我国积极履行国际责任，在共建“一带一路”框架下，深化同各方发展规划和政策的对接。在全球层面，“一带一路”倡议同联合国 2030 年可持续发展议程有效对接，形成了促进全球共同发展的政策合力。在区域层面，“一带一路”倡议与《东盟互联互通总体规划》、非盟《2063 年议程》、欧盟“欧亚互联互通战略”等区域发展规划或合作倡议有效对接，达成促进互联互通、支持区域经济一体化进程的共识。

2. 高峰论坛沟通卓有成效

经过夯基垒台、立梁架柱，共建“一带一路”各种体制机制建设逐渐成形。在共商共建共享原则下，我国着力打造共商国际化平台与载体，“一带一路”国际合作高峰论坛成为“一带一路”框架下最高规格的国际合作平台。2017 年和 2019 年，我国先后成功主办两届“一带一路”国际合作高峰论坛。首届高峰论坛期间，29 位国家元首、政府首脑等领导人出席，来自 140 多个国家、80 多个国际组织的 1600 多名代表参会，形成五大类 279 项具体务实成果。目前，这些成果已经全部按计划进度落实完成，其中部分成果转入常态化工作，将持续予以推进。第二届高峰论坛吸引更多国家和国际组织参与，取得更加丰硕的成果，并提出构建全球互联互通伙伴关系，开启高质量共建“一带一路”新征程。

（二）加强设施联通，互联互通水平不断提升

基础设施是互联互通的基石，是“一带一路”建设的优先领域。8 年多来，在各方共同努力下，“六廊六路多国多港”的互联互通架构已基本形成，一大批互利共赢项目成功落地。

1. 经济走廊建设取得明显进展

六大经济走廊是“一带一路”的战略支柱和区域经济合作网络的重要框架，包括中蒙俄、新亚欧大陆桥、中国—中亚—西亚、中国—中南半岛、中巴和孟中印缅经济走廊。8 年多来，六大经济走廊建设亮点纷呈，为建立和加强各国互联互通伙伴关系、畅通亚欧大市场发挥了重要作用。新亚欧大陆桥、中蒙俄、中国—中亚—西亚经济走廊经过亚欧大陆中东部地区，不仅将充满经济活力的东亚经济圈与发达的欧洲经济圈联系在一起，更畅通了连接波斯湾、地中海和波罗的海的合作通道。中国—中南半岛、中巴和孟中印缅经济走廊经过亚洲东南部这一全球人口最稠密地区，连接沿线主要城市和人口、产业集聚区。中巴经济走廊是共建“一带一路”的旗舰项目，建设起步早、进展快，第一阶段的 22 个优先项目已基本完成。根据巴基斯坦计划委员会不完全统计，中巴经济走廊第一阶段早期收获项目已创造约 3. 8 万个工作岗位，75%以上为当地就业，其中能源项目吸纳 1. 6 万名巴方工人和工程师就业，交通基础设施建设创造约 1. 3 万个工作岗位。自 2021 年起，中巴经济走廊顺利进入第二阶段的建设，双方合作的项目寻求多领域、多方向布局。

2. 基础设施项目有序落地实施

聚焦“六廊六路多国多港”主要架构，一批标志性项目取得实质性进展。铁路方面，中老铁路全线开通运营，雅万高铁、中泰铁路建造稳步推进。公路方面，中巴经济走廊“两大”公路顺利完工并移交通车，中俄黑河大桥建设竣工。航空方面，国际民航运输航线网络不断拓展，截至 2021 年底，我国与 100 个国家签订双边政府间航空运输协定，与其中 54 个国家保持定期客货运通航，与东盟、欧盟签订区域性航空运输协定。

作为我国与“一带一路”沿线国家互通互惠互联的有效载体，中欧班列连通中欧物流的作用进一步凸显。截至 2022 年 1 月底，中欧班列累计开行突破 5 万列，运送货物超 455 万标准箱，货值达 2400 亿美元，通达欧洲 23 个国家 180 个城市，为推动“一带一路”高质量发展作出了积极贡献。尤其是 2016 年统一品牌以来，通过陆续实施霍尔果斯、阿拉山口、二连浩特、满洲里等口岸站扩能改造工程，启动郑州、重庆、成都、西安、乌鲁木齐 5 个城市枢纽节点的中欧班列集结中心示范工程建设，中欧班列的口岸和通道运输能力得到有效提升。2016—2021 年，中欧班列年开行数量由 1702 列增长到

15183 列；运输货物品类扩大到汽车配件及整车、化工、机电、粮食等 5 万余种；年运输货值由 80 亿美元增长至 749 亿美元，在中欧贸易总额中的占比由 1.5%提高到 8%。

（三）提升贸易畅通，经贸投资合作不断拓展

贸易畅通是共建“一带一路”的着力点，是推动各国经济持续发展的重要力量。8 年多来，我国与“一带一路”沿线国家之间的贸易自由化和便利化水平稳步提升，贸易方式不断创新，贸易畅通迈上新台阶。

1. 国际贸易保持快速增长

“一带一路”倡议提出以来，我国与“一带一路”沿线国家贸易往来日益密切，已成为 25 个沿线国家最大的贸易伙伴。辐射“一带一路”的自由贸易区网络加快建设，我国与 13 个沿线国家签署 7 个自贸协定，与欧盟、新加坡等 31 个经济体签署了“经认证的经营者”（AEO）互认协议。2013—2021 年，中国与“一带一路”沿线国家进出口总值由 6.5 万亿元增长至 11.6 万亿元，年均增长 7.5%，高于同期整体货物贸易年均增速；占同期我国外贸总值的比重由 25%提升至 29.7%。

此外，“丝路电商”成为拓展经贸合作的新亮点和新引擎。截至 2022 年底，中国已与 17 个国家签署“数字丝绸之路”合作谅解备忘录，与 30 个国家签署电子商务合作谅解备忘录，共同开展政策沟通、规划对接、产业促进、地方合作、能力建设等多层次多领域的合作，着力培育贸易投资新增长点。

2. 双向投资实现互惠共赢

在合作机制的扎实推进下，双向投资及合作总体保持稳定增长。2013—2021 年，我国对沿线国家直接投资累计 1613 亿美元，年均增长 5.4%，“一带一路”沿线国家已成为我国企业对外投资的首选地；沿线国家在华投资设立企业 3.2 万家，实际累计投资 712 亿美元；我国在沿线国家承包工程新签合同额累计约 1.1 万亿美元，完成营业额 7286 亿美元，涵盖交通、电力等多个领域。

3. 合作园区建设蓬勃发展

与“一带一路”沿线国家的境外合作工业园区项目稳步推进，成为经贸合作的重要载体。一大批园区凭借自身优势迅速发展，如中白工业园、泰中罗勇工业园、中国印尼综合产业园区青山园区、中柬西哈努克港经济特区、中国埃及泰达苏伊士经贸合作区、中国埃塞俄比亚东方工业园等，在承接中外企业合作、解决当地民众就业、带动东道国经济发展等方面发挥了积极作用。数据显示，截至 2021 年底，境外经贸合作区分布在 46 个国家，累计投资 507 亿美元，上缴东道国税费 66 亿美元，为当地创造 39.2 万个就业岗位。

（四）扩大资金融通，金融体系建设不断完善

资金融通是共建“一带一路”的重要支撑和保障。我国积极与沿线国家开展金融合作，推动建立多层次的金融服务体系，为“一带一路”建设提供多元化的金融支持和服务。

1. 金融机构协同能力逐步增强

目前，包括我国在内的 29 个国家财政部门共同核准了《“一带一路”融资指导原则》，其宗旨是发挥好政府和市场两种力量，推动沿线国家、国际组织、金融机构、投资者共同参与，建设长期、稳定、可持续、风险可控的多元化融资体系。我国与国际货币基金组织建立联合能力建设中心，为共建“一带一路”国家优化宏观经济金融框架提供智力支持；与世界银行、亚洲基础设施投资银行（简称亚投行）、亚洲开发银行等共同成立多边开发融资合作中心，推动国际金融机构及相关发展伙伴基础设施互联互通。

2. 多边金融合作支撑作用显现

在各方共同努力下，亚投行、丝路基金等多边金融合作机构相继成立，为“一带一路”建设和双多边互联互通提供投融资支持。截至 2021 年 10 月，亚投行的成员数量由启动运营时的 57 个增至 104 个，成员数量仅次于世界银行，覆盖亚洲、欧洲、非洲、北美洲、南美洲、大洋洲六大洲。截至 2021 年底，亚投行已批准 158 个项目，累计投资总额达 319.7 亿美元。新冠疫情暴发以来，亚投行成立专项应急基金，用于支持成员国的紧急公共卫生资金需求，惠及越南、格鲁吉亚、巴基斯坦、土耳其、哈萨克斯坦等 19 个国家，应急基金由初始额度的 100 亿美元追加至 130 亿美元。截至 2022 年底，丝路基金投资项目遍及 60 多个国家和地区，承诺投资金额折合超过 200 亿美元。

（五）促进民心相通，人文交流往来不断深入

民心相通是共建“一带一路”的根基和关键。近年来，各国在文化、教育、旅游、科技创新和抗疫等方面合作上开展形式多样的民心相通项目，“一带一路”民意基础不断巩固。

1. 文化交流互动日益密切

“一带一路”倡议为国际人才培养与合作创造了条件。该倡议提出后，我国制定了《推进共建“一带一路”教育行动》，重点从国际国内两个方面，强化务实合作，加大推进力度，促进民心相通，不断为“一带一路”建设厚植民意根基。教育部 2020 年 12 月发布的数据显示，“十三五”期间，中国新签 11 份高等教育学历学位互认协议，已累计覆盖 54 个国家和地区，在中国学习的“一带一路”沿线国家留学生占比已超过 50%。同时，以“一带一路”为主题的文化活动明显增多，品牌化趋势明显，不断推动中外文化交流继续向全方位、深层次发展。

2. 科技创新合作亮点纷呈

自 2017 年共建“一带一路”科技创新行动计划启动以来，我国与共建“一带一路”国家在科技人文交流、共建联合实验室、科技园区合作、技术转移等方面开展合作，共同迎接新一轮科技革命和产业变革，推动创新之路建设。截至 2021 年底，我国与 84 个共建国家建立科技合作关系，支持联合研究项目 1118 项，累计投入 29.9 亿元，在农业、新能源、卫生健康等领域启动建设 53 家联合实验室。

3. 民生援助项目稳步推进

依托共建“一带一路”平台，我国大力援助沿线国家治穷减贫，提供各种专业技能培训，涵盖减贫、农业等多个领域。根据世界银行预测，共建“一带一路”有望使相关国家760万人摆脱极端贫困、3200万人摆脱中度贫困。新冠疫情冲击下，我国在统筹疫情防控和经济发展等方面取得的成绩获得国际社会公认，与31个合作伙伴共同发起“一带一路”疫苗合作伙伴关系倡议，积极开展抗疫援助，引领抗疫国际合作。2020年，我国向150个国家和13个国际组织提供防护服、口罩、呼吸机等大批防疫物资，向34个国家派遣37个医疗专家组。截至2021年底，我国已累计向120多个国家和国际组织提供超过20亿剂新冠疫苗，其中很大一部分面向“一带一路”沿线国家。经过携手抗击疫情，“一带一路”国际合作内涵不断丰富，共建“一带一路”国家间的情谊日益加深。

（六）展望下一个10年：“一带一路”将打开新的机遇之窗

在中国坚持不懈的推动下，“一带一路”提供了深受欢迎的国际公共产品和国际合作平台，也为不确定的世界增加了确定性。2023年是“一带一路”倡议提出10周年，共建“一带一路”面临新的契机，将为世界发展治理带来更为积极深远的影响。

1. 国际环境变数增多

共建“一带一路”的历史性意义，不只在于它是中国这个世界最大发展中国家所倡导和推动的国际倡议，更在于其所蕴含的、已经产生广泛深远影响的国际合作范式创新。“一带一路”倡议在强调“开放”的基础上，前所未有地突出了“连接”这个关键词，不仅要对外开放，还要修路架桥。显而易见，这意味着一种更积极的全球化推动模式。从这个意义上看，一些人把“一带一路”视为中国力量的“扩张”，除了其政治偏见的作祟，也是其对历史的短视。从本质上讲，共建“一带一路”是由代表性的新兴国家推动的、对21世纪全球化新现实的适应和促进。

共建“一带一路”最深层次的国际背景是当代全球化。要回顾“一带一路”的发轫发展，就要首先分析全球化的脉动。2013 年，当中国领导人倡导丝绸之路经济带和 21 世纪海上丝绸之路的时候，世界各地对全球化的发展尚充满信心。然而几年之后，逆全球化思潮开始泛滥，新冠疫情引发百年一遇的全球经济衰退。2022 年的世界正处在这波历史低潮之中，共建“一带一路”既面对着更大的需求空间，也面临着新的风险和挑战。

逆全球化加剧。2022 年地缘政治动荡频发，带来最大冲击的是俄乌冲突。西方对俄罗斯施加全方位制裁尤其是金融制裁，使多国经济社会陷入风险和不确定性之中，整个欧洲不得不重新寻找能源供应来源，很多发展中国家重新寻找粮食供应来源，大量跨国投资撤回或者重构，全球媒体和互联网被割裂为不同的世界，“脱钩”“断链”的阴霾笼罩全球。

发展中国家困境加深。对很多发展中国家来说，2022 年是一个灾祸连连的年份。新冠疫情所带来的经济社会冲击尚未褪去，全球能源危机和粮食危机的冲击又降临。乌克兰和俄罗斯小麦出口的中断严重冲击了那些小麦依赖进口的发展中国家，而这些国家往往是动荡持续、灾祸不断的国家。非洲地区的饥饿人口不仅没有减少，反而进一步增加。经济衰退加上通货膨胀，进一步威胁到发展中国家的金融安全，引发更普遍的债务问题。斯里兰卡国家的破产只是发展中国家面临的普遍困境的一个缩影。

美西方加紧搞“小圈子”。美西方对“一带一路”倡议的政策反应有一个变化的过程。近年来，随着国际形势变化和美国不断加剧对中国的大国竞争，美西方主要国家针对“一带一路”建设提出了一些国际基础设施投资计划，其中包括美国的“蓝点网络”计划、“重建更美好世界”倡议以及欧洲的“全球门户”计划等。2022 年 6 月，七国集团峰会将美、欧、日等发达经济体的基础设施投资计划整合起来，形成所谓的“全球基础设施和投资伙伴关系”，标志着从 2022 年开始，美西方集体发起了直接针对“一带一路”的竞争。

2. 共建成果持续涌现

在上述国际背景下，“一带一路”建设在过去一年依然取得了不凡的成就。

发展战略和政策对接。“一带一路”包含着“开放”和“连接”两个要素。从双边合作来看，共建“一带一路”合作文件不断签订。从多边合作来看，RCEP 生效，为周边地区“一带一路”建设提供了新的多边规则支撑。此外，中国领导人提出全球安全倡议和全球发展倡议，在“一带一路”合作框架中逐步得到落实。

推进基础设施互联互通。在“一带一路”的“连接”要素中，基础设施的互联互通是“硬联通”的关键。2022 年，多个标志性基础设施建设项目载入共建“一带一路”的史册。雅万高铁试验运行，成为东盟地区第一条运行通车的高速铁路；柬埔寨第一条高速公路正式通车；中老铁路运行一年，明显促进沿线经济社会发展；克罗地亚的佩列沙茨大桥、巴基斯坦的卡洛特水电站等重大基础设施纷纷投入运营。在欧洲和全球遭遇经济困境之时，中欧班列的货运量逆势增长。基础设施的互联互通给面临风险的共建国家经济增添了韧性。

深化经贸投资务实合作。尽管 2022 年全球经济面临较大压力，但中国与共建“一带一路”国家的经贸合作仍然呈现高速增长态势。2022 年前 11 个月，中国对共建“一带一路”国家合计进出口额达 12.54 万亿元，同比增长 20.4%，高出中国外贸整体增速 11.8 个百分点。同一时期，中国企业对共建“一带一路”国家非金融类直接投资 1283.8 亿元，同比增长 10.5%。这表明，在困难的国际经济环境下，共建“一带一路”具有独特的价值。

架设文明互学互鉴桥梁。随着“一带一路”建设的推进，文明互学互鉴从广泛层面的文化交流向民生和发展项目聚焦。这些被誉为“小而美”的项目，与宏伟的基础设施建设工程相辅相成，彼此紧密连接起来。例如，“鲁班工坊”为共建“一带一路”国家当地劳动力提供实用技能，农业、妇女等相关教育项目在过去一年进一步形成品牌效应。

3. 新时期迎来新发展

“一带一路”作为面向21世纪的新型合作机制，10年的实践仅仅是开始。许多重要的基础设施才刚刚建成，还要在今后的岁月中逐步发挥经济和社会效应。面对全球形势急剧变化，我们可以站在2023年这一时间节点上，对共建“一带一路”的发展趋势作出展望。

2023年全球新形势将带来新机遇。当前，美西方国家从“一带一路”倡议的旁观者变成了竞争者。面对新局面，我们的战略定力可以牢牢建立在“一带一路”倡议的历史先进性上，我们既要注重传统基础设施建设，也要注重新型基础设施建设，以形成全球道路和网络联通，为新型全球化贡献中国速度和中国智慧。

2023年“一带一路”重点区域将开始进入收获期。共同“修路”的目标是共同“致富”。对于中国来说，基础设施建设的联通效应最早在周边地区带来持续的经济发展收益，东南亚、中亚等周边地区也将继续成为共建“一带一路”的亮点。2023年，随着与周边国家互联互通的推进，制造业将持续转移和升级，周边地区的产业链将在共建“一带一路”的基础上进一步重构。从更广区域上看，中国与共建国家将通过海陆通道进一步拓展贸易和投资合作。

2023年“一带一路”发展层次将更为丰富。面向未来的“一带一路”建设将进一步打通“硬联通”“软联通”“心联通”，把政策沟通、设施联通、贸易畅通、资金融通、民心相通日益深入地统筹于具体的共建项目和发展合作实践中，“小而美”的民生和文化合作项目会有更大的发展空间。

放眼下一个10年，共建“一带一路”将为中国和世界打开新的机遇之窗。共建“一带一路”不仅将使中国更美好，也将使世界更美好。

六、RCEP 助力亚洲经济一体化

《区域全面经济伙伴关系协定》（Regional Comprehensive Economic Partnership，RCEP）是 2012 年由东盟发起，历时 8 年，由包括中国、日本、韩国、澳大利亚、新西兰和东盟十国共 15 个成员国制定的，通过削减关税及非关税壁垒以建立 15 国统一市场的自由贸易协定。2020 年 11 月 15 日，RCEP 被正式签署。2022 年 1 月 1 日，RCEP 对文莱、柬埔寨、老挝、新加坡、泰国、越南、中国、日本、新西兰和澳大利亚 10 国正式生效；2 月 1 日对韩国生效；3 月 18 日对马来西亚生效；5 月 1 日对缅甸生效。2023 年 1 月 2 日，RCEP 对印度尼西亚正式生效；6 月 2 日对菲律宾生效。至此，RCEP 包含的 15 个成员国全部完成生效程序，可互相实施关税减让。

RCEP 的生效实施标志着世界上最大的自由贸易区正式扬帆起航，将推动区域一体化向更高水平迈进。首先，RCEP 的生效实施将有助于打造地区经贸合作新增长点，深化东亚区域经济开放融合。从经贸合作角度看，RCEP 的生效实施提高了地区贸易投资自由化和便利化程度，使域内国家的经贸投资往来更加密切。具体来说，在贸易领域，一方面，RCEP 正式生效后，已核准成员国间 90%以上货物贸易的关税将最终变成零，这为地区货物贸易的繁荣发展注入了正能量；另一方面，RCEP 现有的 15 个成员国均在服务贸易上作出了高于原有“10+1”自贸协定水平的开放承诺，有力地带动了区域内服务贸易的提质升级。在投资领域，RCEP 明晰了禁止业绩要求的内容，采用负面清单模式对非服务业投资作出了相关承诺，并加大了投资保护的力度，有利于推动地区投资不断取得丰硕成果。其次，RCEP 的生效实施将有助于增进亚太经济互联互通，开启亚太区域一体化发展新阶段。作为全球规模最大的自贸协定，RCEP 的生效将加快中日韩自贸区谈判进程，提振中日韩自贸协定最终达成的信心。通过 RCEP，中国和日本、韩国首次建立起了自贸伙伴关系。这将激发

3国间务实合作的潜能，拓宽互利合作的空间，为中日韩自贸协定的最终顺利缔结创造良好条件。总而言之，RCEP的生效有利于对外发出构建开放型世界经济、支持多边贸易体制的信息，改善地区贸易和投资的环境，推进贸易投资自由化、便利化，帮助各国更好地应对挑战，增强本地区未来发展的潜力，造福于本地区的各国人民。

作为全面、高标准、开放包容和平衡互惠的经贸协定，RCEP对中国经济发展起到积极推动作用，有助于中国形成更全面、更多元的对外开放格局。首先，RCEP将拉动我国贸易和投资增长，提升我国在全球经贸中的规则制定权。一方面，区域内发达国家出口高端产品、技术，资源型国家出口原材料和初级商品，与我国形成了明显的外贸产品分工体系，有利于进一步扩大我国产品进出口规模。另一方面，在RCEP框架下，RCEP区域内原有44个双边投资协定被有机整合，有效深化了区域内的投资合作。就我国而言，加快实施对制造业、农业、林业、渔业、采矿业5个非服务业领域投资自由化承诺的负面清单，降低外商投资的准入门槛，直接提升对RCEP成员国的市场开放水平，扩大区域内国家对华投资规模，提升外商投资产业层次。其次，签署RCEP符合我国“引进来”和“走出去”发展战略，其生效也会使中国的区域经济话语权在美国亚太经济战略调整期间得到加强，同时使中国有机会更加积极地参与全球贸易治理，维护多边贸易体制，开辟国际分工新格局，巩固我国在全球价值链中的核心位置。最后，RCEP的签署进一步促进贸易便利化，显著降低区域内企业的经营成本，有助于我国中小企业扩大进出口规模，带动企业重构区域内的供应链和价值链，使我国营商环境得到显著优化。

RCEP自2022年1月1日正式生效，尽管疫情延宕反复，全球经济形势复杂严峻，但RCEP持续释放红利，助力区域经贸合作提速升级，区域经济合作保持良好发展势头，展现出强劲韧性和巨大潜力。

据海关总署统计，2022年，我国对RCEP其他14个成员国进出口额12.95万亿元，同比增长7.5%，占我国外贸进出口总值的30.8%，对RCEP

其他成员国进出口增速超过 2 位数的达到了 8 个，其中对印度尼西亚、新加坡、缅甸、柬埔寨、老挝进出口增速均超过了 20%。

RCEP 的生效意味着亚洲区域贸易投资自由化、便利化进入了一个崭新阶段，进一步丰富和发展了亚洲经贸合作机制内涵，其带来的巨大贸易创造效应和更高社会福利水平，为中国经济持续增长提供了新机遇。

七、海湾阿拉伯国家集体向东

阿拉伯国家地处“一带一路”交会地带，是历史上丝路文明的重要参与者，也是共建“一带一路”的天然合作伙伴。自 2004 年中国与阿拉伯国家联盟启动中阿合作论坛以来，中阿双方在部长级机制的框架下开展了形式多样和内容丰富的多边合作。自 2013 年“一带一路”倡议提出以来，中阿双方共建“一带一路”布局不断完善，双方积极构建以能源合作为主轴，以基建互联互通和贸易投资便利化为两翼，以核能、航天卫星、新能源三大高新领域为突破口的“1+2+3”合作新格局，在国际上树立了跨区域“南南合作”的新典范。

（一）习近平主席出访开启中阿关系新时代

2022 年 12 月 7 日—10 日，中国国家主席习近平赴利雅得出席首届中国—阿拉伯国家峰会、中国—海湾阿拉伯国家合作委员会峰会并对沙特进行国事访问。这是新中国成立以来我国对阿拉伯世界规模最大、规格最高的一次外交行动，是在阿拉伯世界百年变局深入演进、中国踏上实现第二个百年奋斗目标新征程之际的一次战略性外交举措。

漫漫历史长河中，中国和阿拉伯国家两大文明位居亚洲大陆两端，在丝绸古道中相知相交，在民族解放斗争中患难与共，在经济全球化浪潮中合作共赢，在国际风云变幻中坚守道义，书写下不同文明友好往来、互学互鉴的不朽佳话。

1955 年，万隆会议开启中阿建交的大门；1971 年，阿尔及利亚等国提出的“两阿提案”在联合国大会上以压倒多数通过，包括 13 个阿拉伯国家在内的 76 国投了赞成票，中华人民共和国由此恢复在联合国的合法席位；新冠疫情来袭，中阿人民风雨同舟、守望相助，为全球抗疫合作树立典范。国际关系史上一个个永恒经典瞬间，成为中阿命运与共的生动写照。

同阿拉伯国家集体建立全面合作、共同发展、面向未来的战略伙伴关系，同 12 个阿拉伯国家建立全面战略伙伴关系或战略伙伴关系，同 21 个阿拉伯国家及阿盟签署共建“一带一路”合作文件。过去 10 年间，中阿各领域合作取得一系列标志性、突破性成就。

当前，世界进入新的动荡变革期，中东地区正在发生新的深刻变化。为中东和世界和平发展注入更多稳定性和正能量，是构建面向新时代的中阿命运共同体的应有之义。

在习近平主席此次中东之行期间，密集同近 20 位阿拉伯国家领导人双边会见，叙友谊、话互信、商合作，顺应中东各国对和平、改革、发展的普遍需要，契合中东人民对稳定、安宁、幸福的共同追求。习近平主席支持各国走符合本国国情的发展道路，把前途命运紧紧掌握在自己手中，维护好各国的主权、安全、发展利益，坚决反对外部势力干涉内政，彰显了大党大国领导人讲信义、重情义、扬正义、树道义的外交风范。很多阿方领导人表示，中方在国际场合秉持的立场正义公道，提出的倡议充满人文关怀和先进理念，推出的重大举措有利于世界和平安全和各国共同发展，阿拉伯国家理所当然要积极支持参与。

作为联合国安理会常任理事国和中东国家的战略伙伴，中国发挥负责任大国的作用，始终在中东事务中坚持不干涉主权国家内政等原则，是促进中东和平、支持中东发展的重要建设性力量。

中国提出全球安全倡议，对促进中东和平稳定具有重要和现实意义，得到阿拉伯国家的广泛理解和认同。全球安全倡议中蕴含的重要精神指引着近年来中国在中东地区劝和促谈的努力。该倡议提出了关于实现中东安全稳定的五点倡议、政治解决叙利亚问题的四点主张、落实巴勒斯坦问题“两国方案”的三点思路，中国与阿拉伯国家加强沟通协调，共同推动热点问题政治解决。

中国提出全球发展倡议，得到包括阿拉伯国家在内的国际社会的积极响应和支持，已有包括 17 个阿拉伯国家在内的 100 多个国家支持全球发展倡议，包括 12 个阿拉伯国家在内的 60 多个国家加入“全球发展倡议之友小组”。中阿积极探索以发展促和平的中东治理路径，有助于把发展努力汇聚起来，真正实现中东地区的长久和平与繁荣。

“这是一次传承之旅，更是一次开创之旅。”以首届中国—阿拉伯国家峰会召开为契机，中阿携手在世界发展进步的大潮中不断发展，在人类历史前进的步伐中不断前进，构建面向新时代的中阿命运共同体的伟大事业，必将为人类维护和平、促进发展、坚守正义、追求进步注入巨大积极能量。

（二）“向东看”成为中东国家战略选择

中国与中东国家关系日趋紧密，务实合作不断深化，并非中国单方面与中东国家发展关系的结果，而是双方相向而行的成果。中东国家通过加入“一带一路”等合作倡议，在同中国合作中收获发展红利，说明中东国家对“中国经验”“中国智慧”“中国方案”高度认可。

中东国家集体“向东看”背后有着深层次的逻辑，反映的是中东国家正在根据自身发展需求调整对外战略，通过“向东看”“向东转”甚至“向东行”，以实现伙伴多元化、经济多元化和市场多元化的多重目标。

1. 经济互补性是双方合作的重要基础

中国巨大的能源需求、与中东国家的经济互补性，奠定了双方伙伴关系的基础。中国每天从中东进口近 500 万桶石油，其中阿拉伯国家占 40%。中国已连续 10 年成为沙特最大的贸易伙伴，沙特也是中国在中东地区最大的贸易伙伴。沙特石油对于中国的能源安全至关重要。同时，在全球石油市场供大于求、竞争激烈局面下，沙特也需要中国这样的石油“大买家”。

2. 中国助力中东国家实现经济转型

摆脱对石油的依赖，促进经济多元化是中东国家发展对华关系的另一重要目标。沙特正在按照“2030 愿景”规划，推动经济多元化，以期摆脱对石油的依赖。沙特、阿联酋、阿曼等海湾阿拉伯国家积极寻求各自发展规划与中国“一带一路”倡议对接，吸引中国投资，助力经济转型。除了在发展战略对接框架下的双边合作，中沙开始探讨在巴基斯坦等第三方市场的合作。市场、投资和出口商品多元化也是阿拉伯国家发展对华关系的重要目标。海湾阿拉伯国家以往投资对象多为欧美发达国家，出口商品单一。如今沙特、阿联酋、卡塔尔等国史无前例地在巴基斯坦、印度、肯尼亚、埃塞俄比亚等亚非国家投下巨资，并与中方在科技、制造业、渔业、核能等新兴领域开展合作，开拓新投资目的地和非石油产品出口市场。中国已成为阿拉伯国家的主要投资来源国。

3. 中东国家与美国的盟友关系出现裂痕

建立在“石油换安全”基础上的中东产油国与美国的盟友关系，一直是这些国家外交和安全战略的基石。然而，美国实现能源独立，不再像过去那样需要中东石油，动摇了这一盟友关系的根基。美国目前只为调配品种仍从中东少量进口石油。中国、印度等亚洲国家已经取代欧美，成为海湾国家最大能源出口市场，其 70%的出口原油销往亚洲国家。

美国加紧在中东实施战略收缩步伐，使中东感到失去安全上的倚重对象。“阿拉伯之春”、沙特阿美公司油田遇袭、阿富汗变局等一系列事件使中东国家对与美国的盟友关系产生严重不信任感，对其提供的安全保护产生疑虑。美国拜登政府的“价值观外交”使中东国家备感压力，它们因人权等问题受到美国打压。美方举办“民主峰会”，阿拉伯国家仅有伊拉克一国受邀。因此，中东国家在大国间两面下注，以对冲单一依靠美国的风险，这从战略和外交层面诠释了中东国家“向东看”。

4. 中东国家拒绝在中美间选边站队

美国持续向中东国家施压，逼迫它们在中美之间选边站队，降低同中国的战略合作水平。美国总统拜登上台后，美国从中东战略收缩步伐加快，既不愿在中东继续投入资源，又想维持在中东地区的影响力。近年来，在“一带一路”框架下，中国与中东国家在能源、科技、医疗等领域合作成果丰硕。多面下注是小国避险求存的不二法则，中东国家希望在与美国维持安全合作的同时，加强同中国的经贸、科技合作，难以在中美间做选择题。中东国家顶住压力，在涉台、涉港、涉疆等问题上支持中方立场。

中国与中东国家关系快速发展的基础是相互尊重、互利共赢，以发展促和平是中国中东外交之纲，劝和促谈是其基本方法。中国重视中东国家的发展关切，致力于将“一带一路”与中东国家发展战略对接，把提升中东经济发展水平、改善民生福祉，放在与中方经济收益同等重要的位置，而不是像西方国家那样，把中东作为称霸全球的支点，把中东国家当作地缘政治棋子。

中国同中东国家赓续传统友谊，深化务实合作，双方关系将在这一新起点上获得新的更大发展。

（三）2023年中东局势趋稳“向东行”

2023年，中东局势“总体缓和、局部震荡”的势头可能延续。域内国家关系虽存变数，但可望继续向好发展。同时，西方大国将加紧对中东施加影响，加快调整中东政策的步伐。

随着地区政治生态继续变化以及中阿关系持续升温，中东国家从“向东看”到“向东行”的步伐将加快。

1. 域内关系继续向好

近年来，阿拉伯国家内部关系、阿拉伯国家同土耳其和伊朗的关系、逊尼派与什叶派之间的关系、“亲穆斯林兄弟会阵营”与“反穆斯林兄弟会阵营”之间的关系都出现不同程度的缓和。因阿拉伯国家内部分歧引发的“卡塔尔断交危机”已宣告结束，阿联酋、巴林、苏丹和摩洛哥4个阿拉伯国家相继同以色列实现关系正常化，沙特、阿联酋和伊朗之间的关系明显缓和，特别是沙特和伊朗已举行多轮对话，寻求改善关系。科威特已将与伊朗的关系恢复到大使级。

中东缓和气氛的上升，很大程度上是域内国家主动塑造议程的结果，这比过去西方大国主导下的“脆弱和平”多了更多内生性动力，也更具可持续性。

2023 年，中东国家继续保持和平与稳定的势头大有希望，但也不乏隐忧。土耳其是否不再对叙利亚进行跨境袭击、内塔尼亚胡领导的以色列右翼政府上台后巴以矛盾是否激化、叙利亚何时重返“阿拉伯大家庭”、恢复履行伊朗核协议谈判能否取得突破等都将对中东局势产生较大影响。

2. 大国加紧争夺中东

在大国战略竞争日趋激烈的大背景下，域外大国在中东正加快政策调整步伐，以策应其全球战略。美国、欧洲、俄罗斯、印度等国家或地区对中东的关注度都在上升。

现阶段美国推行的大国竞争战略重心在亚太和欧洲，但乌克兰危机升级后，美国重新评估中东地区的战略价值，并加大在中东地区的布局。2023 年，美国的中东政策可能在三个方面着力：一是遏制俄罗斯和中国扩大在中东地区的影响力；二是继续加强同中东传统盟友的战略伙伴关系；三是继续遏制伊朗，使伊朗政权更加脆弱。

乌克兰危机升级后，俄罗斯也努力在中东地区实现突围。俄罗斯在中东的着力点是加强与伊朗、土耳其的关系，调动积极力量破解美国对其的围堵。此外，俄罗斯还利用“欧佩克+”机制来加强其在能源领域的影响力以制衡美国。对欧洲国家来说，由于乌克兰危机引发能源供应紧张，他们当前尤其希望加强与中东产油国的能源合作。

这些域外大国在中东的博弈态势正从控制中东地区逐渐转向争取中东国家，以维护自身在中东的利益。中东将成为新一轮域外大国竞争的热点地区，但不是焦点地区。

3. “向东行”势必加速

在百年未有之大变局的背景下，中东政治生态正在发生深刻变化，阿拉伯国家与中国深化合作面临历史性机遇。2023 年，中东国家从“向东看”到“向东行”的步伐将不断加快。

近年来，中阿关系持续升温。习近平主席于 2022 年 12 月 7 日至 10 日出席首届中国—阿拉伯国家峰会、中国—海湾阿拉伯国家合作委员会峰会并对沙特进行国事访问。这是新中国成立以来中国面向阿拉伯世界规模最大、规格最高的外交行动，已成为中阿关系史上一座划时代的里程碑。

美国等西方大国的中东政策的破坏性远大于建设性，而中国希望阿拉伯世界团结、强大，“不寻求势力范围，不培植代理人，不填补权力真空”的立场深得阿拉伯国家赞誉和认可。中国在中东事务中一直主持公正，按照事务本身的是非曲直确立自己的政策和立场。

中国开展真实亲诚的团结合作，汇聚发展中国家自强合力，提出的中国方案和中国倡议在中东的吸引力正不断上升。“一带一路”倡议契合中东国家更加关注经济发展和民生改善的现实需求，已与这些国家的发展战略形成有效对接。可以预见，新的一年，中东国家与中国的关系必将进一步提质升级。

第二章　国内发展　党的二十大指引中国式现代化

2022年10月16日，中国共产党第二十次全国代表大会在北京开幕，习近平总书记代表第十九届中央委员会向大会作了题为《高举中国特色社会主义伟大旗帜　为全面建设社会主义现代化国家而团结奋斗》的报告。

党的二十大是在全党全国各族人民迈上全面建设社会主义现代化国家新征程、向第二个百年奋斗目标进军的关键时刻召开的一次十分重要的大会，在政治上、理论上、实践上取得了一系列重大成果。深入学习宣传贯彻党的二十大精神，对全面建设社会主义现代化国家、全面推进中华民族伟大复兴，具有重大现实意义和深远历史意义。

习近平总书记在党的二十大报告中强调，从现在起，中国共产党的中心任务就是团结带领全国各族人民全面建成社会主义现代化强国、实现第二个百年奋斗目标，以中国式现代化全面推进中华民族伟大复兴。

习近平总书记在报告中指出，在新中国成立特别是改革开放以来长期探索和实践基础上，经过党的十八大以来在理论和实践上的创新突破，我们党成功推进和拓展了中国式现代化。

中国式现代化，是中国共产党领导的社会主义现代化，既有各国现代化的共同特征，更有基于自己国情的中国特色。

——中国式现代化是人口规模巨大的现代化。

——中国式现代化是全体人民共同富裕的现代化。

——中国式现代化是物质文明和精神文明相协调的现代化。

——中国式现代化是人与自然和谐共生的现代化。

——中国式现代化是走和平发展道路的现代化。

习近平总书记指出，中国式现代化的本质要求是，坚持中国共产党领导，坚持中国特色社会主义，实现高质量发展，发展全过程人民民主，丰富人民精神世界，实现全体人民共同富裕，促进人与自然和谐共生，推动构建人类命运共同体，创造人类文明新形态。

习近平总书记在报告中指出，到 2035 年，我国发展的总体目标是：经济实力、科技实力、综合国力大幅跃升，人均国内生产总值迈上新的大台阶，达到中等发达国家水平；实现高水平科技自立自强，进入创新型国家前列；建成现代化经济体系，形成新发展格局，基本实现新型工业化、信息化、城镇化、农业现代化；基本实现国家治理体系和治理能力现代化，全过程人民民主制度更加健全，基本建成法治国家、法治政府、法治社会；建成教育强国、科技强国、人才强国、文化强国、体育强国、健康中国，国家文化软实力显著增强；人民生活更加幸福美好，居民人均可支配收入再上新台阶，中等收入群体比重明显提高，基本公共服务实现均等化，农村基本具备现代生活条件，社会保持长期稳定，人的全面发展、全体人民共同富裕取得更为明显的实质性进展；广泛形成绿色生产生活方式，碳排放达峰后稳中有降，生态环境根本好转，美丽中国目标基本实现；国家安全体系和能力全面加强，基本实现国防和军队现代化。

未来 5 年是全面建设社会主义现代化国家开局起步的关键时期。

习近平总书记在报告中指出，我国发展进入战略机遇和风险挑战并存、不确定难预料因素增多的时期，各种“黑天鹅”“灰犀牛”事件随时可能发生。我们必须增强忧患意识，坚持底线思维，做到居安思危、未雨绸缪，准备经受风高浪急甚至惊涛骇浪的重大考验。前进道路上，必须牢牢把握以下重大原则。

——坚持和加强党的全面领导。坚决维护党中央权威和集中统一领导，把党的领导落实到党和国家事业各领域、各方面、各环节，使党始终成为风雨来袭时全体人民最可靠的主心骨。

——坚持中国特色社会主义道路。既不走封闭僵化的老路，也不走改旗易帜的邪路，坚持把国家和民族发展放在自己力量的基点上，坚持把中国发展进步的命运牢牢掌握在自己手中。

——坚持以人民为中心的发展思想。不断实现发展为了人民、发展依靠人民、发展成果由人民共享，让现代化建设成果更多更公平惠及全体人民。

——坚持深化改革开放。不断彰显中国特色社会主义制度优势，不断增强社会主义现代化建设的动力和活力，把我国制度优势更好转化为国家治理效能。

——坚持发扬斗争精神。增强全党全国各族人民的志气、骨气、底气，不信邪、不怕鬼、不怕压，知难而进、迎难而上，统筹发展和安全，全力战胜前进道路上各种困难和挑战，依靠顽强斗争打开事业发展新天地。

党的二十大描绘了全面建成社会主义现代化强国、以中国式现代化全面推进中华民族伟大复兴的宏伟蓝图，明确了新时代新征程党和国家事业发展的目标任务。贯彻落实党的二十大精神，是当前和今后一个时期全党的首要政治任务。

蓝迪国际智库积极组织平台专家、机构和企业，深入学习宣传贯彻党的二十大精神，全面贯彻习近平新时代中国特色社会主义思想，充分发挥新型智库在推进中国式现代化中的作用。经过深入细致的讨论，专家团队形成以下重要观点。

一、党的二十大精神与大势前瞻

陈文玲*

习近平总书记在党的二十大报告中指出，从现在起，中国共产党的中心任

* 陈文玲，中国国际经济交流中心总经济师，国务院研究室综合司原司长，中国区域经济50人论坛成员，中国社会科学院“一带一路”国际智库专家委员会委员，蓝迪国际智库专家委员会委员。

务就是团结带领全国各族人民全面建成社会主义现代化强国，实现第二个百年奋斗目标，以中国式现代化全面推进中华民族伟大复兴。报告还指出，中国式现代化是中国共产党领导的社会主义现代化。既有各国现代化的共同特征，更有基于自己国情的中国特色。

（一）现代化不是西方的专利，每个国家都能找到一条适合本国国情的现代化道路

中国式现代化为人类实现现代化提供了新的选择，意义非常重大。世界上很多国家过去一直把西方现代化等同于现代化、等同于工业化、等同于民主、等同于先进。中国式现代化为人类社会实现现代化提供了新的路径选择，这正是中国共产党和中国人民在新时代为解决人类面临的共同挑战和问题提供的中国智慧和中国方案，体现了中国共产党强大的领导力量和中国人民的伟大创造。

关于现代化的指标，世界各国有很多指标体系和形态的描述。例如，美国社会学者英格尔斯提出的以社会现代化和人的现代化互为基础，包括 10 个衡量指标在内的指标体系，是在国际上受认可度比较高的表述。主要体现经济规模、经济质量、以购买力评价各国经济发展程度、人类发展指数等。联合国新千年计划提出的关于人的现代化、经济社会现代化等国家现代化的若干目标，是各国为之奋斗的共同努力方向。

所谓现代化，是一个动态概念。在历史不同阶段现代化有不同衡量标准，比如说在 20 世纪 60 年代，一个国家人均 GDP 达到 500~1000 美元以后，仍然能够保持 7%以上的增长，就可以说进入了现代化快速发展时期。例如，日本 1950 年至 1973 年年均增长率为 8.9%（日本经济腾飞）；韩国 1965 年至 1996 年年均增长率为 7.9%，第三个五年计划期间（1973 年至 1976 年）的年均经济增长率为 11%，被称为“汉江奇迹”；巴西 1948 年至 1979 年年均增长率为 7.2%，其中 1968 年至 1973 年年均增长率达 10%以上，被称为“巴西奇迹”，国内生产总值位居南美洲第一，成为世界第七大经济体。这些国家都曾迈入现代化门槛，一些国家成为现代化的国家。中国改革开放40多年间保持了年均9.6%的高速增长，高速增长速度和持续时间是全世界之最，为中国迈向现代化打下了坚实的基础。

世界各国在现代化道路上，特别是西方发达国家，出现了几个大的失衡：一是实体经济和虚拟经济的失衡，二是经济发展与社会发展失衡，三是物质文明和精神文明失衡，四是人类生存发展和生态环境的失衡，五是不同社会群体之间的贫富悬殊。人类社会在现代化进程中有经验也有教训，西方的现代化不是唯一的选择。中国不可能靠照搬西方现代化模式，实现习近平总书记在党的二十大报告中提出的具有五方面内涵的中国式现代化。西方现代化道路有哪些经验可借鉴？如科学技术是第一生产力、提高科技的原始创新能力、聚天下英才为我所用的人才制度、政府公共政策与制度、政府公共品采购制度等，就特别值得我们在实现中国式现代化中学习和借鉴。

（二）中国式现代化与中国经济社会的发展阶段、发展目标、发展战略选择是一致的

中国式现代化，是中国进入中国特色社会主义建设新时代，习近平总书记提出的经济发展的新方略，是适合中国实际的独特的中国式现代化道路新方略。按照党的十九大报告所提出的第二个百年奋斗目标，建设社会主义现代化强国分两步走的总战略，从2020年到2035年基本实现社会主义现代化，到21世纪中叶把我国建成富强民主文明和谐美丽的社会主义现代化强国。全面建设社会主义现代化国家，是一项伟大而艰巨的事业，前途光明，任重道远。到2035年，我国将基本实现社会主义现代化。经济实力、科技实力、综合国力将大幅跃升，经济总量和城乡居民人均收入将再迈上新的台阶，关键核心技术实现重大突破，进入创新型国家前列。基本实现新型工业化、信息化、城镇化、农业现代化，建成现代化经济体系。基本实现国家治理体系和治理能力现代化，人民平等参与、平等发展权利得到充分保障，基本建成法治国家、法治政府、法治社会。

未来的 5 年是全面建设社会主义现代化国家开局起步的关键时期，也是中国式现代化序幕拉开之后加速发展的最重要时期。新中国成立 70 多年以来、改革开放 40 多年以来，特别是党的十八大以来的 10 年，中国人民在中国共产党的领导下，经过不懈努力与奋发有为，为中国式现代化奠定物质文明、精神文明、政治文明、社会文明以及生态文明的基础，这是中国式现代化的重要条件和保障。习近平总书记在党的二十大报告中指出，中国式现代化的本质体现在九个方面，即坚持中国共产党领导，坚持中国特色社会主义，坚持实现高质量发展，实现全过程的人民民主，丰富人民的精神世界，实现全体人民共同富裕，促进人与自然和谐共生，推动构建人类命运共同体，创造人类文明新形态。我个人体会，这九个方面如果用一句话来概括，就是构建人类命运共同体的人类文明新形态。中国式现代化，不仅是一个经济社会发展问题，而且要构建基于更高文明要求的社会文明形态和生态体系，其中包括经济发展方式，人民生活方式、生存方式、生产方式、生命方式，现代社会治理体系，现代国家的执政能力，等等。

我们要创造人类文明的新形态，这确实是一个伟大的创举，那么中国式的现代化，既遵循现代化建设的一般规律，又有自己鲜明的中国特色。中国式现代化是五个文明“五位一体”的现代化，它与中国经济社会发展的阶段、发展的目标、发展的方式、发展的路径是一致的，是我们在持续几十年努力形成的基础上向一个更高的目标迈进。创造人类文明新形态的目标，提出了中国式现代化建设的又一个蓝图，与两个百年奋斗的目标一致，与全面建成社会主义现代化强国的目标一致，与实现中华民族伟大复兴的中国梦目标一致，与中华民族屹立于世界民族之林的目标一致。中国式现代化是一个持续的过程，也是一个螺旋式上升的过程，还是中国从一个台阶迈上另一个更高台阶的过程。习近平总书记明确指出新时代新征程中国共产党的使命任务，“从现在起，中国共产党的中心任务就是团结带领全国各族人民全面建成社会主义现代化强国、实现第二个百年奋斗目标，以中国式现代化全面推进中华民族伟大复兴”。

（三）中国式现代化的五个特色，是中国共产党领导下的社会主义现代化，既有各国现代化的共同特征，更有基于自己国情的中国特色

中国式现代化，是中国实现社会主义现代化的必由之路，是创造人民美好生活的必由之路，是实现中华民族伟大复兴的必由之路。习近平总书记在庆祝中国共产党成立100周年大会上的重要讲话中指出："走自己的路，是党的全部理论和实践立足点，更是党百年奋斗得出的历史结论。"中国式现代化是人口规模巨大的现代化，是全体人民共同富裕的现代化，是物质文明和精神文明相协调的现代化，是人与自然和谐共生的现代化，是走和平发展道路的现代化。

1. 中国式现代化是人口规模巨大的现代化

中国巨大规模人口迈入现代化，是人类发展史上史无前例的伟大标志性事件，将彻底改写世界现代化版图。中国跨越中等收入国家陷阱，将使发达国家人口占世界人口比重从16%上升到34%，这是重塑世界现代化格局的历史性超越。第三次全国人口普查数据显示，中国总共有141178万人，是世界上人口规模最大的发展中国家，解决好如此巨大规模人口的国家实现现代化，是人类发展史上遇到的最大难题和挑战。经过多年坚持不懈的努力，中国已经从站起来到富起来，正在迈向强起来，如何把14亿人的潜能挖掘出来，让一切创造财富的源泉涌流，同时使14亿人能够分享经济社会发展的成果，使中国成为现代化强国？14亿巨大规模人口就是中国的基本国情，这是中国式现代化首先要面临的问题。

中国经过新中国成立70多年、改革开放40多年，特别是党的十八大以来10年的不懈努力，已经充分激发了14亿人的爱国热情，每个人都是新时代的见证者、参与者、建设者和奉献者。经过这10年的快速发展，中国经济表现出强劲的增长韧性和巨大的发展潜力，国家经济实力、科技实力和综合国力已经迈上新台阶。中国已是世界第二大经济体，拥有14亿多人口、超过4亿中等收入群体，特别重要的是中国已经成为人力资本最雄厚的国家。现代化的本质是人的现代化。中国式现代化就是要从人口规模巨大的基本国情出发，继续释放人口红利，在不断实现人的现代化过程中推进国家现代化。

2. 中国式现代化是全体人民共同富裕的现代化

有三个标志性变化：一是中国富起来进入新阶段，从让一部分人先富起来，到先富带动后富，再到实现共同富裕，我们实际上已经走了两步，现在正在走向全体人民共同富裕的现代化。二是中国在脱离绝对贫困的基础上，要通过消除相对贫困走向共同富裕，使发展成果更多更公平地惠及全体人民。现行贫困标准下，2013 年至 2020 年，全国农村贫困人口累计减少 9899 万人，贫困发生率年均下降 1.3 个百分点。2013 年至 2021 年，全国就业人员稳定在 7.4 亿人以上。10 年累计实现城镇新增就业 1.3 亿人，基本医疗、养老保险分别覆盖超过 13.6 亿人、10.4 亿人。“我们的目标很宏伟，但也很朴素，归根结底就是让全体中国人都过上更好的日子。”习近平总书记在与外方嘉宾交流时的一番话，道出了中国共产党人的追求。2021 年，最终消费支出对经济增长的贡献率为 65.4%，比 2012 年提高 10 个百分点，成为经济增长第一拉动力。我国的城镇化率由 53.1%上升到了 64.7%，城乡居民人均可支配收入之比或者说差距由 2.88∶1 降低到了 2.5∶1。三是在保持创造财富激情和动力的前提下，通过优化制度安排走向共同富裕。一方面绝不能使创造财富的动力减弱；另一方面通过二次分配、三次分配、四次分配等制度性安排，创造机会平等、分配合理、鼓励创造的体制机制，激发更多人的创造性。

共同富裕是社会主义的本质要求。中国式现代化坚持以人民为中心的发展思想，扎实推进共同富裕，让发展成果更多更公平地惠及全体人民，满足人民日益增长的美好生活需要，推动人的全面发展、全体人民共同富裕取得更为明显的实质性进展。中国式现代化的本质要求之一是实现全体人民共同富裕。党的二十大报告指出：“我们要完善分配制度，坚持按劳分配为主体、多种分配方式并存，坚持多劳多得，鼓励勤劳致富，促进机会公平，增加低收入者收入，扩大中等收入群体，规范收入分配秩序，规范财富积累机制。”这就告诉我们，共同富裕的现代化，并不是齐步走和平均主义的大锅饭，必须基于我们已经形成的激发人的创富能力的释放，将社会财富的蛋糕做大，在做大的基础上实现共同富裕。绝不能使一部分创造财富的人躺平或内卷，另一部分人去抢剩下的蛋糕，这样的共同富裕不会走向富裕，更不能真正地走向现代化。

3. 中国式现代化是物质文明和精神文明相协调的现代化

党的十八大以来的 10 年，我国经济总量从 53.9 万亿元增长到 114.4 万亿元，占世界经济的比重从 11.4%增长到 18.5%；2021 年，我国人均 GDP 达 80976 元，扣除价格因素，比 2012 年增长 69.7%，年均增长 6.1%；按年平均汇率折算达 12551 美元，距离高收入国家门槛 1.2695 万美元只有 1.8 个百分点差距，连续 3 年超过 1 万美元，稳居中等收入国家行列，接近世界银行划分的高收入国家门槛值。中国式现代化要创造更多的物质文明，使精神文明的基础更加牢固。

但我国仍然存在贫富差距、区域差距、城乡差距，其差距的突出表现不仅是享有物质文明方面的差距，更重要的是享有精神文明的差距。现代化不仅是物质财富的积累，更是精神文明的发展。中国式现代化就是要在发展经济、促进物质全面丰富的同时，不断加强精神文明建设，坚持社会主义核心价值体系，弘扬中华优秀传统文化，不断增强人民精神力量，实现物质文明和精神文明相互促进、相得益彰。中国社会的主要矛盾已经从满足人民群众日益增长的对物质文化需要转向满足人民群众日益增长的对美好生活需要，对美好生活需要更多地体现在精神文明上。我们要创造更多的精神文明供给，包括创造精神文明财富的制度供给、产品供给、行业供给。

一个民族的精神风貌、一个民族的内在修养、一个民族文化的外在表现，是能否受到世界各国尊敬的决定性因素。中国的国际地位和影响力正在提高，习近平总书记指出："70 后、80 后、90 后、00 后，他们走出去看世界之前，中国已经可以平视这个世界了，也不像我们当年那么'土'了。"平视这个世界，就要以更高的文化修养、更完美的人格魅力和更加具有自尊自强自爱的精神力量打动人。在物质文明发展的同时，精神文明能够获得更大程度发展，而精神文明的发展程度，也是最终决定国家胜负、决定中国在世界上认同度的关键所在。

4. 中国式现代化是人与自然和谐共生的现代化

人与自然和谐共生的现代化，是对传统现代化道路的超越，是可持续发展的现代化。中国式现代化就是要推进经济社会发展全面绿色转型，形成绿色发展方式和生活方式，坚定走生产发展、生活富裕、生态良好的文明发展道路，建设美丽中国，为人民创造良好生产生活环境，为全球生态安全作出贡献。绿色发展态势向好，人与自然和谐共生加快形成。2021 年，全国地级及以上城市平均空气质量优良天数比例为 87.5%，比 2015 年提高 6.3 个百分点。2013 年至 2021 年，全国累计造林总面积约 5944 万公顷。我国的生态环境状况实现了历史性的转折，单位 GDP 二氧化碳排放量累计下降了约 34%，风电、光伏发电等绿色电力的装机容量和新能源汽车产销量都居世界第一。

中国式现代化就是要坚持绿色发展，坚持“五位一体”推进社会主义现代化建设，其中生态文明建设非常重要。例如，城市建设的方向是形成生态型的城市，园区建设的方向是形成生态型的园区，企业发展是形成生态型的企业，资源利用形成循环型经济组织方式，等等。中国向国际社会庄严承诺，到 2030 年实现碳达峰，2060 年实现碳中和。虽然西方一些国家由于能源危机正在走回头路，但是中国还是按照既定方针和承诺在各个方面继续努力。据分析，在新能源领域，特别是核能、水能、光伏能、风能等方面，毫无疑问中国已经走在了世界前列。比如，中国的高储能电池产能占到全球的 80%，电动汽车处于全球领先水平，销量已经占到全世界的 40%以上，产量已经占到全世界的 70%以上。中国通过人与自然的和谐共生，江河湖海湿地正在恢复原有的生态，河长制、湖长制都是中国要搞大保护、不搞大开发等一系列战略部署的重要举措，习近平总书记提出生态文明思想，“绿水青山就是金山银山”等理念，已经逐步转化为中国的经济发展方式，必然成为中国式现代化非常重要的内涵。中国式现代化能为世界生态环境转变作出更大的贡献，而且已经作出很大贡献，比如世界上新增的绿化面积25%来自中国。中国的森林覆盖率在恢复，草原在恢复，湿地在恢复，2022年塔克拉玛干沙漠里的河流在恢复，珍贵的湖泊已经开始出现。中国的生态文明毫无疑问会给子孙后代带来永续的可以利用的资源，永续的可以生存的环境，如果只顾当代不顾下一代，这种现代化是没有意义的。

5. 中国式现代化是走和平发展道路的现代化

中国主张文明交流互鉴，打破了西方所谓的“文明冲突论”，创立了具有包容性的人类文明新形态，促进了世界和平与发展。中国为世界提供了一种新的可能，就是摒弃丛林法则、不搞强权独霸、超越零和博弈，开辟一条合作共赢、共建共享的文明发展新道路。中国式现代化就是要坚持同世界各国合作共赢，推动建设新型国际关系，推动形成更加公正合理的全球治理体系，推动构建人类命运共同体，以中国的新发展为世界提供新机遇。走和平发展道路的中国式现代化，改变了西方现代化模式内含的殖民扩张基因，创造了具有包容性的人类文明新形态。开放发展迈向更高层次，全面开放新格局加快形成。

习近平总书记提出的“一带一路”倡议、全球发展倡议、全球安全倡议，还有中国近几十年特别是近10年提出来的一系列全球文明观、和平观、价值观、合作观等，都是坚持和世界合作共赢，推动建立新型的国际关系，推动形成更加公正合理的全球治理体系。走和平发展道路的中国式现代化，使中国的开放向着更高层次、更高水平、更高质量、更具引领性的方向迈进，以更广博的胸怀站在世界道德道义的制高点，为世界实现和平发展作出新的贡献。

二、推进高水平对外开放，加快服务贸易和数字贸易发展

黄奇帆*

党的二十大报告指出，推进高水平对外开放，依托我国超大规模市场优势，以国内大循环吸引全球资源要素，增强国内国际两个市场、两种资源的联动效应，提升贸易投资合作质量和水平。稳步扩大规则、规制、管理、标准等制度型开放，推动货物贸易优化升级，创新服务贸易发展机制，发展数字贸易，加快建设贸易强国。合理缩减外资准入负面清单，依法保护外商投资权益，营造市场化、法治化、国际化一流营商环境。推动共建“一带一路”高质量发展，优化区域开放布局，巩固东部沿海地区开放先导地位，提高中西部和东北地区开放水平，加快建设西部陆海新通道。加快建设海南自由贸易港，实施自由贸易试验区提升战略，扩大面向全球高标准自由贸易区网络，有序推进人民币国际化，深度参与全球产业分工和合作，维护多元稳定的国际贸易格局和经贸关系。

党的二十大报告强调了我国今后几十年走向世界经济强国过程中的高水平开放的任务：强调了中国的下一步开放，要推动规则、标准、制度体系的改革，推动中国更高水平的国内国际双循环；提出了我国更高水平开放的重要方向，即我们国家在过去几十年改革开放的过程中，推动的措施一般是建立保税区、开发区、各种类型的新区或者高科技园区等。通过一些局部的、区域性的实验地开发区，形成一个国际化的小环境，带动加工贸易、引进外资等各方面的开放，和国际经济能够融合。在这个过程中，推动我们的经济进出口外资数量型的、量化的、要素型的开放。

---

* 黄奇帆，十二届全国人大财经委员会副主任委员，重庆市原市长，中国社会科学院“一带一路”国际智库专家委员会，蓝迪国际智库专家委员会联合主席。

（一）推动国内贸易和国际贸易一体化

党的二十大以后，我国的开放更多建立在全国范围，从规制、标准、体制、制度等基础性的制度建设方面，形成整个中国的新开放水平。这个开放水平与我国国内大循环为主体和国内国际双循环的要求联系在一起，比如，现在和过去的几十年，我们形成了专业化的出口体系。商务部有一个体系，用于出口产品的标准、转入环境职责、各种各样的商品检验。

一个生产线上生产的商品既出口也在国内销售，如果出口的产品想要转内销的话，手续繁复，甚至转不回来。我国每年1亿多老百姓出国旅游，会在国外买回大量中国制造的商品，这实际上反映了我们内循环外循环不统一。“十四五”规划纲要提到，要推动国内贸易和国际贸易的一体化，实现同线、同质、同标，从国内营商环境、制度、规则、规制、体制的根本实现一体化。

（二）大力发展服务贸易和数字贸易

党的二十大报告指出，必须把服务贸易、数字贸易搞上去，在货物贸易、服务贸易、数字贸易领域都成为世界贸易大国。我们国家2021年进出口贸易已经达到6万亿美元，占世界贸易总量的30%以上。事实上，我们在2010年就已经成了世界第一的贸易大国。从2010年直到今天，我们始终是世界第一贸易大国，但是我们并不能说我们是贸易强国。因为数字贸易在服务贸易总量中的占比越来越大，服务贸易的发展已经是当今世界贸易发展的一个最重要、最为显著的方面。

2021年全球的服务贸易总量中，数字贸易已经达到60%左右，也就是说，服务贸易总量中的大部分已经表现为数字贸易。在这个意义上说，当今世界，如果服务贸易上不去，或者数字贸易跟不上，也就谈不上贸易强国。从1970年前后开始到现在，服务贸易占全球贸易的比重从5%增长到了30%。有趋势表明，到2035年或者2040年前后，服务贸易将占全球贸易总量的40%。最近20年，全球服务贸易的总量增加了2.5倍，货物贸易总量增加了2倍。服务贸易的发展要比货物贸易快得多，如果服务贸易发展得不够快或者效益不够高，就称不上世界贸易强国。

（三）进一步发展自由贸易网络

通过自由贸易港和自由贸易试验区进一步发展自由贸易网络，推动自由贸易区全国范围推广，使营商环境更加国际化、法治化、市场化，让营商环境中的市场准入、国民待遇、负面清单管理等限制越来越少。在知识产权保护、劳动权利保护、生态环境保护方面能够更好地体现国际规则，对各种不同所有制的企业，包括外资、民企、国企、各种市场主体，在竞争中同等待遇。同时，在数字贸易、服务贸易方面更加开放，海南自由贸易港和其他20个自由贸易试验区是点状的，如何变成网状？就是在全国范围网化地推开。

下一阶段，国家自由贸易试验区不会再按照过去10年那样一个一个地审批、批准、建设，而是依托自由贸易试验区的成功经验和好的制度，全方位地网状覆盖全国960多万平方千米。自由贸易试验区的任务已经差不多完成，要覆盖到全国，这也是下一阶段高水平、深层次开放的必然体现。

（四）人民币国际化由稳慎推进到有序推进

党的二十大报告中专门提到了要推动人民币国际化，使我国更深入地进入国际分工的格局，更深层次地进入世界贸易治理体系。过去几年，这两句话在各中央精神的文件里面都有被提及，如银行系统、金融系统经常提及人民币国际化。在贸易体系中，经常提到的是更深层次地参与国际贸易治理、参与国际产业分工等，这两个部门似乎不大相干。这一次，主要是把这两句话连在一起。一方面，我国已经成了世界第一贸易大国、工业大国，从GDP来说，我国也是世界第二大的经济体。但另一方面，我国的人民币和金融在世界上的地位还很低。现在人民币在全球贸易支付清算的比重只有12%，人民币在全球各个国家货币储备的比重只有2.8%，比例是非常低的。

世界上的国家一般分为三类：第一类是像美国这样的国家，GDP占世界

25%，但是美元占世界储备货币的60%、贸易清算货币总量的56%，所以美元是世界强势货币；第二类是世界经济强国，如英国、日本、加拿大，这些国家是世界上的富裕国家和强国，它们的GDP在世界占比和货币计算或储备量占比相同；第三类就是占世界GDP总量50%的100多个国家，它们的货币只占世界储备货币或者世界清算货币的5%左右。中国属于第三类国家，我们的GDP已经占世界的18%了，但是支付清算量只占2%。我国要成为世界经济强国，我们的货币不需要像美元一样覆盖世界的60%，但至少要跟我国的GDP在世界的比重相当，跟日本、英国等大体上相类似，这是我国强国发展的必由之路和核心利益所在。在这个意义上，如果今后二三十年，中国成为世界经济强国，而人民币还是地位低下，那我国的强国之路就走得不顺利、不到位。

第一，人民币国际化和中国参与全球分工、全球治理是联系在一起的。如果人民币没有国际化，那我们的全球治理和参与全球分工其实是不到位的。人民币国际化的渠道有很多，我国过去一直推行的是以出口创汇为主导的贸易政策。现在改变为既鼓励出口，也鼓励进口，不以顺差为目标，以顺差、逆差平衡为目标，也就是说要增加进口。在世界上，进口大国都是世界经济强国，出口大国都是发展中国家。为了拉动自己的经济，在世界市场上多占有一些份额，发展中国家会将廉价劳动力和原材料出口，以获得经济的发展。有进口大国才会有货币强国，以美元为例：美国人总说自己是逆差，实际上美国每年进口额几千亿美元。100美元的印刷费、发行费只要6美分，相当于美国用6美分的纸币就可以购买我国100美元的硬通货产品。在这个意义上，我国要想成为经济强国，就要增加进口，这个过程就是人民币国际化的过程。

第二，外汇储备不一定要储备那么多美元，我国3万多亿美元的外汇储备里，有1万多亿美元是美债。美国在俄乌战争发生后冻结了俄罗斯的美国国债，冻结了俄罗斯老百姓在美国的存款，切断了用美元计价的SWIFT系统。因此，储备美元多反而有风险，适当减少美元的美债，增加欧元、英镑、日元的国债反而更稳当。

第三，进口的时候尽量用人民币支付，我国贸易量大、采购量大，可以用人民币支付。

第四，进口大宗物资时用人民币计价，因为用美元或其他货币计价，受货币市场波动影响，最后可能会吃亏，用人民币计价反而更加稳定。

第五，增加国家和国家之间主权货币的互换。我国现在和 40 多个国家形成了央行资金主权货币互换，即直接用人民币互换。

第六，增加人民币离岸的市场。现在我国在中国香港、新加坡和伦敦有 2 万亿元人民币的离岸市场，以后可以扩大到 4 万亿元到 5 万亿元。

第七，在“一带一路”增加人民币投资，就是在“一带一路”沿线上的 100 多个国家和地区，用人民币代替美元去投资和贸易结算，形成一个人民币国际化的市场通道。此外，我们现在有数字人民币，也可以逐步推进在全球范围发行数字人民币。

第八，我们的股票市场和资本市场可以增加额度，扩大外汇在中国股票市场上的投资、结算。

第九，最重要的是人民币的锚。我国近几十年印刷货币基本都是以外汇为锚，大国货币不需要用贵金属和其他国家的强势货币作锚，而是用自己国家的国债作锚。人民币的国际化最终就是中国的货币是以中国国务院发的国债为信用资本，然后发行国债，跟老百姓交换货币，最后国家没有通货膨胀。在这一点上我们是非常谨慎的。正常的 GDP 在增加的过程中，需要增加的货币不属于国家欠债，这种需要增加的货币应该由国家发国债来作为一个锚。这个过程既不会影响通货膨胀，又把货币膨胀产生的铸币税留给中国人民，留给中国经济系统，这是国家走向富强的根本之路。高水平开放，为双循环服务。

党的二十大报告提出了我国在走向世界经济强国过程中的开放的任务和道路方向，提出了要以中国超大规模市场为吸引力，调动世界两种资源、两种市场，为中国的经济内循环、双循环起到发展的作用，就是高水平的开放。

三、迈向智能时代的科技发展战略

朱嘉明*

党的二十大报告指出，当前，世界百年未有之大变局加速演进，新一轮科技革命和产业变革深入发展，国际力量对比深刻调整，我国发展面临新的战略机遇。必须准确理解当下的数字化智能化的发展态势，加快推动战略性新兴产业融合发展，形成与智能时代相适应的发展战略和科技体系，是前沿科技成为未来产业新的增长引擎。

(一) 2022年的科技前沿

过去3年，世界政治经济发生重大变化，呈现显著波动态势。但是，科学技术革命不仅没有止步不前，反而正以难以想象的速度向前推进。2022年科技革命已形成系统化、前沿化状态，特别是在以下六个方面取得重大进展。

(1) 人工智能。此时此刻，全世界都在讨论AIGC（生成式人工智能）、ChatGPT（美国OpenAI公司研发的聊天机器人程序），以及实现深度学习的大模型。AIGC的突破，是人工智能的里程碑，正深刻影响着人类的思维、经济、政治和社会的传统结构和机制。人工智能开始具备基于高准确性和规模化的数据，形成了包括学习、抉择、尝试、修正、推理，甚至根据不同环境反馈来调整并修正自己行为的能力。它可以突破线性思维框架并实现非线性推理，也可以通过归纳、演绎、分析，实现对复杂逻辑关系的描述。由抽象到具象，从内容生成到逻辑推理，人工智能正在成为继承人类思想宝库，并从人类尚未开发的领域中获取灵感与经验的通才型技术。

(2) 量子科技。事实上，量子科技正以超过人们想象的速度前进。谷歌

---

* 朱嘉明，横琴数链数字金融研究院学术与技术委员会主席，元宇宙三十人论坛学术与技术委员会联席主席，中国社会科学院“一带一路”国际智库专家委员会委员，蓝迪国际智库专家委员会委员。

推出了量子纠错（Quantum Error Correction，QEC），能兼容量子科技，还可以实现逻辑推理。这是实现通用量子科技的重要突破。

（3）半导体技术第三代。以 GPU（图形处理器）为代表的芯片的持续升级，标志着后摩尔时代，甚至超越摩尔新阶段的新时代的到来，加速了材料、器件、系统架构、软件的一体化趋势。

（4）空间科技。SpaceX 星舰已成功完成静态点火。火星开发已经没有悬念。

（5）可控核聚变。美国劳伦斯利弗莫尔国家实验室国家点火装置（National Ignition Facility，NIF），实现了历史上首次激光可控核聚变点火。

（6）生命科学。主要包括脑科学、基因组学、生物物理学、神经生物学、生物信息学。其中脑科学和神经生物学与人工智能深度学习存在紧密关联性。

以上六个方面，并不能穷尽科技前沿的全貌。但这些方面所构成的前沿科技，形成相互渗透、相互影响的非单一革命，正在推进人类社会进入大科技时代。

（二）如何定义和理解智能数字时代

在过去的二三十年间，我们所处的时代被称为信息时代、知识时代，或者数字时代。进入 2022 年之后，因为人工智能的突破，我们所处的时代，急剧转变为智能时代。

可以对智能时代做这样的定义：智能时代，就是以人工智能为主导，以算力算法为内核，以 GPU 为核心硬件芯片支持，引入元宇宙、NFT、Web3.0，实现基于巨大参数的深度学习大模型，最终改变传统产业结构和增长模式的新时代。

智能数字时代最大的震撼是什么？它使人类结束了长期以来的线性、算数和指数理解世界的思维，进入多维、多元和几何指数增长的全新时代。人工智能巨大的爆发力和惊人的成长性，将改变整个世界原本的面貌。

（三）智能时代将引发经济制度、经济结构和企业组织深刻变化

当下，要准确全面认识当代世界，需将政治史、经济史、金融史和科技史相结合。科技的地位在持续上升，成为理解经济结构、产业体系、经济组织的关键，甚至是诠释世界地缘政治的重要线索。在智能时代，最为显著的特征是人工智能对经济制度、经济结构、经济组织的改变。这种变化具体表现为：

第一，人工智能带来的这场革命，颠覆了过去人们对经济增长的理解，改变了经济增长函数的辩证关系。过去的经济增长模式是线性的，表现为时间与增长对应的固定比例。今天的经济增长模式则完全改变，原先的线性增长会不断分叉。在智能时代，人工智能技术的发展成为经济增长最重要的内生因素。

第二，人工智能颠覆了传统经济结构。自工业时代以来的劳动力、土地与资本等资源禀赋，因为人工智能而丧失了天然的和不可替代的优势。在智能时代，人工智能不仅成为与传统劳动力并存的经济活动主体，而且具有显而易见的低成本特征。特别是，人工智能具有自我学习能力，不再需要所谓的职业培训。进一步说，因为人工智能所具有的数字化和智能化的本性，加速了管理的智能化转型。最为主要的是，人工智能的成熟与发展，一方面改造甚至颠覆了传统行业和部门，另一方面会形成全新的、基于人工智能技术的产业，最终形成智能时代的产业结构。

第三，与其他数字技术类似，人工智能技术往往具有将高固定成本让位于低边际成本的成本结构。因此，当考虑到大量的应用时，人工智能技术的平均成本是可以忽略不计的。人工智能的能力和效用的几何级进步也可以以最低成本实现。今天的智能手机比20世纪80年代中期的超级计算机功能更强大，而价格则远低于超级计算机。这样的动态成本结构有望在许多福利领域产生作用，如人工智能辅助医疗，许多此类服务将可以远程提供给世界各地的人们，包括穷人或其他弱势群体。同样，低边际成本的人工智能技术改进可以对可持续性产生重大影响，这也是影响人类长期福祉的另一个关键因素。在先进的人工智能经济中，从事传统工作的人将会减少，政府的税收将会减少，国家的

GDP 也将会减少，但每个人都会过得更好，自由地消费越来越多的与收入“脱钩”的商品。

（四）智能时代的战略

科技竞争和传统经济竞争有根本差别。科技竞争是协作的竞争，是不断地产生自然垄断和打破自然垄断的竞争，也是基于新人才概念、新资本概念、新市场概念的竞争。所以，现在只有懂得科技市场才能懂得市场，懂得科技人才才能懂得人才，懂得科技资本才能懂得资本。

智能时代战略必须考虑到以下方面：一是要高度重视技术研究，实现跨学科协作；二是要改变教育制度，让教育制度适应科技发展；三是要不断创造适应科技前沿的创新平台；四是必须有 Web3.0 的意识；五是必须有元宇宙的视角。

现在起，要强化科技发展的忧患意识。每个个体要意识到，每天醒来就可能有新的科技颠覆之前的观点和认知。国家和机构也要重新审视科技发展的战略和体系。唯有如此，才能更好地适应已经来临的智能时代。

四、构建新发展格局的着眼点和着力点

蔡　昉*

党的二十大报告强调，加快构建以国内大循环为主体、国内国际双循环相互促进的新发展格局。报告把构建新发展格局作为高质量发展的必然要求和重要抓手，提出加强国内大循环的内生动力和可靠性，提升国际循环质量和水平的新任务。理解党的二十大这一新表述和新要求，应该从供给侧与需求侧结合的视角，把构建新发展格局放到高质量发展和高水平对外开放的层面，着眼于

---

* 蔡昉，十三届全国人大农业与农村委员会副主任委员，中国社会科学院国家高端智库首席专家，中国社会科学院“一带一路”国际智库常务理事长，蓝迪国际智库专家委员会联合主席。

实现两者的良好结合。

从2011年劳动年龄人口进入负增长以来，中国经济面临的主要挑战在供给侧，需要着眼于提高生产率、转换经济增长动能，稳定和提高潜在增长率。2022年，中国人口出现近61年来的首次人口负增长。国家统计局数据显示，2022年我国人口减少85万人，主要是由于新出生人口在减少，这与生育意愿下降、婚育时间推迟、育龄妇女人口减少等有关。这不仅将从供给侧进一步降低潜在增长率，也带来需求侧的崭新挑战。人口总量、年龄结构、经济增长、收入增长和收入分配等诸多方面，都会产生抑制社会总需求的效应，需求因素将成为经济增长的常态制约，迫切要求加快构建新发展格局。

（一）从投资回报率入手扩大投资需求

在中国经济高速增长期间，资本要素相对稀缺是发展的主要制约。同时，人口红利阻止了资本报酬递减现象的发生，因此，那时中国的投资回报率处于世界高水平。随着中国经济进入更高发展阶段，在资本相对稀缺程度降低的同时，人口红利消失也导致劳动力短缺，资本报酬递减开始发挥抑制经济增长的常态作用。在现实经济活动中，传统比较优势的式微也导致固守既有经营方向和生产率水平的企业日益感受到投资无利可图。由此可见，投资回报率下降是投资需求趋于羸弱的根本原因。

在整体投资回报率下降的同时，产业间、行业间、企业间和区域间仍然存在投资回报率的差异。撇开其他因素，生产率上存在的这种差异导致投资回报率大异其趣。如何让真实的投资需求显现出来，发挥投资应有的拉动内需作用，是一个亟待破解的政策难题。对于如何挖掘投资需求潜力这个问题，需要从全方位的视角来认识，进而通过全面的改革予以解决。

更加合理、有效地配置资金，整体提高资本报酬率和投资回报率，是扩大投资需求的根本途径。一个产业的份额是否应该遵循经济规律而趋于降低，一个行业是否不再具有比较优势，一个企业能否保持市场竞争力，并不应该由政策制定者说了算，经济学家也无法给出准确的判断。产业和行业的消长以及企业的去留，最终要在要素价格没有扭曲的条件下，通过市场的优胜劣汰机制来决定。归根结底，投资需求来自投资回报率，投资回报率则有赖于生产率和投资效率的提高。

只有在全国统一大市场的建设中，疏通要素流动和重组的渠道，营造创造性破坏环境，资金才能流向真正的需求者，通过改善资源配置效率扩大投资需求。这就要求削峰填谷，改变资本配置的不均衡现象。在投资需求疲弱的情况下，政府采取了诸如宽松货币环境、产业政策性补贴和特惠贷款等手段，旨在刺激投资需求。

然而，银行信贷的发放和优惠政策的施与，无论是出于风险的考虑，还是从免责的角度考虑，往往导致资金向大企业、国有经济和政府大型项目倾斜，甚至鼓励这些领域接受并不需要的贷款，造成资金的闲置和浪费。与此相反，中小企业、非国有经济和新创企业则始终处于贷款难、贷款贵、得不到足够政策支持的境地。这种状况同时是投资需求不足、资金配置效率不高和生产率下降的重要原因之一。因此，制定和实施政策需要懂得：资源重新配置是经济增长的源泉所在，也是需求合理扩大的潜力所在。

顺应发展阶段变化挖掘基础设施投资需求潜力，尚有很大的努力空间。从需求特点上说，基础设施投资与市场主体的直接投资，既有一致的动因，也有不同的特点。相同之处在于，基础设施投资是经济活动的重要组成部分，也要求顺应发展阶段变化，按照经济增长的新需求进行调整。不同之处在于，基础设施投资需求是一种市场活动派生的需求，建设周期和回报周期都较长，更易受到政府政策的影响，常常被作为刺激经济的载体，因而易于成为债务累积和金融风险的领域。

根据这些特点，在基础设施建设中，至少需要在两点平衡关系上把握好分寸。首先，基础设施建设不能与实体经济“脱钩”。更高质量发展和产业结构的升级换代，都会对基础设施提出新的要求，即在优化布局、结构、功能和系统集成的基础上构建现代化基础设施体系。其次，从基础设施建设本身仍然可以挖掘到独特的需求潜力。作为一种派生的需求，基础设施建设固然有赖于经济增长的长期趋势和常态速度，然而，补齐现实中存在的基础设施短板，仍然是立竿见影的当下需求。

中国基础设施建设取得的显著成就容易使人产生一种错觉，以为中国的基础设施建设已经足够超前，以致需求潜力就相对有限了。为了避免高估中国基础设施建设的超前程度，以便看到该领域投资需求的潜力所在，我们可以利用世界经济论坛《全球竞争力报告 2019》的信息进行两点比较。首先，在世界经济论坛 2019 年的全球竞争力指数排名中，中国整体排在第 28 位，其中由人口规模决定的市场规模排名第 1。也就是说，基础设施这个支柱的排位还低于整体位次。其次，基础设施建设水平在结构上也不尽平衡。这个支柱被进一步区分为交通设施和公用设施，前者的世界排名高达第 24 位，而后者排名则低至第 65 位。由此可见，无论是提升人民生活品质的要求，还是推动户籍人口城镇化的要求，都意味着对公用设施建设和投资的巨大需求。

（二）从收入分配入手扩大居民消费

在人口负增长和老龄化加深的时代，居民消费的增长速度将放慢，或者说受到自然的抑制。人口转变的趋势是不可逆转的，所以，由此产生的削弱消费的作用力，总体上无法人为改变。然而，除来自人口因素的直接效应之外，还有一些与人口间接相关的因素，以及与之关联度较低的因素，也具有对消费增长的负面影响，从这些因素着眼打破需求制约，尽可能降低负面影响，相关政策大有用武之地。

受到人口间接影响的消费制约因素被称为增长效应或收入效应。随着人口负增长时代来临，中国经济将在更大的基数和更高的水平上，以相对慢的速度增长。这个经济增长减速从两个方面降低居民收入增长速度。一方面，经济增量的相对减小，直接限制可以转化为居民收入的蛋糕规模。另一方面，较慢的劳动生产率提高速度，也制约普通劳动者工资的上涨幅度。

20 世纪 90 年代以来，中国的人均 GDP、人均居民可支配收入和居民平均消费，均以较快的速度增长，这 3 个指标的变化趋势和相互关系，总体上遵循相同的轨迹，虽然在不同的时期，三者之间的同步性不尽相同。由这 3 个指标所表征的中国经济高速增长，大体上结束于国际金融危机时期，特别是在大规模刺激政策效应消失后，中国经济增速便进入常态性的下行区间。也就是说，人口红利消失导致的经济增长减速，从此为居民收入和消费的增长设置了天花板。

与此同时，自从中国经济增长进入减速期以来，经济、收入和消费之间的增长同步性却有了明显的增强，表现为在对上述 3 个指标的增长率进行两两比较时，均可以发现显著的正相关性。例如，在 2011—2021 年，人均 GDP 增长率与居民可支配收入增长率之间的相关系数达到 0. 913，居民收入增长率与居民消费增长率之间的相关系数为 0. 931，人均 GDP 增长率与居民消费增长率之间的相关系数为 0. 833。

与人口因素关联度较低的消费制约因素是收入分配效应。理论和经验都表明，处在不同收入分层的群体，边际消费倾向大相径庭。由于低收入人群尚有未予满足的消费需求，因此，他们在收入增加的情况下，会把较大的比例用于消费，即具有较大的消费倾向。由于高收入人群已经难有尚未满足的普通消费需求，他们只会将收入增长的较小比例用于消费，即具有较小的消费倾向。由此可以推论：社会收入差距过大不利于消费扩大。因此，任何改善收入分配的政策，都可以产生扩大消费需求的效果。

上述结论获得很多实证研究的支持。例如，宿玉海等估算了中国不同收入群体在不同消费类型上的边际消费倾向，即家庭收入每增长 1 个百分点带来某种类型消费的增长百分点。计量结果显示，如果低收入群体在生存型产品和服务上的消费倾向为 1，那么中等收入群体和高收入群体则分别为 0. 56 和 0. 13；在享受型产品和服务上，3 个收入组的消费倾向之比为 1 ∶ 1. 55 ∶ 0. 34，在发展型产品和服务上，3 个收入组的消费倾向之比为 1 ∶ 0. 61 ∶ 0. 30。

政策含义是，在无法通过逆转人口转变方向来遏制消费下行趋势的情况下，从改善收入分配状况和扩大中等收入群体规模入手，实施一系列改革和政策调整，是保持稳定乃至扩大消费的可靠源泉。

（三）促进比较优势的转换和升级

在改革开放期间，中国享有巨大的经济规模禀赋和边干边学的后发优势，创造了史无前例的经济增长和产业变革速度，在实现赶超的同时，也改写了比较优势。根据世界银行数据，2007—2020 年，中国的高科技产品出口占制造业产品出口的比重总体保持在略高于 30%的水平，同期美国的这一比重从 29.8%显著地下降到 19.5%。2001—2020 年，研究开发支出占 GDP 的比重，中国增长了 155.3%，美国仅增长了 30.3%，全世界平均增长率为 26.7%。

保持和发挥这些优势，正是中国在继续参与全球化的条件下，实现自身经济增长和产业变革的底气。在新发展格局下，实现高质量发展和高水平对外开放是中国的必然选择。2020 年，中国资本形成规模的世界占比为 28.6%，最终消费的世界占比为 13.1%，2021 年 GDP 的世界占比为 18.5%。也就是说，国内大循环的“大”字名不虚传，无疑是实现高质量发展足够大的舞台。

高质量发展的内涵，归根结底在于新发展理念指导下的经济增长和结构变革。其中，生产率的提高与分享是轴心，可以把所要达到的发展目标逐一紧密地连接起来。创新发展和协调发展是提高生产率的途径；通过共享发展和绿色发展，可以在全体居民之间、人与自然之间分享生产率；在统筹好发展和安全的前提下，新发展理念推动的高质量发展，也必然为更好地开放发展打下基础。纵观全球化的变化趋势，从中国在世界经济中的特殊地位来看，中国未来的开放需要适应两个趋势性变化。

第一是国际贸易模式的变化。长期以来，中国参与世界经济分工，以劳动力丰富这一要素比较优势立足。随着经济发展和人口转变阶段变化，劳动力短缺成为常态，劳动力成本显著提高，劳动密集型制造业的比较优势势必减弱。与此同时，改革开放以来的高速增长和工业化进程，也显著提升了中国产业的配套能力、集聚效应和规模经济，为适应贸易模式变化创造了良好的条件。广义而言，这可以看作比较优势转换的一个重要方面。

第二是国际贸易的多极化。20 世纪 90 年代以来，许多新兴经济体和发展中国家抓住了全球化机遇，实现了较快经济增长，赢得了赶超发达国家的机会。这也意味着包括贸易和投资在内的国际经贸活动已经并将继续在多元化、多样化和多极化的框架内进行。中国在这个大变局中扮演着重要角色，主导和推动着国际经贸格局的变化。以中国贸易伙伴的多元化趋势为例，在 2001—2020 年，中国按现价美元计算的进出口总额增长了 813.5%，与此同时，中国对世界 230 余个国家和地区进出口额的变异系数下降了 26.9%。

中国在上述格局变化中的主导地位和适应性转型，一直以来都是与国内经济发展水平的提升同步进行的。进一步对外开放也必然要求以自身的高质量发展为前提，实现比较优势的转换和提升。中国参与世界经济分工的模式将在比较优势转换的前提下同时发生以下变化，都要求以高质量发展开创对外开放的更高水平和崭新境界。

一个变化方向是遵循动态比较优势趋势，逐步成为高端产品的出口国。当一个国家的要素禀赋结构发生变化时，譬如随着人均收入水平提高，相对于劳动力，资本的稀缺程度下降，该国的比较优势就会更加接近于资本密集型产品，同时逐渐远离劳动密集型产品。于是，这个国家在世界经济分工中的地位也就发生了变化。中国无疑正在以惊人的速度发生着要素禀赋结构的升级、比较优势的转换，以及产业在价值链的位置提升，贸易格局的重塑也自然是水到渠成的。

另一个变化方向是利用超大规模市场和超强生产能力，以规模经济获得比较优势和贸易利益。这是一种把国内大循环、高质量发展与对外开放结合起来，内外联动的扩大开放策略。与基于要素比较优势的贸易相比，基于生产率提高的国内国际双循环，具有更为丰富的内涵，可以在中国与发达国家要素禀赋差异缩小的条件下，利用包括规模经济在内的其他差异继续开展国际贸易。同时，中国产业之间和地区之间仍然存在的要素禀赋和发展水平的差异恰恰对应着世界经济发展中的差异性，可以成为中国面向广大发展中国家开展多元化贸易的基础。

五、中国式现代化是对西方现代化的修正和提升

潘家华*

党的十八大以来，党中央以习近平生态文明思想为指导，将生态文明建设纳入中国特色社会主义“五位一体”总体布局；党的二十大报告提出“以中国式现代化全面推进中华民族伟大复兴”的历史使命，而“人与自然和谐共生”是中国式现代化的五个特点之一。

（一）现代化的中西方不同范式

近代以来，中国人民所追求的现代化基本上是以西方为范式的，而在发展方向上也主要是学习西方。党的二十大报告立足中国国情，提出了中国式现代化的概念。

现代化是西方工业化的产物，工业革命以后，西方快速工业化、城市化，它们的发展水平、生产力水平都领先于农业文明。这种情况下，现代化的定义就由它们提出。中国从农耕文明转向工业文明，基本以它们为模板来复制，并以西方现代化为赶超目标。

经过这200多年来工业化的实践，我们突然发现——实际上很早就发现了，工业文明的发展范式是不可持续的。因为在发展的过程中，西方是以掠夺的方式来获取财富、以奢侈的方式来消费财富的，而且对外部世界、对环境所造成的这样一种破坏和资源的耗竭，早就引起人们警觉。西方也认识到这一发展范式不可持续，但是它们自己没有找到一条让世界可以持续发展的

* 潘家华，中国社会科学院学部委员，国家气候变化专家委员会副主任，中国社会科学院“一带一路”国际智库专家委员会委员，蓝迪国际智库专家委员会委员。

道路。

中国几千年来文明的传承和东方的哲学智慧表明，在中国可以有一条走向现代化的人与自然和谐的道路。中国所界定的人与自然和谐共生的现代化，显然是与西方有所不同的，是由我们的国情所决定的。

在西方，人口数量比较少，到目前为止，整个发达国家经济体加在一起，也就只有 10 亿人口，而中国现在已经超过 14 亿人口。如果我们按照西方现代化的方式，那么再来一个地球也是不够的。所以，我们的现代化是一个人口众多的现代化。

我们讲人与自然和谐共生，我们讲生态文明，跟发达国家战胜自然、征服自然、掠夺自然的方式，显然是有着根本不同的。怎么才能和谐共生呢？我们必须尊重自然、顺应自然，可持续地利用自然，人与自然融为一体。

这就是中国式现代化的根本价值趋向。它强调通过和平方式实现现代化，强调人与人、人与社会、人与自然的和谐与共存，从这个意义上讲，中国的现代化正在进行着人类现代化的一种新的探索和新的实践。

（二）发达国家的低碳发展老路走不通

发达国家的低碳发展老路走不通。中国乃至更多发展中国家未来需要真正降低化石燃料的使用，大力发展可再生能源。

当前，全球应对气候变化的挑战巨大。相关研究表明，如果各国不大幅减少排放，将在未来 9 年内耗尽剩余的“碳排放”预算，从而导致全球变暖突破 1.5℃。

对中国乃至更多发展中国家来说，不能重复发达国家的老路，即以天然气等低排放的化石燃料代替煤炭等高排放的化石燃料。现在全世界人口已达到 80 亿，发展中国家人口增长迅速，但许多人没有办法获得电力等能源。解题的关键在于可再生能源。

中国明确提出，到 2060 年非化石能源消费比重达到 80%以上。而现在中国的化石能源消费占比仍然达到 85%，30 多年后这个趋势要彻底反转，化石燃料需要逐渐被淘汰，实现可再生能源替代，“这是中国的目标，我们也正在朝这个目标前进”。

实际上，相比化石能源，发展可再生能源具有诸多优势。

首先是成本优势。以风电为例，目前中国陆上风电度电成本约0.2元，海上风电度电成本在0.3元左右，比火电便宜三成至七成。太阳能成本比风能更低。以出行来看，根据官方规划，到2025年，纯电动乘用车新车平均电耗降至每百千米12.0千瓦·时；而汽油车每百千米至少需要8升油，燃料成本比纯电动车高20~30倍。

其次是在能源安全、就业和经济发展等方面的优势。油气等化石能源具有点状分布的特点，使其具备被控制、垄断，从而成为一种地缘政治工具的条件，但风、光无处不在，可以摆脱这种约束。化石能源是资本密集型产业，所创造的就业非常有限，但可再生能源生产链非常长，在任何节点都可以实现就业，从而推动经济增长，增进人类福祉。

六、铸就社会主义文化新辉煌

单霁翔*

党的二十大是一次高举旗帜、凝聚力量、团结奋进的大会，在党和国家进程中具有极其重要的历史意义。党的十八大以来，党和国家事业取得历史性成就，发生历史性变革，实现一系列突破性进展，取得一系列标志性成果，从根本上讲，在于确立了习近平同志党中央的核心、全党的核心地位，确立了习近平新时代中国特色社会主义思想的指导地位。我们要深入学习领会和准确把握党的二十大报告的丰富内涵和精神实质，更加自觉地坚持“两个确立”，增强“四个意识”、坚定“四个自信”、做到“两个维护”。我们要通过学习领会党

---

* 单霁翔，文旅部原党组成员，故宫博物院原院长，故宫学院院长，中国文物学会会长，中国社会科学院“一带一路”国际智库专家委员会委员，蓝迪国际智库专家委员会委员。

的二十大精神，深刻把握党的二十大主题；深刻把握过去5年的工作、新时代10年的伟大变革和“两个确立”的决定性意义；深刻把握“两个结合”是推进马克思主义中国化时代化的根本途径；深刻把握实现中国式现代化、创造人类文明新形态是新时代中国共产党的历史使命任务；深刻把握全面建设社会主义现代化国家的目标任务；深刻把握以伟大自我革命引领伟大社会革命、推进新时代党的建设新的伟大工程的重要要求；深刻把握顽强斗争、团结奋斗的时代要求；深刻把握党的二十大关于文化和文物工作的部署要求。

党的二十大报告以“推进文化自信自强，铸就社会主义文化新辉煌”为题，对坚持中国特色社会主义文化发展道路，建设社会主义文化强国作出战略部署。报告提出，“必须坚持中国特色社会主义文化发展道路，增强文化自信，围绕举旗帜、聚民心、育新人、兴文化、展形象建设社会主义文化强国，发展面向现代化、面向世界、面向未来的，民族的科学的大众的社会主义文化”，这是一个非常振奋人心的目标任务。报告在展望到2035年我国发展总体目标时，明确提出建成“文化强国”，“国家文化软实力显著增强”的目标。报告在部署未来5年主要目标任务时，明确提出“人民精神文化生活更加丰富，中华民族凝聚力和中华文化影响力不断增强”的目标。报告明确提出，“加大文物和文化遗产保护力度，加强城乡建设中历史文化保护传承，建好用好国家文化公园”；“增强中华文明传播力影响力。坚守中华文化立场，讲好中国故事、传播好中国声音，展现可信、可爱、可敬的中国形象，推动中华文化更好走向世界”。这些部署要求，彰显了以习近平同志为核心的党中央高度的文化自觉、坚定的文化自信、强烈的文化担当、深沉的文化情怀，对文化及文物事业发展的高度重视和坚强领导；同时彰显了文物工作在文化强国建设中的地位作用，赋予文物工作者更加光荣的使命、更加艰巨的任务。

新时代这10年，习近平总书记一次又一次深入文物保护单位、革命旧址、博物馆、纪念馆考察调研，身体力行推动文物事业发展，作出一系列重要论述和重要指示批示，为文物和文化遗产保护利用提供了前进动力和理论遵循。我们要将学习贯彻党的二十大精神和学习贯彻习近平总书记重要论述和指示批示精神紧密结合，融会贯通于各项工作之中。坚持“保护第一、加强管理、挖掘价值、有效利用、让文物活起来”的新时代文物工作方针，坚持以人民为中心的发展思想，加强文物内涵的研究阐释，加大对文物价值的挖掘传播，立足文物保护利用和增强中华文明传播力、影响力做实事办大事，为传承中华优秀传统文化培根铸魂，展示可信、可爱、可敬的中国形象。

新时代马克思主义中国化的新发展，既基于同中国具体实际相结合，又植根于中华优秀传统文化。中国文物学会牵头拍摄《万里走单骑——遗产里的中国》综艺片，就是要通过新时代新媒体信息化的传播形式，阐释文化遗产的价值，传播中华优秀传统文化的精髓，让文化遗产融入民众的生活，让中华文化扎根青年人的心中，夯实历史自信和文化自信。在这部综艺片中，我们边行走边探寻边求索，展示中国独特奇绝的景观风貌和历史文化脉络，讲述文物工作者寻找和守望中华文化根脉的故事，彰显自古以来的文化精神，勾连历史与现实的价值，让公众共情于中华优秀传统文化精髓，在认知、了解、感悟、喜爱和传承的演进中，深刻领略中国特色，增强民族自尊心和自豪感，产生绵延的爱国动力。

在文化遗产保护实践中我们深刻认识到，保护和利用都不是目的，传承才是目的。在传承中发展，在发展中丰富，中华文明的智慧之火就会永远光照未来，文化的精髓就会在我们心里生根发芽，在与时代的碰撞中不断萌发出生命的新绿。

学习贯彻党的二十大精神，围绕党的二十大关于文化建设、文物工作、乡村振兴、科教兴国、人才强国、铸牢中华民族共同体意识、法治社会建设、国家安全能力建设等方面的战略安排，积极探索文物工作的结合点和着力点，推动文物和文化遗产在更大范围、更深层次、更高水平上活起来，具有十分重要的意义。

第三章　城市网络　蓝迪国际智库重点城市与活动

城市，在经济社会高质量发展中扮演着越来越重要的作用。这里是人口聚集的消费市场，居民的消费需求拉动产业的蓬勃发展，为企业提供广阔的市场空间；这里是技术研发的创新中心，丰富的科研资源和高水平的科研机构，推动技术创新和研发成果转化，促进产业创新和发展；这里是政策扶持的配套窗口，合理的城市规划引导产业布局优化，优惠的政策条件吸引创新主体汇聚，融资、担保、投资等多元的金融服务为企业发展保驾护航；这里也是服务业的沃土，作为商业、金融、文化等服务业的主要载体，城市为产业发展提供了有力支持。在数字化、绿色化等新动能的驱动下，一场深刻的产业革命正在中国大地上展开。

蓝迪国际智库自成立以来，一直致力于与各级政府的精诚合作，高度重视区域城市的协调联动发展，积极布局国内具有重大发展战略加持的关键节点区域及城市，围绕长三角、粤港澳、京津冀城市群及珠海、青岛、苏州、宁波、吉安、海东、保定等热点城市，积极搭建高频互动、紧密协作、灵活高效的“智库+城市”合作平台。

针对合作城市的实际需求，蓝迪发挥新型智库的规划设计能力，深入调研，精准诊断，整合平台优质专家资源，积极建言献策，为政府提供包括政策咨询、战略规划、产业发展、城市品牌打造、引资招商、资源导入等在内的全方位优质服务，并根据区域特色和产业基础，务实推动以结果为导向、以增强区域核心竞争力为目标的科研成果转化应用，协助地方政府完成以增强区域产业链、供应链安全和韧性为目标的产业链、创新链的“查链、补链”和产业招商工作，赋能区域产业高质量发展。

2022年，蓝迪国际智库携手地方城市，开展了一系列实地调研、企业走访、产业峰会、行业论坛及高层咨询会等，取得了一系列重要的工作成果。

一、横琴粤澳深度合作区：促进澳门经济适度多元发展

2020年10月14日，习近平总书记强调要“加快横琴粤澳深度合作区建设”。中共中央、国务院于2021年9月5日正式公布《横琴粤澳深度合作区建设总体方案》，围绕“促进澳门经济适度多元发展”这条主线，国家赋予合作区“促进澳门经济适度多元发展的新平台、便利澳门居民生活就业的新空间、丰富‘一国两制’实践的新示范、推动粤港澳大湾区建设的新高地”四大核心战略定位。

蓝迪国际智库于2016年到横琴考察，与横琴政府联合主办“一带一路”（横琴）国际投融资研讨会，随后开启系列合作，共同推进横琴高质量发展。

（一）定期举办产业研讨会，搭建政企交流平台共谋发展

2022年3月24日，由横琴粤澳深度合作区执行委员会、中国社会科学院“一带一路”国际智库主办，蓝迪国际智库、BEYOND国际科技创新博览会组委会承办的横琴粤澳深度合作区发展建设研讨会在京召开。会议围绕横琴粤澳深度合作区战略定位与发展目标，BEYOND国际科技创新博览会生态资源与合作机会，以及蓝迪国际智库助力横琴粤澳深度合作区规划咨询与平台搭建的关键成果等进行了深入研讨。

第十二届全国人大外事委员会副主任委员、中国社会科学院“一带一路”国际智库专家委员会主席、蓝迪国际智库专家委员会主席赵白鸽主持了此次研讨会。横琴粤澳深度合作区执行委员会副主任苏崑，澳门经济发展委员会委员、蓝迪国际智库专家委员会委员、BEYOND国际科技创新博览会创始人贺建

东，中国基本建设优化研究会会长、党委书记，蓝迪国际智库专家委员会委员孙晓洲，中国基本建设优化研究会秘书长宫然，中国电子信息产业发展研究院（又称赛迪研究院）院长张立，中国国际商会双边合作部部长吴蒙，中国旅游研究院副院长唐晓云，民盟中央文化委员会副主任、华谊启明东方董事总裁马克，中国社会科学院“一带一路”研究中心副主任、中国俄罗斯东欧中亚学会秘书长、蓝迪国际智库专家委员会委员王晓泉，赛迪研究院中小企业研究所所长杨东日，赛迪出版传媒有限公司总经理李琨，中国标准化研究院基础研究所副所长王海涛等专家领导出席了此次研讨会。

横琴粤澳深度合作区执行委员会副主任苏崑视频参会并在线致辞

横琴粤澳深度合作区执行委员会副主任苏崑表示，横琴粤澳深度合作区实行“一线放开、二线管住”分线管理机制，在改革开放重要领域和关键环节大胆创新，打造具有“一国”特色、彰显“两制”优势的区域先行示范。横琴粤澳深度合作区大力发展科技研发和高端制造、中医药、现代金融、文旅商贸“四新产业”。

澳门经济发展委员会委员、蓝迪国际智库专家委员会委员、BEYOND 国际科技创新博览会创始人贺建东介绍 BEYOND 国际科技创新博览会

澳门经济发展委员会委员、蓝迪国际智库专家委员会委员、BEYOND 国际科技创新博览会创始人贺建东介绍，BEYOND 国际科技创新博览会秉承超越传统、超越科技、超越边界的宗旨，链接全球各行业科技创新企业，向着世界顶级科技博览会和科技平台的目标迈进，推进产业全面升级和发展，助力全球创新生态发展。首届 BEYOND 国际科技创新博览会有超过 300 名演讲嘉宾出席，举办了超过 100 场行业垂直论坛，共有 300 多家企业集中亮相展区，展示最新前沿科技。第二届 BEYOND 国际科技创新博览会于 2022 年 9 月 21 日—24 日在澳门威尼斯人金光会展中心举行，聚焦生命科学、可持续发展、消费电子三大领域，创设元宇宙博览会及国际投融资峰会、年度科技大奖、合作对接会等合作场景。

蓝迪国际智库执行秘书长马融介绍，蓝迪国际智库是横琴粤澳深度合作区概念萌发、推动设立、顶层规划、建设举措、生态搭建全过程的重要参与者，通过智库报告、高层咨询、产业对接、国际峰会等场景，为横琴粤澳深度合作区建设发挥重要智库支持。作为 BEYOND 国际科技创新博览会唯一战略合作伙伴单位，蓝迪国际智库携手组委会搭品牌、聚资源、落生态，共同打造这一年轻且富有生命力的科技交流平台。愿同蓝迪国际智库平台各方一道，为粤澳发展发挥更大支撑作用。

与会代表畅谈粤澳发展未来与合作期待。横琴粤澳深度合作区发展机遇、BEYOND 国际科技创新博览会平台效应及蓝迪国际智库有机整合模式引发了与会专家、企业代表的广泛热议与积极响应。

中国基本建设优化研究会会长、党委书记，
蓝迪国际智库专家委员会委员孙晓洲参会并发言

中国基本建设优化研究会会长、党委书记，蓝迪国际智库专家委员会委员孙晓洲表示，横琴粤澳深度合作区建设是党中央重大决策部署，横琴粤澳深度合作区立足大局、坚持创新，取得丰硕成果，BEYOND 国际科技创新博览会是其中的创新、跨界典型实践。中国基本建设优化研究会将携手蓝迪国际智库，以“优化发展论坛”为载体，发挥以国际医疗合作为背景的医疗旅游和中医药推广平台，以国家双碳战略为背景的城市更新绿色发展平台，以服务国家战略、推动区域发展为背景的国际智库交流平台三个平台的重要作用，从而加强与澳门和横琴粤澳深度合作区的深度合作。

赛迪研究院院长张立参会并发言

赛迪研究院院长张立表示，《横琴粤澳深度合作区建设总体方案》指出，要发展促进澳门经济适度多元的新产业，重视发展科技研发和高端制造产业，要布局建设一批发展急需的科技基础设施，大力发展集成电路、电子元器件、新材料、新能源、大数据、人工智能、物联网、生物医药产业，这与赛迪研究院的研究重点十分契合，赛迪研究院可发挥自身丰富的研究资源、产业资源及国际会议论坛组织经验，助力横琴粤澳深度合作区发展、BEYOND 国际科技创新博览会举办。

中国电子科技集团（简称中电科集团）国际公司总经理田耀斌提出五点思考，一是中电科集团参与了首届 BEYOND 国际科技创新博览会，并在会上取得了切实的业务对接成效；二是中电科集团在澳门发展，从政策方面、供给侧方面都有很好的机遇；三是中电科集团与澳门已有较好的合作基础与沟通渠道，未来将基于此进行更进一步合作；四是在助力粤港澳大湾区智慧城市建设方面，中电科集团将发展一批重点产业、打造一批创新平台、建设一批产业园区；五是中电科集团下一步将坚决落实三个对接要求，与澳门开展安全领域的合作，全力支持第二届 BEYOND 国际科技创新博览会的开展。

科大讯飞消费者事业群听见科技大客户市场总监王子竹参会并发言

科大讯飞消费者事业群听见科技大客户市场总监王子竹介绍，科大讯飞成立 23 年来在人工智能和智能语音识别领域取得了很多成果。基于现有技术，科大讯飞正在智慧城市、智慧教育和智慧医疗方向进行积极探索。智慧城市方面，科大讯飞在安徽省构建了已运行两年的城市大脑大数据中心；智慧教育方面，科大讯飞人工智能技术带进了澳门的中学课堂；智慧医疗方面，科大讯飞在广州打造了基于 5G 与人工智能的医疗应用示范。科大讯飞在全国两会和冬奥会上都提供了语音识别技术服务，未来的目标是让沟通无障碍、中文“走出去”，助力实现中国的国际化。

海尔金控战略研究发展中心总经理李嘉晓在线介绍了海尔集团在大健康领域进行的探索。海尔集团目前在大健康领域拥有两家上市企业，其一是将物联网技术、大数据、人工智能和低温存储技术相结合，实现疫苗、血液、药品与试剂全流程储藏追踪的海尔生物医疗股份有限公司；其二是聚焦高端放疗设备生产与医疗服务的盈康生命科技股份有限公司。未来海尔集团将充分利用澳门的国际化优势，将医疗健康技术推广到更大的国际舞台。

中国社会科学院“一带一路”研究中心副主任、中国俄罗斯东欧中亚学会秘书长、蓝迪国际智库专家委员会委员王晓泉参会并发言

中国社会科学院“一带一路”研究中心副主任、中国俄罗斯东欧中亚学会秘书长、蓝迪国际智库专家委员会委员王晓泉指出，科技创新引领要有强烈的忧患意识和使命感。澳门在应对未来的复杂局势中将发挥重要作用；澳门的发展，应发挥好自身链接国际化资源、了解体制内资源的双重优势；科技创新要做好全领域的相关研究和准备，提高综合研究能力。优秀科技成果的产生，需要人才、法律、产业链、供应链、资金链等全方位的供给支持。BEYOND 国际科技创新博览会作为一个优秀的平台，拥有务实的组织团队，未来的道路非常光明。

此外，中电科集团国际公司副总经理孟庆伟，广联达科技股份有限公司董事、高级副总裁何平，泰豪科技股份有限公司董事长杨剑，北京智源人工智能研究院创新中心主任、北京上奇数字科技有限公司总裁孙会峰，中国土木工程集团有限公司副总经理王向东，首席国际商务专家、中土研究院院长郑军，中国土木工程（澳门）有限公司董事副总经理冯旭等蓝迪国际智库平台企业代表出席了此次研讨会。

横琴粤澳深度合作区发展建设研讨会参会嘉宾合影留念

中国社会科学院“一带一路”国际智库、蓝迪国际智库是横琴粤澳深度合作区重要的智力支撑，亦是 BEYOND 国际科技创新博览会重要的战略合作伙伴，肩负“挖掘、培育、推介”优质企业，推动科技创新成果转化走进民生的重任。未来，蓝迪国际智库将继续发挥其完善的智库网络、国际网络、企业网络、城市网络、媒体网络，在促进澳门经济适度多元、丰富“一国两制”实践、推动粤港澳大湾区高质量发展大局中发挥新型智库力量。

（二）紧跟时代潮流，先行先试参与元宇宙盛会

第二届 BEYOND 国际科技创新博览会（简称 BEYOND Expo 2022）于 2022 年 9 月 21 日—27 日在 BEYOND 元宇宙盛大举办，沉浸式逛展打开互动社交新方式！BEYOND Expo 2022 全面拥抱元宇宙，展区围绕三大子品牌——生命科学、可持续发展、消费电子三大领域，吸引全球超过 2 万名科技创新追求者及 500 余家海内外科技企业参展，并围绕投融资、消费科技、可持续发展、生命科学、Web3.0 设立五大行业峰会，邀请行业翘楚共话产业发展与变革。BEYOND 国际科技创新博览会组委会还在元宇宙里搭建路演大厅、投融资对接厅以及全球媒体中心，设立超过 150 场元宇宙对接交流活动，让创业者可以与投资机构、产业上下游企业一对一高效沟通，促进全球科技生态与资本的交流合作。

9 月 21 日，BEYOND Expo 2022 开幕式在 BEYOND 元宇宙重磅举行。围绕 BEYOND Expo 2022 开幕式主题——“What’s Next?”组委会邀请到 2006 年诺贝尔奖得主、世界顶尖科学家协会主席、中以海德创始人 Dr. Roger Kornberg，中国建筑集团有限公司董事长、党组书记郑学选，西湖大学校长、中国科学院院士施一公，宁德时代创始人、董事长及 CEO 曾毓群，高瓴创始人张磊，默克中国总裁、默克电子科技执行副总裁安高博，滴灌通集团创始人、主席李小加齐聚 BEYOND 元宇宙，就行业最新趋势与最前沿科技创新理念及科技在未来生活的世界中的影响等热点话题分享了真知灼见，一同畅谈全球的科技创新未来。

第二届 **BEYOND** 国际科技创新博览会宣传海报

自 2020 年“BEYOND 计划”在第三届十字门金融周高级咨询会发布以来，蓝迪国际智库作为 BEYOND 国际科技创新博览会的战略合作伙伴，连续两年深度参与大会的组织筹备工作，为大会提供智力支持、引荐优质企业参展参会。2022 年蓝迪国际智库重磅亮相可持续发展展区，并邀请 26 家平台企业参展，约 180 名观众代表参会，共聚元宇宙会场，沉浸式体验创新互动交流方式。

蓝迪国际智库元宇宙展台

蓝迪国际智库全体成员在元宇宙展区合影留念

大会期间，十二届全国人大外事委员会副主任委员、中国社会科学院“一带一路”国际智库专家委员会主席、蓝迪国际智库专家委员会主席赵白鸽一行在组委会的带领下进行了蓝迪国际智库专场线上巡展活动。巡展企业及机构分别是中国水环境集团、澳门经科局巴葡地区展团、德勤中国、金森林环保科技（天津）有限公司、中国土木工程港澳分公司、酷哇机器人有限公司以及珠海镓未来科技有限公司。

BEYOND Expo 2022 把握时代机遇推出元宇宙创新会议会展形式，有效汇聚全球技术、行业领军者与创新资源要素，在疫情中勇敢进行行业探索，吸纳更多青年人才共同推动澳门产业多元发展，服务粤港澳大湾区国家发展战略。

蓝迪国际智库将持续为企业开展产业链协同和跨界融合创新服务，助推科教文旅、可持续发展、生物医药等领域的数字化发展，发挥国内外优秀科技创新聚合效应参与各地产业优化升级，带领更多企业走向“一带一路”，加强国际交流合作，为构建我国“双循环”格局、促进区域经济高质量发展及横琴粤澳深度合作区产业适度多元发展等国家战略贡献蓝迪力量。

第二届 BEYOND 国际科技创新博览会巡展现场截图

（三）认真总结回顾，开拓新发展方向

横琴粤澳深度合作区自成立以来，紧紧围绕促进澳门经济适度多元发展的战略重任，坚持制度创新，在深化对澳合作、培育新兴产业、优化营商环境等领域取得突出成效，已经成为促进粤澳合作的重要载体。蓝迪国际智库高效发挥其在国内外政党、政府、议会、企业、智库、媒体、社会组织及行业专家等方面的资源优势，积极建言献策，创造品牌、搭建平台，组织资源、协调联动，筛选和培育优质企业，促进优质项目落地，赋能琴澳深度合作。

2019 年，蓝迪国际智库与珠海市横琴管委会签订合作协议，始终紧紧围绕协议约定，由在横琴成立的蓝迪（珠海）国际投资管理有限公司（简称蓝迪珠海）负责珠海、横琴与蓝迪国际智库（北京）的沟通联络，从研究报告、会议会展和企业培育三大板块开展业务交流与合作。同时致力于琴澳融合发展，打造融合智库功能以及产业资源整合平台；始终围绕“促进澳门经济适度多元发展”这条主线，协同行业合作伙伴以及专业化团队积极给予横琴新区以及深度合作区智力支持。

自 2019 年蓝迪国际智库与横琴管委会展开战略合作以来，工作亮点突出，成果显著。

1. 积极开展重大课题研究，为经济社会发展提供精准智力支持

蓝迪国际智库结合当下国内外大环境及趋势分析，撰写涉及政治、经济、国际关系、金融、税法等各类专业度高、可操作性强的高质量研究报告，赋能横琴粤澳深度合作区高质量发展，充分发挥智库决策影响力。自 2018 年以来，蓝迪国际智库切实紧扣国家重大战略和深度合作区改革发展需求，先后撰写了《珠海横琴战略定位及创新发展思路研究》《关于发挥澳门独特优势建设中国特色横琴自由贸易港的研究报告》和《关于横琴粤澳深度合作区建设的几点建议》等系列重要研究报告，涉及内容覆盖深度合作区的战略、立法、税收、金融、安防、防疫及帮扶政策、人员自由流动等重大研究课题。

2. 充分利用国家区域政策，发挥区域优势助力区域协调发展

粤港澳大湾区建设，是习近平总书记亲自谋划、亲自部署、亲自推动的重大国家战略。新形势下做好横琴粤澳深度合作区开发开放，是深入实施《粤港澳大湾区发展规划纲要》的重点举措。为充分发挥区域政策优势，促进区域协调发展，蓝迪国际智库积极参与组织策划十字门金融周和策划举办数场高级咨询会，努力为政府和企业搭建高效沟通的桥梁，切实为政府更好地了解企业实际需求、为企业更好地熟悉区域政策红利提供了有效渠道，为深度合作区更好地服务澳门发展起到了积极的推动作用。大湾区金融创新持续推进，在跨境人民币结算、资本项目收入支付便利化改革等方面取得积极成果。3 年间，蓝迪国际智库充分发挥平台优势，整合国家部委、行业协会、头部企业、隐形冠军企业、金融机构等各方资源，不断丰富深度合作区创新发展的实践。

3. 整合各类优质资源要素，加快推动科技成果产业化

由于政策、体制等多方面的原因，我国高校和科研院所科研人员长期以来受到“重成果、轻实践；重水平、轻效益；重科研、轻转化；重成果、轻推广”的思想束缚，高产出率的背后是低下的转化率，实际转化率只有 10%～15%，大量的科技成果被束之高阁。在此背景下，蓝迪国际智库积极组织各类资源，扶持科技企业走向产业化道路。为促进琴澳科技创新以及实体经济发展，蓝迪国际智库积极推荐了 6 家优质平台企业参加 2020 年横琴第二届科创大赛，促进科技和产业的联动（见表 3-1）。其中天数智芯是唯一带着流片成功的 7 纳米产品进入大赛决赛现场路演的优质项目，该产品客户包括华为、华大基因、科大讯飞、中国联通等众多头部企业，目前已获得新一轮 10 亿元的融资；深圳蓝胖子机器人 Dorabot 专注物流场景，提供自动化设备和方案，2018 年已得到云锋基金、创新工场、金浦投资、洪泰基金等头部机构的 A+轮数千万美元融资，2021 年与泸州老窖和联邦快递建立合作关系，其分拣机器人应用广泛，在冷链、电商、物流和智能制造领域均有实操案例。

表 3-1 蓝迪国际智库推荐部分平台企业参加横琴第二届科创大赛

序号	项目简称	项目介绍、融资情况及发展现状
1	天数智芯 ——GPGPU 大芯片设计	项目介绍：天数智芯的主要产品为国产高端通用计算芯片 GPGPU，是中国第一家通用 GPU 高端芯片及高性能算力系统提供商。该公司与壁仞科技处于同一赛道，目标产品为针对通用计算类的 GPGPU，对标产品为制程 7 纳米的英伟达 Tesla V100 产品，且已有第一代产品流片。 融资情况：2022 年 7 月刚完成超 10 亿元人民币的 C+轮及 C++轮融资。C+轮由金融街资本领投，C++轮由厚朴投资和旗下的厚安创新基金（厚朴投资和全球知名半导体技术 IP 公司 ARM 的合资基金管理公司）领投。中关村科学城科技成长基金、上海国盛、熙诚致远、新兴资产、鼎祥资本、鼎礼资本、粤港澳产融、上海自贸区股权基金等知名企业及机构参与投资。 发展现状：最新一轮融资将助力公司量产 AI 推理芯片智铠 100，开发第二代、第三代 AI 训练芯片天垓 200 及 300，扩展天数智芯软件平台，加速 AI 与图形融合，为算力基建及数字化社会提供强大基础算力
2	蓝胖子物流机器人 ——智能机械手、机器人智能硬件系统研发	项目介绍：蓝胖子机器人 Dorabot 专注物流场景，提供自动化设备和方案，不限于机械手、移动机器人、抓取规划、多机器人协作等。它们主要应用于自动化装卸、分拣、码卸垛等环节。 融资情况：2015 年得到创新工场的 1000 万元 A 轮投资；2018 年得到云锋基金、创新工场、金浦投资、洪泰基金的 A+轮数千万美元融资。 发展现状：蓝胖子最新一轮融资将用于深圳、美国的技术研发+商业团队，加速全自动装卸、分拣应用的规模落地，并探索航空、海港物流的新应用；2021 年蓝胖子与泸州老窖和联邦快递建立合作关系；其分拣机器人应用广泛，在冷链、电商、物流和智能制造领域均有实操案例
3	兰丁医学 ——智能癌细胞诊断研究	项目介绍：兰丁公司自主研发的 Landing 机器人实现了癌细胞智能诊断，能够自动阅片、自动诊断、自动报告，助力提升诊断效率与诊断精度，让医生免除简单重复的细胞检测工作。同时，兰丁公司建立了全国宫颈癌检测的云数据平台，能够实现市、县、乡三级远程诊断，偏远农村妇女通过手机扫码即可了解诊断结果。 融资情况：2017 年获道彤投资、仙瞳资本、奋毅资本约千万元 A 轮投资；2021 年获领投机构阿里健康以及跟投机构上海以太投资管理有限公司共计 3.2 亿元的 D 轮投资。 发展现状：正在进行上市辅导

续表

序号	项目简称	项目介绍、融资情况及发展现状
4	匠辰科技 ——RTVR-xthm 集成电路智能热源	项目介绍：公司在全球首创了稀土厚膜热敏电阻技术，大功率产品重要的应用场景军舰发动机属于军工核心装备，进入周期较长，政策壁垒较高，获美国、日本和欧盟 PCT 专利。 融资情况：暂无
5	安世亚太 ——质量管理领域软件开发，仿真创新技术服务	项目介绍：安世亚太 QIS 软件从需求制定、定版评审，到企业咨询和解决方案提供，针对中国制造业企业质量管理的实际需要推出了 QMAX Enterprise（大型企业级）、QMAX Business（小型企业级）、质量信息管理系统。系统按照先进的质量管理模式为企业建立从质量策划、设计、采购、制造、测量、改进到分析的全过程信息化管理平台。系统以质量为优化目标，整合企业相关信息资源，建立先进、高效、协同的质量管理集成平台。 融资情况：2015 年进行新三板融资。 发展现状：国家军民融合项目
6	天壮环保 ——氧化生物双降解生态塑料应用技术	项目介绍：天壮环保研发的可降解地膜，可在自然环境中完全降解，同时能做到性能优良、节本增效、提质增收。该可降解塑料技术已十分成熟，可大规模应用。 融资情况：暂无。 发展现状：是国家农业示范项目，“生态塑料”技术产品研发生产示范基地

4. 搭建产业资源合作平台，重点挖掘培育推介链主企业

蓝迪国际智库始终致力于第四次产业革命下的产业链平台搭建，目前，蓝迪国际智库平台已汇聚 510 家企业及机构，行业覆盖人工智能、智能制造、智慧城市、基建与新基建、能源与新能源、医疗健康、环保、教育、农业及食品加工、文旅等科技与民生的诸多领域。围绕深度合作区“科技研发和高端制造产业、中医药等澳门品牌工业、文旅会展商贸产业、现代金融产业”四大产业布局，蓝迪国际智库成功引荐 5 家平台企业落户深度合作区，促进区域产业高质量发展。5 家企业分别是珠海蓝萱生物科技有限公司、珠海蓝欧环保生物科技有限公司、荣泉创投基金、珠海澳标云舟科技发展有限责任公司和珠海蓝迪北碳科技发展有限公司，涵盖生物医药、私募基金、环保、碳中和及国际标准互认类的科技企业，为琴澳可持续多元发展输送新鲜血液，助力澳门产业

多元发展。

5. 推动质量标准体系建设，力促经济社会高质量发展

检验检测、计量、标准化、合格评定行业属于国家质量基础设施，是社会层面必须大力建设的行业。联合国工业发展组织和国际标准化组织正式提出国家质量基础设施的概念，将计量、标准化、合格评定（认证认可、检验检测为主要内容）并称为国家质量基础的三大支柱，这三者构成一个完整技术链条，是助力企业研发，促进产业升级的重要行业，同时高标准、高技术的检验检测行业亦在国际贸易谈判中起到至关重要的作用。

2021 年 8 月，由蓝迪国际智库引荐在横琴落地的珠海澳标云舟科技发展有限责任公司（简称澳标云舟），以国家质量基础设施（NQI）和国际质量合规性（IQC）双理论驱动，服务区域经济和产业经济高质量发展。在产业数字化、绿色金融、双碳治理和大健康领域积极推进“标准化+检测认证”一揽子发展建设，使深度合作区在质量合规性方面成为我国大湾区、华南区域，以及服务全国范围的高质量发展供给侧高地。

澳标云舟已在多个领域完成了创新性研究和高质量发展实践：一是政策法规方面，完成国家市场监管总局认可与检验检测认证领域唯一一部法规《认证认可条例》草案修订和评估报告工作。二是标准建设方面，以标准化建设为核心，指导深圳市腾讯计算机系统有限公司（简称腾讯）的“腾讯云”标准化建设，在学理创新方面，澳标云舟首次提出 IQC 理念支撑的《国家团体标准国内外应用路径研究》论文，荣获第十六届中国标准化论坛优秀奖。三是产业规划方面，以国家产品质检中心建设为核心，为全国多个区域开展产业集群高质量发展规划，如指导国家工业信息安全评估中心（隶属工业和信息化部，正厅级单位）建设“国家语音和图像识别智能产品质检中心”，完成国内前三家国家装配式建筑产品质检中心的规划和指导建设，完成两家国家新能源和车载电子辅助驾驶产品质检中心指导建设等。

6. 切实加强国际交流合作，携手助推全球化发展

在经济全球化深入发展的大背景下，创新资源在世界范围内加快流动，各

国经济与科技发展的联系更加紧密，我国应更加积极地开展国际科技交流合作，用好国际国内科技资源，在更高起点上推进自主创新，并同国际科技界携手努力，为应对全球共同挑战作出应有贡献。

我国亟须打造具有全球影响力的科技交流与合作平台，在科技领域发出中国声音，彰显中国高水平开放的格局；我国亟须搭建科技创新融通的平台，集中展示科技成果，聚集科技创新资源，加速科技成果转移转化。蓝迪国际智库坚持国家方针政策，在2020年第三届十字门金融周高级咨询会上，积极推介以澳门科技创新国际合作为目标的“超越计划”（BEYOND）。该项目于2021年12月正式启动，蓝迪国际智库作为唯一战略合作方全程参与首届澳门BEYOND国际科技创新博览会，从顶层设计、嘉宾邀请、会议组织、媒体宣传等方面为大会的成功举办全力保驾护航。蓝迪国际智库共邀请14家平台企业参会参展，其中包括中国电子科技集团及旗下上市公司、中国土木工程（澳门）有限公司、科大讯飞股份有限公司等国央企及行业龙头企业，还邀请了粤澳中医药产业园区企业铂华医学、圣美生物，横琴金投在投企业一微半导体、麦德发等横琴本土企业参展，为琴澳企业深度合作搭建桥梁，为企业“走出去”提供渠道，对企业整合产业链条资源影响重大。

7. 聚焦区域品牌会议建设，提升横琴影响力和知名度

为推动深度合作区高质量发展，打造区域品牌名片，蓝迪国际智库成功打造横琴粤澳深度合作区“十字门金融周”会议品牌，重点聚焦琴澳金融与产业合作，共同探索“金融+”赋能企业的新突破和新路径，实现“政府+金融+企业”的统筹协调和高效联动，为横琴金融创新服务实体经济，打造一流金融营商环境提供新动能，成为粤澳金融亮丽的名片。此外，蓝迪国际智库还持续打造澳门BEYOND国际科技创新博览会，聚焦前沿科技，践行科技向善，旨在超越传统科技展会，成为亚太地区与拉斯维加斯消费电子展（CES）同等级别及同等影响力的国际顶级年度科技盛会，以及成为全球最具影响力的科技舞台之一。BEYOND落地澳门，将为澳门的会展、科技、商贸等注入新动力，

为澳门经济适度多元作出贡献；将吸引更多的全球企业更深入地了解澳门和横琴粤澳深度合作区，并增强澳门畅通国内大循环和联通国内国际双循环的功能；将成为讲好当代中国故事、讲好“中国科创故事”、讲好“一国两制”成功实践的澳门故事的新平台。

蓝迪国际智库为提升横琴知名度还打造了多条媒体渠道，组织参与的品牌活动及大小会议，均通过业内知名媒体，如新华社、新华财经、东方财富网、中国经济网、搜狐网、《潇湘晨报》、网易新闻、人民网、中国日报网等发声宣传，每场活动的新闻通稿阅读量均破百万，品牌活动“十字门金融周”和BEYOND 国际科技创新博览会的阅读量更是接近 500 万次。

蓝迪国际智库将持续助力深度合作区高质量发展，围绕深度合作区设定的2035 年阶段性发展目标：“一国两制”强大生命力和优越性全面彰显，合作区经济实力和科技竞争力大幅提升，公共服务和社会保障体系高效运转，琴澳一体化发展体制机制更加完善，为促进澳门经济适度多元发展的目标基本实现而努力，贡献国家智库力量，聚焦发展科技研发和高端制造产业、中医药等澳门品牌工业、文旅会展商贸产业和现代金融产业四大产业，发挥平台优势，整合国内外相关资源要素。

二、上合示范区：全域建设现代化上合新区

2022 年 9 月，上合组织成员国元首理事会第二十二次会议在撒马尔罕举行，习近平主席出席峰会并发表讲话。支持上合示范区建设写入《撒马尔罕宣言》，“有关国家利用青岛的中国—上合组织地方经贸合作示范区平台，进一步深化地方合作”，并赋予举办上合组织产业链供应链论坛等重要使命。作为国内唯一一个面向上合组织国家及“一带一路”沿线国家开展地方经贸合作的示范区，位于青岛的上合示范区又一次汇聚全球目光。

胶州板桥镇，曾是古代“海上丝绸之路”东线起航地，在唐宋时期就以

“人烟市井，交易繁华”闻名。穿越千年时光，上合示范区在这片土地上横空出世，现代化上合新区的画卷也正在慢慢铺开。

（一）上合新区建设全面起势

建设上合示范区，是习近平总书记赋予山东青岛的国之重任。上合组织国家地域辽阔、资源丰富、人口众多、市场广阔，成员国人口总数超过全球人口的40%，成员国国内生产总值总和占全球GDP的近1/4。近20年间，中国与上合组织成员国贸易额增长了20倍。

建设上合示范区是习近平总书记和党中央赋予青岛的重大使命。2022年，胶州市全域建设现代化上合新区，取得一系列成果。

1. 互联互通，物流通道提质提速

据报道，上合示范区2019年到2022年分别开行中欧班列（齐鲁号）346列、401列、621列和775列；2022年，回程班列开行量达296列，同比增长92%，班列结构进一步优化。2022年以来，上合示范区新开通“上合示范区—德国曼海姆”“上合示范区—撒马尔罕”“上合示范区—斯洛文尼亚科威尔”等国际班列线路，初步构建起东接日韩、北接蒙俄、南连东盟、西接上合组织和“一带一路”沿线国家的国际物流大通道。

交通是畅通贸易的“大动脉”。2022年以来，上合示范区以“四港联动”上合国际枢纽港为主阵地，随着“中俄快线”上合示范区—符拉迪沃斯托克港、“上合快航”上合示范区—莫斯科跨境电商包机的相继开通，上合示范区多式联运功能不断放大。

2. 贸易引领，经贸合作走深走实

上合示范区通过打造上合经贸综服平台，帮助经贸企业找客户，一站式完成货物报关、商检、运输、保险等各项问题，大大节约交易时间。上合经贸综服平台是全国首个面向上合组织国家地方经贸领域的一站式公共服务平台，该平台1.0版本聚焦深化上合组织国家的产业链供应链合作，开发了综合信息展

示、综合功能应用、综合数据发布三大主要功能和八大应用模块、73 项子功能，打造上合国家企业进入中国的母港，中国企业进入上合国家的平台。

目前，上合示范区已有对外贸易企业主体 1800 余家，涵盖机电产品、农产品、纺织品等多个品类。上合组织经贸学院共开展跨境进口基础班——哈萨克斯坦专班等 104 个班次、累计培训 8800 余人次。

3. 示范引领，制度创新硕果累累

制度集成创新，是上合示范区引领高水平对外开放的“必答题”。自启动建设以来，上合示范区以助推贸易便利化、提升上合组织国家间经贸合作水平为目标，打造“智创上合”创新品牌，累计推出信用上合、上合·银关通、上合·汇保通等 55 项具有上合特色的制度创新案例。

发布“6+6”促进金融业健康发展政策措施和 29 条奖补政策，推动上合双循环产业发展基金等基金加快落地，为高质量发展注入强劲金融活水。探索设立国际人才离岸创新创业基地，助推人员自由流动。

4. 交流互动，“国际朋友圈”越来越大

2022 年，上合示范区代表团先后赴俄罗斯、哈萨克斯坦、乌兹别克斯坦走访，取得一系列丰硕成果。在哈萨克斯坦期间，代表团与哈萨克斯坦投资合作机构总经理艾登·拜耶季洛夫进行深入交流，就搭建中哈“双园互动”合作模式、推动产业合作等方面达成多项共识。一个月后，艾登·拜耶季洛夫率团回访上合示范区，双方通过积极对接，达成了具体合作共识，并高效率签署合作备忘录。

上合示范区已举办近 300 场经贸对话活动，与 20 个上合组织相关国家驻华大使馆建立常态化联络机制，举办承办第二届“一带一路”能源部长会议、2022“上合之夏”中国—上海合作组织国家青年联欢周等 50 余场系列活动，全方位拓展对外交流渠道，拓宽对外交流合作空间。

（二）上合新区建设经验与发展环境

为扛牢国之重任，聚势垂直崛起，加快打造新时代中国特色社会主义现代化国际大都市的重要一极、全省更高水平对外开放的新引擎、“一带一路”国际合作新平台，胶州推动落地了一系列系统性的套路、打法、模式。

1. “三驾马车”驱动上合新区一体化发展

上合示范区肩负打造“一带一路”国际合作新平台的国之重任；拥有国家级的胶东临空经济示范区；胶州市 2021 年 GDP 达到 1456 亿元，在全省同级城市中排名第 1。如何使上合示范区核心区、临空经济示范区、胶州市三方之间拧成一股绳，产生更大化学反应，成为重要课题。

为推动上合新区一体融合发展，胶州市出台了《坚持“一核引领全域联动”推动现代化上合新区一体化发展的实施意见》《关于加强现代化上合新区营商环境建设的实施意见》等多个文件，成立上合新区建设推进委员会，将以更高效畅通的体制机制，破除功能区间的区域界线、消除隐性壁垒，实现行政一体化运转、干部一体化使用、考核一体化评价、政务一体化服务，形成“上合策源、临空支持、胶州托底、全域联动”的整体格局。

上合示范区加快建设“海陆空铁邮”多式联运五港联动国际超级港，构建起东接日韩、北接蒙俄、南连东盟、西接上合组织和“一带一路”沿线国家和地区的国际物流大通道。

胶东临空经济示范区成功获批空港综合保税区，成为山东省首个空港型综合保税区。胶东临空经济示范区精准导入临空指向高端产业，182 家机场关联企业注册落户，28 个高质量临空产业项目签约落地，千亿级临空产业集群加速壮大。

胶州市实体经济根基雄厚，41 个国家行业大类中有 31 个，注册工业企业 1.5 万余家，市场主体 22 万余家，是亚洲最大的船用锅炉生产基地、国内外知名的钢结构生产基地、国内最大最先进的轮胎数字化装备基地。

通过“三驾马车”有机整合、整体驱动，上合新区涵盖胶州全域，统筹胶州和上合新区的陆海、城乡、土地等各类资源，搭建耦合发展平台，带动整个胶州成为中国北方最具投资价值的区域。

2. 为企业创新发展提供丰富政策配套

上合示范区建设的核心是地方经贸合作，主体是企业。2022 年 10 月 15 日，上合新区企业家大会举行。大会现场，共为 10 名优秀企业家和“上合新区技术改造领军企业”等六类奖项的 60 家先进企业、金融机构代表颁奖，一次性奖励企业 7000 余万元。至此，2022 年胶州市为企业发放奖励资金累计达 3 亿元，为鼓励企业追赶超越、创新发展提供了丰富的配套政策支持。

会上，胶州市还发布了《关于支持工业企业高质量发展若干措施》，提出 6 条支持企业发展的政策措施，包括建设工赋上合惠企 e 家云平台、鼓励优质企业“倍增”发展、鼓励企业月度纳统、鼓励企业产值跃升、鼓励数字经济跨越发展、鼓励企业技术改造等方面。

更多的“宝藏”还体现在上合新区建设的众多高位布局和发展思路中，等待着企业家前去“掘金”。依托海尔、中集、益海嘉里等头部企业，策源建设二十大专业园区，推动产业链、创新链、信息链等“十链合一”，努力打造工业互联网国际化创新示范区。目前，12 个园区规划建设同步进行，集成电路和青岛智能制造产业园两个园区入选青岛十大新兴产业专业园区。

上合示范区释放众多红利。一是供应链产业链红利，2023 年将在青岛举办产业链供应链论坛，助力本土企业进一步建链延链补链强链；二是政策红利，上合示范区进行制度创新，争取个性化政策，进一步降低了企业的要素成本；三是市场红利，上合示范区为广大企业扬帆出海、开拓国际市场提供了宝贵机遇；四是资源要素红利，手握上合示范区这一“金字招牌”，上合新区获得更多与更高级别平台对话的权利，为企业嫁接高校、人才、资本等资源要素。

3. 全力为企业打造良好的营商环境

良好的营商环境是企业生存发展的肥沃土壤。2022 年以来，上合新区把优化营商环境摆在事关全局发展的战略位置，创新企业家“早餐会”制度，四套班子负责人面对面倾听企业心声，回应企业诉求，帮助企业解决“围墙外的事情”。目前已开展 14 期，邀请百余名企业家共进早餐，共汇集反映问题 48 项，目前已办结 33 项，剩余 15 项正在正常推进、加快办理。

此外，上合新区还制定出台了《关于加强现代化上合新区营商环境建设的实施意见》，聚焦服务企业、自然人、项目建设、创新创业“四个全生命周期”，瞄准打造高效便捷的政务服务环境、公平公正的法治环境、竞争有序的市场环境、舒心舒适的创新创业环境四项重点工作，部署推进政务服务“四化”改革、提升企业开办注销便利度等 22 项重点任务，推动改革由专项突破向系统集成升级，全力营造市场化、法治化、国际化的一流营商环境。

此外，上合新区还上线工赋上合惠企 e 家云平台，打造便捷高效的政务服务环境。常态化开展“企业大走访”“我为企业找订单”等活动，2022 年以来，已经帮助 398 家企业达成了超过 16 亿元的订单。

政府创造环境，企业创造财富。政企同心、同频共振，推动区域高质量发展。

（三）以智库之力助力上合新区发展

上合新区高度重视发挥国家智库在凝聚共识、国际交流、搭建平台、沟通政策等方面的重要价值。在 2022 上合组织国家媒体智库论坛上，青岛市委常委、上合示范区管委会主任张新竹表示，媒体和智库是文明交流的“助推器”，也是多元文化互鉴融通的“催化剂”。青岛高度重视媒体和智库领域的健康发展和深度合作，成立青岛市自媒体协会专家智库、“工赋青岛”专家智库等，为不同群体广泛沟通、凝聚共识搭建桥梁，为多元文化相互融合、共同发展提供平台。诚挚邀请上合组织国家媒体和智库有关专家、学者和各界朋友广泛参与上合示范区建设，共同推动本组织媒体和智库领域深度合作。

1. 蓝迪国际智库深度参与上合示范区建设

蓝迪国际智库自 2018 年起，深度参与上合示范区建设，充分发挥自身咨政建言优势、资源整合优势和平台网络优势，在顶层设计、政策创新、课题研究、国际合作等方面助力上合示范区落实国家战略。为将上合示范区打造为“一带一路”国际合作新平台，拓展国际物流、现代贸易、双向投资合作、商旅文化交流等领域合作，更好发挥在“一带一路”新亚欧大陆桥经济走廊建设和海上合作中的作用，加强我国同上合组织国家互联互通，推动东西双向互济、陆海空内外联动的开放格局，进行了大量有益探索，形成了卓有成效的工作结果。

在政策创新、课题研究上，2022 年 12 月，蓝迪国际智库经深入调研与系统论证，形成《在双循环与对外开放新格局中加强上合地方经贸合作示范区建设的报告》。报告分析了上合组织经贸合作所面临的内外部机遇与挑战，进一步明确了上合示范区加强上合组织国家多领域合作的支点作用。在总结经验成果的基础上，规划了加强上合示范区未来发展的有效路径与重要举措，并围绕平台建设、物流保障、金融支持、展会升级四方面提出建议，为上合示范区在新发展格局中更好地承接国家战略，打造上合组织地方经贸合作典范，提供了方向指引。此外，还围绕乌克兰危机等国际大势、中亚国家经贸合作等主题，提供智库专业咨询。

在国别研究、国际合作上，蓝迪国际智库高度重视与上合组织国家及上合组织秘书处的密切沟通、协调联动，在高端峰会、高层交往、干部培训等多个领域开展了大量有益实践，围绕中巴经济走廊及哈萨克斯坦、乌兹别克斯坦等国家合作对接进行了紧密沟通。

2. 举办上合新区高质量发展专家研讨会

2022 年 7 月 18 日，由山东胶州市委、市政府，中国社会科学院“一带一路”国际智库主办，蓝迪国际智库、胶州市发展研究中心承办的上合新区高质量发展专家研讨会在北京召开。会议旨在通过分析全球形势与上合组织相关国家最新情况，研讨上合新区的发展环境、目标定位及未来建设方向。

第十二届全国人大外事委员会副主任委员、中国社会科学院“一带一路”国际智库专家委员会主席、蓝迪国际智库专家委员会主席赵白鸽主持会议。第十三届全国政协外事委员会委员、中联部原副部长周力等专家出席研讨会。青

上合新区高质量发展专家研讨会现场

岛市委常委、胶州市委书记，上合示范区党工委书记、管委会主任，青岛胶东临空经济示范区党工委书记张新竹出席会议。

第十二届全国人大外事委员会副主任委员、中国社会科学院“一带一路”国际智库专家委员会主席、蓝迪国际智库专家委员会主席赵白鸽主持会议

赵白鸽表示，要站在新型全球化和平等互利原则的高度，从全球视野上来考虑上合示范区建设的意义。目前正是上合示范区以外促内发展的关键时期，前期示范区已经获得了来自国际、国内多方的认可与重视，取得了一定的建设成果。未来示范区应在人才培养、政策改革、对外开放等方面下功夫，充分发挥城市的联通优势，细致思考产业创新与变革、全球化新挑战、国际经贸关系新格局变化等因素对示范区建设所产生的影响与衍生机遇，打造真正面向上合组织国家、面向“一带一路”相关国家的合作平台。

青岛市委常委、胶州市委书记，上合示范区党工委书记、管委会主任，青岛胶东临空经济示范区党工委书记张新竹发言

张新竹围绕上合示范区的战略定位、发展目标及当前重点工作进行了细致分享。上合示范区自 2018 年被提出并启动建设以来，有力促进了上合组织、“一带一路”相关国家和地区间的互信往来与经贸合作。上合示范区发展与胶州市发展密不可分，当前胶州市已经明确了“全域统筹、一核引领、三区联动”的工作方略，创新了“上合+RCEP+工业互联网+‘一带一路’”的建设方向，胶州市将以上合示范区为核心引领，集聚全市各方资源，增强产业链协同与平台载体建设，链接头部企业，全力推动上合示范区建设发展迈上新台阶。

第十三届全国政协外事委员会委员、中联部原副部长周力发言

周力表示，上合示范区自启动以来在硬件设施、对外联通等方面做了大量工作。未来，示范区应在不断夯实现有建设与成果的基础上，进一步增强宣传，进而推动上合示范区加速成势。

民盟中央经济委副主任、中国企业管理研究会副理事长冯奎发言

民盟中央经济委副主任、中国企业管理研究会副理事长冯奎围绕山东省推动建设上合示范区的“四做”思想，即“做实、做好、做美、做响”，进行了深入解读。“做实”是要建设好示范区实体功能，以发展实体经济为核心；“做好”是要进一步提高示范区营商环境，充分研究上合组织国家的需求，进行针对性突破；“做美”是要发挥示范作用，将上合元素与青岛城市风情充分结合；“做响”则是要加强上合示范区的品牌力量。

中国国际商会双边合作部部长、上海合作组织实业家理事会中国委员会秘书长吴蒙发言

中国国际商会双边合作部部长、上海合作组织实业家理事会中国委员会秘书长吴蒙针对上合示范区下一步的发展提出了一系列建议，可结合示范区现有载体进行拓展，如引入贸促会的相关服务，进一步拓展上合会客厅的对企服务功能。

中国社会科学院上海合作组织研究中心执行主任、中国社会科学院大学教授李进峰指出，上合示范区可以理解为中国向上合组织国家提供的公共产品，上合示范区不仅要作为上合组织国家间经贸合作的窗口，也应不断扩展到更多

中国社会科学院上海合作组织研究中心执行主任、
中国社会科学院大学教授李进峰发言

领域。可将上合示范区的发展议题纳入上合峰会，在部长级会议上进行探讨，同时在一国一策的方针指导下进行大型企业与项目的合作对接。

中国社会科学院“一带一路”研究中心副主任、
中国俄罗斯东欧中亚学会秘书长王晓泉发言

中国社会科学院“一带一路”研究中心副主任、中国俄罗斯东欧中亚学会秘书长王晓泉认为，对上合组织国家来说，加强与中国合作的重要性已成为大家的共识。中国与上合组织国家的合作应充分发挥其优势特点，即上合组织国家劳动力充沛、自然资源丰富、位于欧亚交通要道且与中国保持着长期友谊等，在具体行动中发挥链长价值，海外布局低端产业链，采用属地初加工、示范区深加工模式，紧密联合上合组织国家与 RCEP 国家创新一区多园协同发展。

此次研讨会的成功召开，为上合示范区在新形势下的发展提供了更多思路，未来，上合示范区将进一步整合专家智库资源，在资源链接、平台建设、信息传导等方面共同合作，凝聚起推进示范区高质量发展的强大合力，共同助力上合示范区加快打造“一带一路”国际合作新平台。

上合示范区党工委委员、管委会副主任孟庆胜、张栋参加会议。

三、宁波：“枢纽自贸区”的历史性机遇

2020 年 4 月，习近平总书记到浙江、宁波考察。8 月 30 日，国务院正式印发《北京、湖南、安徽自由贸易试验区总体方案及浙江自由贸易试验区扩展区域方案》，9 月 21 日，浙江自由贸易试验区扩区方案公布，宁波片区正式成为浙江自由贸易试验区的重要组成部分。2021 年 5 月 18 日，宁波市人民政府印发《中国（浙江）自由贸易试验区宁波片区建设方案》，进一步明确了宁波片区“一枢纽、三中心、一示范区”的战略功能定位，即国际航运和物流枢纽、国际油气资源配置中心、国际供应链创新中心、全球新材料科创中心和智能制造高质量发展示范区。

宁波经济技术开发区位于宁波市东部，三面环海，北临杭州湾，南临象山港，是浙江宁波对外开放的主战场、产业集聚的主平台、创新发展的主阵地。2022 年 1 月，新的宁波经济技术开发区挂牌成立，整合了原宁波开发区、宁

波保税区、北仑港综合保税区、梅山综合保税区、大榭开发区五大国家级开发园区，是浙江自贸试验区宁波片区核心区，总面积 614.57 平方千米，与北仑区全域融合。

蓝迪国际智库通过借助智库及专家力量，加快实现宁波片区的建设目标与主要任务，支持宁波片区改革创新突破与争先进位，宁波经济技术开发区管委会与蓝迪国际智库展开了深度交流与合作。

（一）宁波发挥优势打造“枢纽自贸区”

为贯彻落实浙江省委打造 3 个自贸区（油气自贸区、数字自贸区、枢纽自贸区）的决策部署，2023 年 1 月，宁波市政府印发《中国（浙江）自由贸易试验区宁波片区建设“枢纽自贸区”行动方案》。

该方案提出，到 2027 年，宁波舟山港集装箱吞吐量突破 3800 万标准箱，全球航运中心城市排名进入世界前 8；初级商品销售额突破 5 万亿元；全市货物贸易出口、货物贸易进口、数字贸易和服务贸易、工业增加值、跨境人民币 5 年累计结算 5 项指标均突破 1 万亿元，把中国（浙江）自由贸易试验区宁波片区打造成“全球通达性好、内外畅联性优、资源配置力强、融合创新度高”的枢纽自贸区，成为全国“枢纽自贸区”标杆。

放眼全国，自 2013 年中国（上海）自由贸易试验区正式挂牌成立至今，全国已设立 21 个自由贸易试验区（自由贸易试验片区达到 67 个）及海南自由贸易港，形成了覆盖东西南北中的试点格局。

具体来看，宁波将向六大功能定位发起进攻，分别是国际港航物流枢纽、全球跨境贸易枢纽、智能制造创新枢纽、金融开放服务枢纽、制度创新集成高地以及数字化应用示范高地。

宁波打造“枢纽自贸区”，具有以下显著优势：

首先，通道是最大优势。宁波拥有舟山港这一资源禀赋，其是天然优质的深水良港，万吨级以上深水泊位众多，货物吞吐量和集装箱吞吐量位于世界前列。宁波舟山港既是最重要的集装箱干线港口之一，又是中国主要枢纽港之一。它独特的位置和资源优势确立了国际航运枢纽位置。此外，宁波片区与上海、杭州、宁波等重要国际机场、空港、海关之间所采取的便捷作业方式使其促进贸易便利化的优势更为明显。近年来，宁波积极推进陆路、海运、空运一体化交通建设，致力于打造全国交通枢纽一线城市。随着金塘大桥、宁波栎社机场的建设完成，宁波建立的集疏网络已经越来越完善，运输中心的地位逐渐建立起来。

其次，贸易是特色亮点。开放是港口型自贸区的本质特征，贸易是港口经济圈的产业属性。宁波拥有油气等大宗资源配置，新型离岸国际贸易、跨境电商等发展特色鲜明，在全国占比靠前。集聚了来自全球 60 多个国家和地区的 1 万多家企业，形成国际贸易、先进制造、保税物流及数字经济四大产业发展格局的宁波保税区全域纳入宁波片区，也为自贸区的功能拓展和贸易提升带来了新机遇。

再次，产业是根基所在。江浙沿海一带及长三角中下游地区都是宁波的经济腹地，此区经济发展水平较高，且环境优越，是全国经济发育程度最高的地区之一。发达的石化、钢铁等大宗商品工业基地也为其提供了良好的行业基础。当地绿色石化、汽车及配件、装备制造等产业优势明显，全球化程度高，产业链供应链黏性强，为自贸区通过拓链补链强链等更好参与全球竞争提供了良好的发展基础。比如，近年来，宁波片区围绕油气全产业链深入开展差别化探索，重点推进以油气全产业链为核心的生产、贸易、储运、结算的油气闭环改革，不断优化大宗商品投资便利化、贸易自由化。这也充分发挥了宁波片区在炼化加工、油气储备、服务等领域的龙头引领、链条延伸、辐射带动作用。

最后，资源是重要保障。自贸区在航运、金融、商贸等服务领域不断推陈出新，先后出台了多项开放举措，在增强金融服务和创新金融体系等方面涵盖广泛。宁波本身的腹地经济环境十分优越，在将宁波自贸片区打造成国家金融创新试验田方面有绝对优势。跨境贸易投资高水平开放试点的落地，使宁波自贸片区在跨境金融等资源全球配置方面有了基础和底气，也为贸易和产业发展注入了新的活力。

（二）宁波携手智库研讨“枢纽自贸区”建设

为推动浙江自由贸易试验区宁波片区落实党中央、国务院和浙江省委、省政府决策部署，高标准、高质量打造特色“枢纽自贸区”，2022 年 11 月 26 日—27 日，由中国社会科学院“一带一路”国际智库、宁波经济技术开发区管委会主办，蓝迪国际智库承办的宁波枢纽自贸区建设专题研讨会在宁波召开。

宁波枢纽自贸区建设专题研讨会会议现场

宁波市政府党组成员、副市长李关定出席研讨会并讲话。市政府党组成员、宁波经济技术开发区管委会主任、党工委副书记奚明，宁波市商务局局长、市自贸办主任张延，宁波经济技术开发区管委会副主任潘群威，宁波经济技术开发区管委会相关部门分管负责人以及多位数字经济、区域发展、贸易物流领域的蓝迪国际智库专家出席了研讨会。

宁波市政府党组成员、副市长李关定对蓝迪国际智库专家的建言献策表示了感谢。他指出，宁波建设“枢纽自贸区”具有深厚战略背景和重大战略意义，宁波拥有港口硬核、大宗贸易、跨境贸易、智能制造、金融创新等综合优势，在浙江省内独树一帜，高标准建设浙江自由贸易试验区宁波片区必须发挥好这些优势条件。

李关定表示，接下来，要进一步明确“枢纽自贸区”的功能定位，把握主要任务，围绕“通、达、畅、融”核心特征，奋力打造“全球通达性好、内外畅联性优、资源配置力强、融合创新度高”的“枢纽自贸区”，为建设现代化滨海大都市提供坚实支撑，为全国全省开放大局作出更大贡献。

宁波市商务局局长、市自贸办主任张延就宁波片区打造“枢纽自贸区”的战略构想进行了简要汇报。在宁波市委、市政府坚强领导下，浙江自由贸易试验区宁波片区挂牌两年来，积极落实党中央、国务院和浙江省委、省政府决策部署，聚焦制度创新，坚持以市场需求为牵引、以项目建设为依托、以开放赋能为推手，各项建设任务稳步推进。

为更好贯彻落实党的二十大关于实施自由贸易试验区提升战略以及浙江省、宁波市党代会精神，围绕国际开放枢纽之都建设，宁波片区提出打造“枢纽自贸区”的构想，即抓住建设国际开放枢纽之都的主线，制定“四枢纽两高地”的特色功能定位，奋力打造“全球通达性好、内外畅联性优、资源配置力强、融合创新度高”的“枢纽自贸区”，努力打造大宗商品特色自由贸易港承载地和浙江自贸区核心功能承载地。

与会专家们共同听取了《大宗商品国际贸易和服务业产业集聚研究报告》，围绕宁波“枢纽自贸区”建设、大宗商品的贸易与服务业发展展开了热烈讨论。在谈到宁波片区的定位时，蓝迪国际智库专家们表示，宁波片区应该积极先行先试，开展贸易规则的应用实践，为中国后续对接世界先进的自贸协定打下基础。宁波片区建设，要从深化改革、扩大开放、促进创新等方面共同推进，全力解决中国改革开放以来在服务贸易方面还存在的短板。相较于货物贸易，服务贸易具有附加值高的特点，宁波片区将以创新服务贸易发展机制为未来工作的重要一项，推动服务贸易高质量发展。

围绕宁波优势的智能制造产业升级发展，与会专家重点探讨了产业互联网的推广应用，建议进一步壮大智能制造产业中的专精特新、隐形冠军企业，全力打造产业互联网数据及技术开发的高地。而对于打造物流枢纽，宁波片区在港口优势明显的基础上，可以加强空港、铁路的物流能力，逐步完善客运量、货运量、国际航线、高铁路线等，奋力打造开放通畅的国际港航物流枢纽。

经过研讨，专家们一致认为，打造“枢纽自贸区”的特色标签，将有利于宁波市持续吸引投资、贸易、金融、物流、数字及人员的要素集聚，对区域经济发展有极大拉动作用。

蓝迪国际智库专家团在宁波“枢纽自贸区”调研

会议期间，蓝迪国际智库专家一行还系统调研了自贸区内的代表性企业，实地考察了自贸区的特色项目建设，并就企业的经营情况、业务布局、贸易政策运用等相关工作与企业负责人进行了深入交流，后续将持续为“枢纽自贸区”建设行动方案的完善提供意见建议。

四、昆山：打造中国式现代化的县域示范

“昆山的发展现在已经处于一个标杆地位”，“像昆山这样的地方，包括苏州，现代化应该是一个可以去勾画的目标”。2009 年 4 月，习近平同志在江苏调研时对昆山寄予殷殷嘱托。昆山牢记使命，奋力打造中国式现代化的县域示范。从曾经苏州县（市）排名垫底的“小六子”，到如今连续 18 年位居全国百强县（市）榜首，闯出了一条全国闻名的“昆山之路”，也为中国县域经济发展画下了传奇一笔。

（一）昆山稳居全国县域经济“领头羊”

昆山是一座充满发展活力的现代科创之城，连续 18 年居全国百强县（市）首位，并跻身全国 105 座大城市行列。

1. 产业发展成果丰硕

昆山区位优势明显。地处经济发达的长三角腹地，东临上海、西依苏州，是“江苏东大门、临沪第一站”。长三角一体化发展重大国家战略机遇就在家门口。

昆山产业基础雄厚。拥有制造业领域 31 个行业中的 30 个，覆盖战略性新兴产业所有 8 个大类，打造了 5500 亿元的电子信息、2700 亿元的装备制造两大千亿级产业集群和 6 个百亿级产业集群，规模以上工业产值迈上 1 万亿元新台阶。

昆山开放活力充足。拥有昆山深化两岸产业合作试验区、昆山金融改革试验区、进口贸易促进创新示范区 3 个国家级开放平台，集聚了全球 78 个国家和地区的 9400 多个外资项目，投资总额超 1100 亿美元，进出口总额突破 1000 亿美元大关。

昆山营商环境优越。创新打造“昆如意”营商服务品牌，推动营商环境

从 BEST（投资昆山万事如意）向 FIRST（投资创业首选地）跃升，创造了重点项目审批“三天办四证”“一天发五证”的昆山速度。

2. 昆山产业集群逐步壮大

一是推动新一代信息技术产业集群由大体量向高质量转变，巩固“亮屏”技术优势，培育“强芯”骨干企业，深化智能终端产业链布局，做大做强昆山先进计算产业园，支撑产业集群产值规模突破 6000 亿元。

二是推动高端装备制造产业主体由小而多向大而强转变，坚持汽车产业、工程机械装备、机器人和智能成套装备同步发力，助推产业产值加快迈上 4000 亿元新台阶。

三是推动产业集群建设由要素驱动向创新驱动转变，依托“深时数字地球”国际大科学计划、昆山杜克大学等重大平台，不断汇聚高科技企业、高能级机构、高水平人才，赋能建链补链延链强链，布局形成新显示、新智造、新医疗、新能源、新材料、新数字 6 个千亿元级战略性新兴产业，以及先进计算、航空航天、人工智能等一批先导产业。

3. 昆山企业主体丰富活跃

截至 2022 年底，昆山市累计境内外上市企业 46 家，其中境内上市 32 家、香港联交所上市 3 家、台湾上市（柜）11 家。2022 年全市共有 6 家企业在 A 股上市，数量位居苏州第一，上市企业“昆山军团”持续壮大。

2022 年，昆山高新技术企业申报数（1770 家）、认定数（1104 家）、净增数（436 家）、累计数（2700 家）居苏州全市“四个第一”。

投资总额超 1100 亿美元的 8800 家外资企业在昆山投资兴业，10 万名台商台胞在昆山安居乐业。

力争到 2025 年规模以上工业企业和高新技术企业均达到 3500 家以上，构建起 3 个千亿元级、30 个百亿元级和 150 个十亿元级企业矩阵。

（二）昆山开发区“国批”30 年续写传奇

1992 年，经国务院批准昆山经济技术开发区升格为国家级开发区（简称国批），现已走过了 30 周年历程。

1. 从“一穷二白”到“第一方阵”

昆山经济技术开发区始创于 1984 年，当时经济落后的昆山在城东辟出 3.75 平方千米土地兴建工业小区，拉开自费建设开发区的大幕。1992 年 8 月，经国务院批复同意，昆山经济技术开发区跻身沿海“14+1”国家级经济技术开发区行列，成为其中唯一设在县级城市的产业园区。

如今，昆山经济技术开发区蜕变为现代化产业新城，以昆山 1/9 的土地面积，完成全市 40%以上的地区生产总值、50%以上的工业产值，贡献全市 60%以上的外资、70%以上的台资产出和 80%以上的进出口总额。

作为“昆山之路”精神的发源地，昆山经济技术开发区“国批”30 年来，实现了多个全国首创、全国第一，综合实力稳居全国经济开发区前 5，连续 15 年蝉联全省经济开发区综合考核评价第 2，先后荣获国家生态工业示范园区、全国模范劳动关系和谐工业园区、首批“绿色低碳示范园区”“海峡两岸交流基地”等一批重量级荣誉。昆山经济技术开发区已经成为推动昆山经济腾飞的主引擎、引领昆山城市蝶变的原动力，为全国经济开发区建设提供了生动的实践样本。

2. 开发区产业创新升级再前进

2022 年，昆山经济技术开发区高效统筹疫情防控和经济社会发展，取得丰硕成果。

经济运行企稳向好。2022 年前 10 个月，全区规模以上工业产值累计完成 4700.6 亿元，同比增长 5.1%。单月规模以上工业产值连续 5 个月突破 500 亿元并保持 2 位数增长。全社会固定资产投资完成 192.4 亿元，其中工业投资完成 76.32 亿元，同比分别增长 17.6%和 12.7%；进出口总额完成 635 亿美元，同比增长 1.0%；实际使用外资完成 8.3 亿美元，同比增长 2.5%。

招商引资强势突破。落户三一数字产业、瑞幸咖啡等 16 个重大项目，总投资超230亿元，全部建成投产后预计年产值将达408亿元。瑞幸咖啡、盛技光学成功布局落户，友达光电、南亚集团持续加码添力，永旺梦乐城、皇冠假日酒店撑起服务业新高度，立森AR/VR智能终端和51WORLD、昆仑智汇等元宇宙项目点燃未来产业“新引擎”，共同筑起高质量发展新增长极。

科创资源聚集增效。累计完成高新技术产业投资58亿元，同比增长24%。成功获评国家首批知识产权强国建设试点园区和工业互联网推动数字化创新领先园区。百富两岸科创孵化器成为全区首个国家级民营孵化器，智谷众创空间成为2022年全市唯一入围国家众创空间的园区。总投资近20亿元的三一重机全球研发中心正式启用。华恒焊接、耐落螺丝获评国家级专精特新“小巨人”企业，实现国家级层面突破。

营商环境持续优化。挂牌成立“企业发展服务中心”，设立营商环境服务专门机构，加快建设“开发区开心办营商服务平台”。推出“援企助企五大行动计划”，设立1亿元专项资金，奖励支持中小企业发展。2022年12月，21世纪经济研究院发布《全国经开区高质量发展报告2022》，昆山经济技术开发区营商环境评价综合排名连续3年位居全国第2。

3. 建设全国一流现代化示范园区

面向未来，昆山经济技术开发区目标清晰、步履坚定，大力弘扬“敢闯敢试、唯实唯干、奋斗奋进、创新创优”的新时代“昆山之路”精神，以“企业群众没有不满意”为追求目标，在更高水平上加快建设全国一流现代化示范园区。

在产业创新方面，加快构建“2+5+1”现代产业体系，打好新一代信息技术、高端装备制造两张千亿级产业“王牌”，下好航空航天、人工智能、生命健康、新能源、高端食品等500亿级新赛道“先手棋”，加快发展千亿级现代服务业，积极抢抓元宇宙产业的“新风口”，大力吸引“旗舰型、地标型、节点型”项目加速落子。

在产城融合方面，以产业空间重构带动创新资源重组，实现城市品质重塑，以城市转型带动产业转型，通过产业转型实现人口结构优化。坚持以产聚才、以产兴城，打造高品质人才社区，实现产、城、人的深度有机融合。

在对台合作方面，坚持深化产业合作和台企转型，用好昆山深化两岸产业合作试验区、昆山金融改革试验区和进口贸易促进创新示范区 3 个平台，积极引导企业向价值链中高端跃升。探索“总部和核心环节在昆山、生产基地在全国”的台企发展新模式。做优慧聚台湾特色文化街区，打响“宝岛又一村”夜市品牌，打造台商大陆“精神家园”。

（三）昆山携手智库平台推进先行探索

昆山高度重视与高端智库平台的合作与交流。“昆山亟须进一步借助智库的力量，找准新的发展动力和坐标，以先行探索和创新实践，努力把昆山建设成为向世界生动展示中国式现代化光明前景的重要窗口。”在 2022 年昆山开发区高质量发展研讨会上，昆山市委常委、昆山市常务副市长沈一平表示，期盼蓝迪国际智库持续关注昆山、支持昆山，当好决策外脑，把更多科研成果运用到昆山；当好交流平台，把更多优质资源引进到昆山；当好桥梁纽带，把更多优秀人才介绍到昆山。

2022 年 11 月 28 日，昆山开发区高质量发展研讨会暨蓝迪国际智库高层咨询会在江苏省昆山市召开。会议由中共昆山市委、昆山市人民政府、中国社会科学院“一带一路”国际智库指导，昆山经济技术开发区管委会、蓝迪国际智库承办。多位专家围绕打造现代化建设县域示范、构建高端制造业集群主题共同探讨“十四五”新形势下昆山经济技术开发区在产业、生态、数字化等领域的发展定位、路径和举措。

苏州市政协原副主席、昆山经济技术开发区管委会原主任宣炳龙，昆山市人大常委会主任、党组书记冯仁新，昆山市委常委、昆山市常务副市长沈一平，昆山市委常委、昆山经济技术开发区党工委副书记、管委会副主任徐敏中，昆山市副市长钱许东，昆山经济技术开发区党工委委员、管委会副主任秦珊珊，昆山经济技术开发区党工委委员、管委会副主任张晓冬及蓝迪国际智库多位数字经济、基础建设、智能制造领域的专家学者出席研讨会。昆山经济技术开发区相关部门及昆山经济技术开发区部分重点企业负责人参加会议。

昆山市委常委、昆山市常务副市长沈一平出席会议并致辞

昆山市委常委、昆山市常务副市长沈一平在致辞中对蓝迪国际智库专家一行的到来表示了热烈欢迎。他表示，昆山作为中国县域经济领头雁，承担着国家现代化建设试点的重大任务，具有重要的战略意义，因此，如何更加有效发挥昆山的区位优势，促进开放型经济发展具有重要的理论探讨价值。希望与会专家学者畅所欲言，共同为昆山市高质量发展建言献策，总结提炼过往经验，提出创新思路，为昆山经济技术开发区能够实现现代化、国际化的发展目标赋能，助力昆山在社会主义现代化进程中走上前列。

昆山市委常委、昆山经济技术开发区党工委副书记、
管委会副主任徐敏中介绍昆山经济技术开发区的发展成就

昆山市委常委、昆山经济技术开发区党工委副书记、管委会副主任徐敏中详细介绍了昆山经济技术开发区的发展情况。他表示，昆山经济技术开发区自1984年自费起步，于1992年升格进入国家级序列，开了在县级市设立国家级开发区的先河。30多年来，昆山经济技术开发区综合实力连续多年稳居全国前5、全省前2。在新时代发展的关键时期，昆山经济技术开发区将以产业创新、产城融合、对台合作等优势项目为基础，奋力打造数字化创新高地，加快建设全国一流的现代化示范园区。

研讨会上，与会专家解析市场要素、科技创新、产业升级、开放贸易等领域的发展大势，并结合昆山经济技术开发区实际，就如何进一步扩大自身制造业优势、壮大优势产业、打造产业集群、扩大对外开放、发展新型产业等提出一系列举措建议，与机构和企业代表进行互动讨论。下一步，昆山将继续发挥高端智库在专家、国际、城市、企业等方面的网络优势，为当地导入优秀人才，推动科研成果、优质资源在昆山落地转化，为昆山在社会主义现代化建设新征程上奋勇争先、争当示范提供强大智力支撑。

昆山开发区高质量发展研讨会暨蓝迪国际智库高层咨询会现场

昆山市人大常委会主任、党组书记冯仁新与蓝迪国际智库秘书长马融为
蓝迪国际智库昆山联络处揭牌

会议现场还举行了蓝迪国际智库昆山联络处的设立仪式，由昆山市人大常委会主任、党组书记冯仁新与蓝迪国际智库秘书长马融共同为蓝迪国际智库昆山联络处揭牌。联络处的设立将有利于蓝迪国际智库发挥平台优势，推动全国优质商业资源和产业参与昆山经济技术开发区建设，有效增进双方的交流与信息互通。

蓝迪国际智库专家一行还调研了三一重机、清陶能源、友达光电、国力电子等代表企业，详细了解了昆山智慧综保区、咖啡创意产业园等的建设情况，推进课题研究和项目合作。

接下来，蓝迪国际智库将继续聚焦昆山，携手昆山经济技术开发区，充分发挥智库势能，围绕政策创新、课题调研、项目对接、生态打造等多方面内容开展合作交流，助力昆山高质量发展。

五、青岛：RCEP经贸合作创新

2020年11月，东盟十国和中国、日本、韩国、澳大利亚、新西兰共15个亚太国家正式签署了RCEP。山东省青岛市拥有绝佳的地缘优势，坐拥百年老港，与日韩贸易往来频繁，具有较好的海陆联动优势和雄厚的对外贸易基础，具备率先扩大国际贸易规模、启动RCEP先行区的能力。市北区则是青岛城市发展的原点，也是港口、金融、工商业等业态的策源地。面对新一轮对外开放的风口，市北区顺势而为，乘势而上，在RCEP签署仅15天后，便以邮轮港区为“核心”绘制RCEP青岛经贸合作先行创新试验基地发展蓝图，助力青岛打造面向RCEP成员国深度开放发展的新支点城市。通过一系列创新举措，重点项目纷纷起势，产业发展生态逐步形成，打造了一批具有综合性与功能性的专业服务平台。RCEP的签署生效在带来关税减免、投资贸易便利化等直接“红利”的同时，也将重构东亚地区产业价值链，为我国带来新一轮对外开放机遇。

为更高效、精准地促进青岛发展，发挥蓝迪国际智库在国内外政党、企业、智库、媒体等方面的资源优势，青岛市市北区政府与蓝迪国际智库于2021年初建立了紧密的战略伙伴关系。自成立以来，蓝迪国际智库在产业政策分析、龙头企业调研等方面开展了大量工作，与市北区政府形成良好协作，共助RCEP青岛经贸合作先行创新试验基地建设不断取得新成就。

2022年3月2日，蓝迪国际智库专家委员会主席赵白鸽与多位智库专家共赴青岛市市北区开展调研，旨在更深切感受市北区在创新改革、城市更新等方面的进取之姿。智库专家一行当日首先参观了目前全国规模最大、模式最新、技术最前沿、集聚程度最高的人工智能综合展示中心——青岛人工智能国际客厅。参观时，赵白鸽详细了解了人工智能技术在不同领域的应用及参与研发的企业，并积极地针对不同领域与技术提出了思考建议。在AI+纺织领域，

2022 年 3 月 2 日，十二届全国人大外事委员会副主任委员、中国社会科学院“一带一路”国际智库专家委员会主席、蓝迪国际智库专家委员会主席赵白鸽一行参观青岛人工智能国际客厅

赵白鸽充分肯定了环思智慧在纺织业智能化中的创新突破，并表示大部分南亚国家的服装生产都需要此类技术，为“一带一路”及上合组织国家国际合作提供了新思路。在西门子工业互联网青岛创新赋能中心项目考察中，赵白鸽认真了解了中心为满足工业互联网人才短缺的需求而组织开展的培训课程，并表示职业培训将是未来的发展趋势，应该充分运用好青岛自身的工业基础，在培养新蓝领、新技工方面下功夫。随后，智库专家一行调研了 RCEP 青岛经贸合作先行创新试验基地建设中非常重要的成果之一——RCEP 山东企业服务中心。赵白鸽详细听取了有关 RCEP 山东企业服务中心建设历程、具体服务等内容的汇报，并了解了目前企业服务中心与山东国际航交所在保险服务、航运联通、泛贸易平台构建方面的创新尝试。并对该中心在服务内容的完善、航运保险业务的拓展、品牌打造等方面的下一步发展提出了建议。通过本次调研活动，蓝迪国际智库进一步了解了 RCEP 青岛经贸合作先行创新试验基地的建设成果与创新方向，为今后更有效导入智库资源，实现政府、智库、企业的三方联动与优势互补开辟了新的场景。

随着 RCEP 于 2022 年 1 月 1 日正式生效，有力促进了中国的“双循环”新发展格局。同时，作为全球市场规模最大的自贸协定，也吸引了全世界的关注与探讨。美国政府为了继续成为亚洲主导力量，应对来自 RCEP 的挑战，提出构建“印太经济框架”。结合时代发展的宏观背景，经过在青岛市市北区的深入调研与总结，中国社会科学院“一带一路”国际智库、蓝迪国际智库形成了以分析 RCEP 的发展趋势、阐述 RCEP 生效对中国经济推动作用为主要内容的《新形势下 RCEP 实施环境与发展趋势研究》研究报告。此外，蓝迪国际智库还以 RCEP 青岛经贸合作先行创新试验基地的实践为案例，形成了《地方抢抓 RCEP 机遇带动区域发展》研究报告。该报告总结了试验基地的发展基础、成果经验及所需支持，旨在对青岛加速打造 RCEP 经贸合作示范城市，高水平建设对外开放的新高地提供支持。目前两份报告均已获得中央领导的高度重视和批示。

蓝迪国际智库将持续关注 RCEP 的发展动态，聚焦青岛市市北区关于 RCEP 的创新实践，助力青岛市开放建设，为青岛市在全国范围内发挥 RCEP 引领示范作用增添动能。

六、吉安：中西部的振兴发展之路

井冈山是“中国革命的摇篮”，中国共产党人在这里点燃了星星之火，创建了第一块农村革命根据地，开启了中国革命走向胜利的光辉征程。在全面建设社会主义现代化国家新征程中，传承和发扬井冈山精神尤为重要。

2016 年 2 月，习近平总书记到吉安调研，强调全面建成小康社会一定要让为中华人民共和国诞生作出重要贡献的革命老区发展得更好。2019 年 5 月，习近平总书记在江西考察，提出“努力在加快革命老区高质量发展上作示范、在推动中部地区崛起上奋勇争先”的目标要求，强调要推进红色基因传承，走好新时代的长征路。

近年来，江西吉安紧抓老区振兴、中部崛起国家战略，以建设革命老区高质量发展先行区、全省共富共享美好生活实践区、全国红色基因传承示范区为目标，推动区域高质量发展。

2022 年 7 月 29 日，蓝迪国际智库专家团一行赴江西吉安井冈山考察调研

（一）以电子信息为首位产业，实现飞跃式成长

电子信息产业是全球新一轮科技革命、产业革命的领军者，是我国经济稳增长大局的“压舱石”，是数字经济发展大局的主阵地，是我国碳达峰碳中和大局的先行者，同时深处全球大国博弈的旋涡之中。

近年来，江西省加速落实“2+6+N”产业战略布局，将电子信息产业定位为万亿级产业，将吉安定位为京九（江西）电子信息产业带布局中的核心“四城”之一。“十三五”期间，吉安电子信息产业实现了规模化跃升。“十四五”期间，吉安立足于当前产业发展基础和优势领域，紧抓革命老区高质量发展先行区建设契机，依托重大企业、重大项目强链固链补链，加速推动电子信息产业向链条式、高质量、品牌化演进，产生了一系列有代表性、适合中部地区发展的优秀经验和成果。

1. 吉安电子信息产业取得飞跃式发展

（1）吉安电子信息产业发展迈向新阶段

吉安电子信息产业起步于20世纪50年代，成长于80年代，曾经培育了赣新彩电、红声器材、国营843厂等一批知名电子信息企业和品牌。20世纪90年代，吉安电子信息产业曾经占江西省的半壁江山，拥有大量的技术人员和熟练技工。

21世纪以来，吉安电子信息产业聚焦发展，产业规模不断壮大，产业结构不断优化。近10年，吉安全市产业结构得到大幅优化，更趋合理，三大产业结构比由16.8∶51.7∶31.5调整为9.8∶45.8∶44.4，在通信终端设备和传输设备、计算机及外部设备、数字视听等产业上具有较强的竞争优势，成为江西省产业跃升发展的一个亮点。

（2）吉安电子信息全域辐射、企业集聚局面渐成形

吉安在全国率先布局电子信息产业，经过十余年的发展，已形成“一带、双核、全域化”产业发展格局：以京九高铁为轴线的电子信息产业集聚带，依托井冈山经济开发区和吉安高新区两个国家级园区，将所有县（市、区）融入全市电子信息产业发展大局中，着力培优育强半导体照明、移动智能设备及终端、触控显示、5G制造、新兴信息等六大细分领域。同时，打造链式发展路径，由市政府主要领导担任电子信息产业链“链长”，实施“一链一策”，落实融资、技术服务等配套举措。

现全市已集聚电子信息企业近千家，其中规模以上企业390家，培育了立讯智造、合力泰、木林森3家百亿元企业，博硕、南亚等20个20亿元以上企业。总量在“十三五”期间实现2.8倍增长的基础上，2021年达到1936.9亿元，占全市规模工业的44%，连续多年位列全省第一，电子信息已经成为全市工业高质量发展的主引擎，先后获批国家新型工业化电子信息产业示范基地、国家电子信息高新技术产业基地。2022年上半年，全市电子信息产业实现营

收900亿元，同比增长25%。

2. 吉安电子信息产业发展创新举措

（1）定位首位产业，久久为功突破发展难题

吉安长久以来将电子信息作为战略性、先导性、支柱性产业进行打造，全市持之以恒，久久为功，逐一攻破产业后发赶超式发展面临的具体问题，逐渐将电子信息产业打造成为吉安最具优势、最具特色的主导产业。吉安于2016年首次提出将电子信息产业确立为“首位产业”，于2019年明确提出打造以电子信息产业为首的“1+4+N”全市产业梯度格局，以电子信息发展带动全市经济稳步增长。截至2020年，吉安电子信息产业收入占全市工业主营业务收入的比重高达46.75%，超额完成“首位产业倍增”计划目标，有效发挥了电子信息产业对经济发展的支撑和拉升作用。当前，吉安积极贯彻落实江西省电子信息产业发展政策，大力实施电子信息产业“链长制”，成立移动智能终端、LED、5G等链长工作小组，持续提升电子信息产业的首位度，增强产业综合竞争力。

（2）锚定重大项目，链式发展壮大产业集群

近年来，吉安重大项目引进和培育成效突出，在市、县、区各级政府的协同工作下，“百亿企业、百亿项目”接续突破，重大项目牵引全市电子信息产业效益增长，工业税金由2015年的55.9亿元增长到2020年的79.03亿元。在重点项目引进基础上加速培育百亿级企业，逐渐形成“以商招商、以企引企”的产业链招商模式，数条电子信息领域重点产业链逐渐形成，移动智能设备及终端、电子电路板（PCB）、触控显示等产业集群规模壮大，产业集聚能力不断提升。

（3）完善政策体系，保驾护航推动高效发展

吉安不断完善和更新电子信息产业政策，形成了有计划、可执行、强监督的产业管理机制，有力推动了产业高效发展。吉安坚持工业强市战略，采取季工业日和大工业联席会议制，针对电子信息产业重大项目实行“擂台赛、巡回赛”双赛制以及督查巡查制度。在此基础上，通过实施首位产业倍增项目

等重大工程，推进以大干项目行动、园区倍增行动、优质企业梯次培育行动为主要内容的“三大行动”，构建以创新体系、配套体系、环境体系为主体的“三大体系”，为电子信息产业发展保驾护航。

（4）“三驾马车”引领，电子信息产业融合互通

吉安电子信息产业发展由三大重要产业平台引领，打造融合互通的发展生态。一是吉安电子信息产业联盟。该联盟由政府牵线、企业主导，秉承“产业合作、价值共享、行业自律”理念，建立供需、金融、用工、服务配套等合作关系及有序竞争的行业规则。目前联盟入会企业已达180家，下一步将立足省内、放眼全国，加速资源整合、优化和集成。二是吉安电子信息研究院。该研究院为江西省首家电子信息研究院，委托中国工程院王耀南院士团队运营，建立了吉安市机器人智能感知与高端装备联合研发中心，正加快推进LED照明、集成电路、智能识别、新型显示、通信传输五大重点技术研发板块融合发展。三是吉安电子产品检验检测中心。该中心与大院大所合作共建，为企业提供公共检测、质量检验、产品认证等服务，构建检验检测服务系统“赣中基地”。此外，加快产业数字化，推动“上云用数赋智”，推动木林森、博硕、国泰化工等一批企业打造5G+工业互联网示范项目，电子信息产业5G融合应用项目达到10个。

（二）注重发挥智库平台势能，助力高质量发展

吉安积极链接高端智库，发挥智库平台专家资源、项目优势，为吉安推进改革开放、抢抓第四次产业革命机遇、发展新兴产业等提供智力支持。

2022年7月29日—30日，由江西省吉安市委、市政府，中国社会科学院“一带一路”国际智库主办，蓝迪国际智库承办的吉安高质量发展论坛暨蓝迪国际智库高层咨询会在江西省吉安市召开。此次会议旨在结合吉安市实际，全面“把脉问诊”，对吉安市如何高质量建设革命老区高质量发展先行区、全省共富共享美好生活实践区和全国红色基因传承示范区，开展研讨、提出建议。

7月29日，蓝迪国际智库专家一行首先赴井冈山革命烈士陵园、大井毛

泽东旧居、井冈山革命博物馆等红色遗址进行参观，并围绕吉安市乡村振兴实践开展调研。在红色遗址参观过程中，专家们重温革命英雄们的先锋事迹，更完整地了解了吉安的红色底蕴。在井冈山高科技农业博览园内，专家们详细调研了以农业龙头企业发展带动村民致富增收情况，对吉安市乡村振兴所取得的成果表示充分肯定，同时指出要强化政策支持，完善相关配套服务设施，引导企业积极带动更多农户增收致富。

吉安高质量发展论坛暨蓝迪国际智库高层咨询会召开

7 月 30 日下午，吉安高质量发展论坛暨蓝迪国际智库高层咨询会召开。吉安市委书记王少玄出席并致辞。十二届全国人大外事委员会副主任委员、中国社会科学院“一带一路”国际智库专家委员会主席、蓝迪国际智库专家委员会主席赵白鸽主持论坛。重庆市原市长、蓝迪国际智库专家委员会联合主席黄奇帆，中美绿色基金董事长、国家发展改革委发展规划司原司长、蓝迪国际智库专家委员会委员徐林，中国旅游研究院副院长唐晓云，赛迪研究院信息化与软件产业研究所所长姚磊出席并作主旨报告。

吉安市委书记王少玄对蓝迪国际智库专家一行的到来表达了热烈欢迎。在

吉安市委书记王少玄致辞

致辞中他表示，近年来，吉安聚焦“作示范、勇争先”的目标定位，坚持改革引领发展，聚焦主导产业，积极打造赣江中游生态经济带，围绕加快建设革命老区高质量发展先行区、全省共富共享美好生活实践区和全国红色基因传承示范区的任务，取得了一系列成果。当前，吉安正在奋力推进革命老区高质量发展，希望与会专家借此契机，共同为吉安发展建言献策，为革命老区的发展建设和推进红色基因传承、中部地区崛起提供强有力的智力支撑与方向引领。

赵白鸽首先对吉安经过多年积累后所取得的发展成就表示高度赞赏。吉安是举世闻名的革命摇篮井冈山所在地，拥有深厚的文化积淀、良好的区位优势，在自然资源、产业布局方面也有坚实的基础。赵白鸽指出，一个地区的发展优势，往往是在把握大势、抢抓机遇中形成的。当前，“双循环”新发展格局、RCEP 生效给区域发展创造了有利条件，因此本次会议的召开意义重大，参会嘉宾应共商共议，找准吉安在新发展格局中的位置和比较优势，支撑吉安主动融入、集聚资源，从而打开新的发展空间。

第十二届全国人大外事委员会副主任委员、中国社会科学院“一带一路”国际智库专家委员会主席、蓝迪国际智库专家委员会主席赵白鸽主持论坛

重庆市原市长、蓝迪国际智库专家委员会联合主席黄奇帆发表主旨报告

重庆市原市长、蓝迪国际智库专家委员会联合主席黄奇帆发表了题为《促进开放、强化创新，提高全要素生产率》的主旨报告。黄奇帆指出，在当

前动荡的国际局势下，经济发展的重心可以概括为改革、开放与创新。在改革方面，首要任务是构建全国统一大市场，这一任务具有深远的战略意义，是中国进入全球经济强国的必然选择。这就要求各地方以改革的思维、务实的措施消除经济系统中客观存在的体制性、机制性障碍及内循环的政策性阻碍，充分利用中国特大规模单一市场优势，以新政策、新应用拓展市场新空间。就开放而言，RCEP 就是当前规模最大、最有力、包容性最强的自贸协定。城市应坚定不移扩大开放，从推动 RCEP 规则在政策制度层面落地、扩大发展货物与服务贸易、探索金融及多领域的开放措施等方面发力，用足用好 RCEP 的开放红利。此外，还要坚定不移强化创新，加大基础研究投入，兼顾培育生态主导型的“链主”企业与“专精特新”中小企业，全力提升经济发展的全要素生产率。

针对吉安下一步的发展路线，黄奇帆给出了四点建议。一是提高吉安的市区首位度，加快主城区服务业中心建设。同时确保主城区人口在全市人口中的比重在 20%~30%，推动吉安从国家级中等城市快步发展到国家级大城市。二是完善物流基础设施，可以将城市周围 150 千米半径范围内地、市、州的物流聚集，以弥补城市物流机场的缺失。三是大力发展农业产业，发挥吉安基因红、生态绿的特色，发动农户共同参与，制作特色农产品、工艺品，形成原材料、加工、销售的完整产业链。四是引入一批企业集团，以产业链为依托进行上下游全链招商，打造拥有属地特色的工业产业。

中美绿色基金董事长、国家发展改革委发展规划司原司长、蓝迪国际智库专家委员会委员徐林在主旨报告《“绿色”应成未来经济发展的新动力》中指出，绿色低碳已经成为推动经济发展的新引擎，在未来，经济增长的关键是全要素生产率的转化与提升，这将需要以科技创新与体制机制创新为依托，而绿色低碳与数字化则是科技创新过程中的重要赛道。徐林表示，未来在绿色低碳领域可关注的方向包括：一是智能微电网及分布式的光伏发电；二是合成生物技术，即基因的编辑改造，生产可降解的生物质材料等有望成为前沿技术与热点；三是绿色智能制造，即关注生产活动与工厂的数字化转型升级。因此，他

中美绿色基金董事长、国家发展改革委发展规划司原司长、
蓝迪国际智库专家委员会委员徐林发表主旨报告

建议吉安着力推进绿色低碳发展，在数字智能、光伏设备制造、公共服务质量提升等方面进一步发力。

中国旅游研究院副院长唐晓云发表主旨报告

中国旅游研究院副院长唐晓云在主旨报告《旅游供需变化及其对吉安的启示》中针对吉安的旅游业发展进行了供给侧、消费侧及目的地侧等全方位分析。她指出，旅游业的发展离不开城市自身、产业集群、配套设施与服务的发展。吉安旅游资源丰富，品牌资源挖掘潜力巨大，未来可以在强城市基础、强市场主体、强文化塑造等方面进行探索，培育沿河区域的休闲业态、城市中心的消费业态、革命老区的红色文化业态等，将吉安打造成全国红色旅游首选地、生态康养旅游的重要目的地。

赛迪研究院信息化与软件产业研究所所长姚磊发表主旨报告

赛迪研究院信息化与软件产业研究所所长姚磊以《数字经济的时代特征》为题发表主旨报告。他表示，数字经济已经成为当前的时代主流，其带动了社会整体的要素、场景、组织、模式与格局的变化。吉安数字经济占其 GDP 比重较大，但其中传统信息技术企业居多。针对革命老区如何践行数字经济发展，姚磊建议，一是通过提升效率、丰富品类，对传统数字经济进行巩固提升；二是引入龙头企业，关注数字经济的硬件生产、数字化平台及生态打造、数字服务三类企业，探索“平台+园区”的方式，共同搭建电子信息领域的工业互联网平台。

在讨论交流环节，参会专家为吉安在健康、绿色、数字、科技等领域的开拓与发展提出了许多具有战略性、针对性和可操作性的宝贵建议。赵白鸽在总结致辞中表示，此次高层咨询会的参会专家包含战略型、研究型与实践型专家，为吉安未来发展提出了很多视野开阔、含金量高的对策建议。未来，蓝迪国际智库将持续关注吉安的“三区”发展，并汇聚智库专家与平台机构等资源，助力吉安在革命老区的建设中焕发新活力。

吉安市委副书记、市长罗文江，吉安市委常委、副市长、井冈山经济开发区党工委书记漆海云，吉安市副市长、井冈山管理局党工委书记、井冈山市委书记傅正华等相关领导参加会议。

表 3-2 蓝迪国际智库 2022 年重大活动一览表

序号	活动	时间	地点	主办机构
1	全国政协专家协商会——阿富汗问题研讨会	2022 年 1 月 13 日	北京	全国政协民族和宗教委员会、中国社会科学院“一带一路”国际智库、蓝迪国际智库
2	肿瘤基因治疗技术项目专家论证会	2022 年 1 月 15 日	北京	蓝迪国际智库、中国社会科学院“一带一路”国际智库
3	俄乌局势及应对战略研讨会（一）	2022 年 3 月 7 日	北京	中国社会科学院“一带一路”国际智库、蓝迪国际智库
4	俄乌局势及应对战略研讨会（二）	2022 年 3 月 19 日	北京	中国社会科学院“一带一路”国际智库、蓝迪国际智库
5	横琴粤澳深度合作区发展建设研讨会	2022 年 3 月 24 日	北京	横琴粤澳深度合作区执行委员会、中国社会科学院“一带一路”国际智库、蓝迪国际智库
6	中国社会科学院“一带一路”国际智库第五次理事会（2022 年）	2022 年 3 月 31 日	北京	中国社会科学院“一带一路”国际智库

续表

序号	活动	时间	地点	主办机构
7	全国政协专家协商会——俄乌冲突对世界秩序和大国博弈的深远影响	2022 年 4 月 15 日	北京	全国政协民族和宗教委员会、中国社会科学院“一带一路”国际智库、蓝迪国际智库
8	俄乌冲突后中国面临的国际环境和风险挑战研讨会	2022 年 5 月 11 日	北京	中共中央委员会统一战线工作部、国务院侨务办公室、中国社会科学院“一带一路”国际智库、蓝迪国际智库
9	中国及格鲁吉亚葡萄酒出口专题研讨会	2022 年 7 月 15 日	北京	蓝迪国际智库、中国社会科学院“一带一路”国际智库、中国食品发酵工业研究院
10	上合新区高质量发展专家研讨会	2022 年 7 月 18 日	北京	胶州市委、市政府，中国社会科学院“一带一路”国际智库，蓝迪国际智库
11	中国数字建筑峰会（2022）	2022 年 7 月 21 日	广州	中国社会科学院“一带一路”国际智库、蓝迪国际智库
12	吉安高质量发展论坛	2022 年 7 月 29 日—30 日	江西吉安	吉安市委、市政府，中国社会科学院“一带一路”国际智库，蓝迪国际智库
13	第二届 BEYOND 国际科技创新博览会	2022 年 9 月 21 日—27 日	元宇宙	澳门科技总会主办，商务部外贸发展局、国务院国资委规划发展局、工业和信息化部国际经济技术合作中心、生态环境部对外合作与交流中心、中国国际科技交流中心、中华医学会和中国电子商会合办，中国社会科学院“一带一路”国际智库、蓝迪国际智库为战略合作伙伴
14	建筑业数字化转型专题研讨会	2022 年 11 月 17 日	北京	中国社会科学院“一带一路”国际智库、蓝迪国际智库、中国电力建设集团
15	宁波“枢纽自贸区”建设专题研讨会	2022 年 11 月 26 日—27 日	浙江宁波	宁波经济技术开发区管委会、中国社会科学院“一带一路”国际智库、蓝迪国际智库
16	昆山开发区高质量发展研讨会	2022 年 11 月 28 日	江苏昆山	中共昆山市委、昆山市人民政府，中国社会科学院“一带一路”国际智库，昆山经济技术开发区管委会，蓝迪国际智库

第四章　智库研究　蓝迪国际智库重点课题与成果

中国特色新型智库以战略问题和公共政策为主要研究对象，以服务党和政府科学民主依法依规决策为宗旨。在开展智库研究工作时，中国社会科学院“一带一路”国际智库、蓝迪国际智库力争创造对政策突破有推动力的优质思想产品，对决策者有重大启发与参考意义，更经得起历史沉淀的思想作品。自成立以来，中国社会科学院“一带一路”国际智库、蓝迪国际智库始终秉持“问题导向”和“需求导向”原则，坚持思想的独立性，锚定国家战略，围绕“一带一路”倡议、新时代大国关系、区域开放政策进行了深入、系统、长期的跟踪研究，形成了专业、客观和独立的研究成果，帮助决策者对政策进行充分的论证与评估，进而推动政治决策机制的公开化、社会化、民主化和科学化。

成立 8 年来，中国社会科学院“一带一路”国际智库、蓝迪国际智库积极围绕党和政府决策急需的重大课题，开展前瞻性与现实性、战略性与政策性、综合性与专题性的重大战略研究工作，在深入调研的基础上形成了近百篇高水平研究报告，得到高层领导批示和重视，相关报告及政策有效转化为有关部委和地方政府政策措施。

2022 年，中国社会科学院“一带一路”国际智库、蓝迪国际智库已形成数篇高质量研究报告，在国家战略层面，完成《阿富汗塔利班政策的内外走向及对中国战略利益的影响》《俄乌军事冲突与战略影响》《俄乌军事冲突后的世界秩序剧变》《美国“印太战略”及中国“缠斗”策略》《在世界新变局中加强中英合作的思考与建议》；在区域发展维度，完成《新形势下 RCEP 实施环境与发展趋势研究》《地方抢抓 RCEP 机遇带动区域发展——RCEP 青岛经贸合作先行创新试验基地的实践》《在双循环与对外开放新格局中加强上合地方经贸合作示范区建设的报告》；在产业发展方面，完成《关于加快推动我国建筑业数字化转型发展的建议》《关于生态塑料产业发展与实践的报告》等高质量研究报告，均获得国家领导人重要批示，所提建议被相关部门采纳（见表 4-1）。

表 4-1　蓝迪国际智库 2022 年度研究报告目录

报告编号	报告题目
RDI-81-2022（01）	《阿富汗塔利班政策的内外走向及对中国战略利益的影响》
RDI-82-2022（02）	《俄乌军事冲突与战略影响》
RDI-83-2022（03）	《关于加快推动我国建筑业数字化转型发展的建议》
RDI-84-2022（04）	《俄乌军事冲突后的世界秩序剧变》
RDI-85-2022（05）	《美国“印太战略”及中国“缠斗”策略》
RDI-86-2022（06）	《新形势下 RCEP 实施环境与发展趋势研究》
RDI-87-2022（07）	《地方抢抓 RCEP 机遇带动区域发展——RCEP 青岛经贸合作先行创新试验基地的实践》
RDI-88-2022（08）	《在双循环与对外开放新格局中加强上合地方经贸合作示范区建设的报告》
RDI-89-2022（09）	《在世界新变局中加强中英合作的思考与建议》
RDI-90-2022（10）	《关于生态塑料产业发展与实践的报告》

一、《阿富汗塔利班政策的内外走向及对中国战略利益的影响》

阿富汗地处欧亚腹地十字路口，是美对中俄开展战略博弈的前沿。阿富汗塔利班（简称阿塔）在美西方主导的国际舆论空间是恐怖主义代名词。然而，阿塔执政已是既成事实，但国际社会对阿塔知之甚少，以至于都未预见到阿塔能迅速统一全国。

美国发动的长达 20 年的阿富汗战争严重破坏了中国西部安全环境和中巴经济走廊建设，而阿塔执政对实现阿富汗及周边地区和平稳定的利大于弊，对中国实现地缘战略利益的机遇大于挑战。

基于对阿塔政权的深度观察，中国社会科学院俄罗斯东欧中亚研究所、中国社会科学院“一带一路”国际智库、蓝迪国际智库形成了《阿富汗塔利班政策的内外走向及对中国战略利益的影响》报告，得出一系列重要判断。

一是阿富汗伊斯兰酋长国能够成为具有宗教包容性的民族国家，阿塔不会背离伊斯兰教治理原则，而新阿富汗的核心价值将与阿富汗历史文化传统相结合，具有一定的包容性。

二是阿塔成为当地人民的唯一指望，其全国控局也日趋稳固，阿塔领导层具有正常的、理性的政治思维，是探索符合阿富汗国情发展道路的民族主义者，目前尚无可替代阿塔统一全国的政治力量，也无强有力的反对派。

三是阿塔政权面临的最大考验是人道主义灾难，统一全国后，阿富汗半数以上人口正面临严重的粮食不安全状况，如未能获取外国的紧急人道主义干预，将影响到政权稳定。

四是基于历史及地缘条件，阿塔政权目前对中阿合作期望最大。

报告认为，阿塔执政能有效实现域内安全问题源头治理，有利于中国实现战略利益，为中国在对美博弈中赢得主动，又有利于阿富汗经济开发及中阿经济合作，但短期内难以彻底消除中阿经济合作的安全风险。中国能在阿富汗问题上大有作为，应当积极稳妥地与阿塔政权发展关系，开展多层次多领域多边外交。

报告建议，中国应运用更加灵活高效的方式加大对阿富汗人道主义援助；选择好承认阿塔政府的时机、条件与方式，在配合国际社会呼吁阿塔建立“包容政府”的同时，应重点推动阿塔建立“得到人民拥护的团结政府”；在此基础上，进一步加强上合组织阿富汗问题联络小组的作用，推动上合组织成员国推出应对阿富汗变局的共同举措；在承认阿塔政府后，可因地制宜地开展对阿富汗经济合作，将农业、矿业和基础设施作为对阿富汗合作重点，在局势平稳后推出“一带一路”共同规划，用新模式助力阿富汗重建；同时采取积极而谨慎的态度对阿富汗开展人文交流与智库合作，在国家治理特别是经济重建、反腐败等方面为阿富汗提供经验；中国应强化在阿富汗问题上对美打赢舆论战的意识，建立多方合作，争取在阿富汗问题上对美打赢舆论战。中国积极援助阿富汗，不仅有利于改善周边安全环境，而且能够加强大国地位。

二、《俄乌军事冲突与战略影响》

俄乌军事冲突导致世界秩序发生剧变。在这一事件背景下，世界经济秩序重构日益加快，美元信誉遭遇重创，世界“去美元化”和人民币国际化趋势同步加快。同时，国际能源秩序和运输秩序大乱，国际能源合作与供应格局发生剧变。全球经济体系逐渐分裂，全球产业链、供应链、金融链、创新链面临重组。世界秩序将进入长时期的复杂动荡，世界新秩序也将在激烈的大国博弈中建立，中国要善于在“乱世”中维护国家安全、赢得发展机遇、实现祖国统一，需及时调整对外战略、敏锐捕捉战略机遇，积极构建公正合理的世界新秩序。

中国社会科学院“一带一路”国际智库、蓝迪国际智库共同撰写了《俄乌军事冲突与战略影响》的研究报告。

报告指出，中国首遇美俄阵营对抗双向压力。美国作为现行世界秩序的主导国，对中俄等新兴国进行全方位多领域的压制，极力策动对中俄进行阵营对抗。中俄原本都不愿与美进行阵营对抗，然而，俄乌军事冲突使俄罗斯与美西方决裂。乌克兰危机发生后，美通过谴责与制裁俄罗斯，建立了空前规模的反俄阵营，俄罗斯与美欧、北约尖锐对立，将长期遭受西方制裁与孤立。对此，俄罗斯也以“新欧亚主义”为思想基础，加紧推行“大欧亚伙伴关系”计划，以组建亲俄阵营对抗反俄阵营。

世界正进入失序和无序状态，世界新秩序将在激烈的大国博弈中建立。军事冲突、政权颠覆与制裁施压等手段都是大国博弈的选项，“和平与发展的时代主题面临严峻挑战”。中国立足于失序世界的关键在于，避免阵营对抗，争取中间地带，赢得混合战，而避免阵营对抗是中国在失序世界中必须完成的最重要、最艰巨的战略任务之一。

报告建议，采取突破西方阵营薄弱环节和建立“全球和平与发展伙伴关系网络”的双重举措。法德是西方制裁联盟的薄弱环节。中国应拉近与法德关系，加大欧盟对华经济依赖，与欧盟加强战略领域合作。中国周边既是中美争夺的中间地带，又是美西方遏华制华的重点区域。稳住周边和“一带一路”支点国家是中国站稳中间地带的首要举措。中国应秉持“政治上尊重独立自主，经济上遵循互利共赢”的理念，和俄罗斯在中间地带深化战略协作，发挥安全和经济互补优势。

报告认为，俄乌军事冲突是俄美混合战框架下的军事斗争，与外交战、经济战、网络战等相互协同，由此导致美对中俄的混合战进入全面升级的新阶段。中美混合战是“具有新的历史特点的伟大斗争”的集中表现，其结局事关中国的前途命运。中国应强化混合战整体思维意识，深入研究美俄混合战，分析双方的战法和效果，建立多领域风险防控机制；在混合战中，中国应与俄罗斯开展协同配合，深化多领域战略合作，培养彼此高度战略默契；中国应坚持对美缠斗，加强中美各领域对话机制，并寻求建立新的对话机制。

三、《关于加快推动我国建筑业数字化转型发展的建议》

数字经济正成为重组全球资源要素、重塑全球经济结构、改变全球竞争格局的关键力量，目前已上升为我国国家战略。2022 年 1 月 12 日，国务院专门印发《“十四五”数字经济发展规划》，对数字经济发展作出了全方位部署，明确了我国数字经济发展的基本原则和发展目标，提出了我国数字经济发展的总体要求、主要任务、重点工程和保障措施。建筑业是国民经济的支柱产业，是构建新发展格局的重要阵地，在我国城镇化发展速度逐步趋缓以及“双碳”战略背景下，建筑业需从追求高速增长转向追求高质量发展。加快推动建筑业数字化转型是实现建筑业智能化、绿色化、工业化高质量发展的重要保障，是提升“中国建造”核心竞争力、推动我国建筑业“走出去”的关键支撑，也是落实我国数字经济整体发展战略的重要举措。

2022 年 7 月 21 日，中国社会科学院“一带一路”国际智库、蓝迪国际智库、全联房地产商会、广东省建设工程标准定额站及广联达科技股份有限公司等密切关注建筑业数字化转型，在广州召开中国数字建筑峰会 2022・城市峰会，就新格局下数字化转型的发展前景、如何加快部署新技术与建筑业深度融合、全方位系统性开展建筑业数字化转型、系统性数字化重塑企业掌控力与拓展力等议题进行了深入交流与探讨，会后形成了《关于加快推动我国建筑业数字化转型发展的建议》。

报告深入分析了中国建筑业数字化转型发展现状，指出我国建筑业数字化转型成效逐渐显现，与此同时，中国建筑业数字化仍面临诸多挑战，一是建筑业自主知识产权软件和平台应用不足，面临严重“卡脖子”问题；二是建筑业数字化投入不足，投入产出比不高；三是建筑业行业特征复杂，数字化变革难度大。

报告就加快推动我国建筑业数字化转型发展提出七条建议。一是确立以 BIM 模型为代表的建筑业数据资产的法律效力，促进 BIM 技术全过程协同集成应用；二是加大对建筑业底层数字化技术能力的培育，大力支持建筑领域自主可控技术研发，鼓励优先采用具备自主可控核心技术的数字化产品；三是在固定资产投入中进一步提升数字化基础设施占比，在产业政策中加大对数字化投入的扶持力度，在较大规模政府类投资项目中保障数字化投入；四是加快推进国有建筑企业和设计咨询企业的数字化转型，加强国有建筑企业在数字化建设方面的投入，鼓励国有建筑企业与国内具有建筑业数字化核心技术和优势的科技企业开展合作，并广泛使用自主可控的数字化产品；五是建立引领性政策和机制，加快推动建筑业数字化转型发展，将数字技术应用列入国家优质工程奖项评选条件，打造一批数字化应用示范项目，树立一批建筑企业数字化转型标杆；六是加大对建筑业数字化复合型人才和智能建造产业工人的培养；七是加快推进我国建筑业数字化能力“走出去”，鼓励企业和社会团体加强有关建筑业数字化国际标准的制定，不断扩大建筑业数字化的国际市场，建立产业合作机制，推进“一带一路”新基建高质量发展，同时重视网络安全及数据跨境流动治理，保证海外经济运营安全，破解企业迅速应对和处置海外危机的“瓶颈”。

四、《俄乌军事冲突后的世界秩序剧变》

俄乌军事冲突拉开了新旧世界转换的序幕，是俄美矛盾激化的结果。美俄等国以新冷战方式改造世界秩序，国际关系中各种恶势力乘势聚集，煽动民族宗教仇恨乃至进行政权颠覆和发动战争。俄乌军事冲突将加剧世界秩序守成国与新兴国的斗争，导致世界秩序剧变。无论俄乌军事冲突何时或以何种方式结束，大国博弈都会进入以阵营对抗、中间地带争夺和混合战为主要方式的新阶段。中国很可能将长期处于复杂动荡的国际环境中，不得不在“乱世”中维护国家安全、赢得发展机遇、实现祖国统一。

经过对世界秩序变化的细致研判，中国社会科学院“一带一路”国际智库、蓝迪国际智库共同撰写了《俄乌军事冲突后的世界秩序剧变》的研究报告。

报告总结，美国作为现行世界秩序的主导国占尽先机，但仍极力推行“价值观外交”、谋求“绝对安全”和经济利益最大化。为阻止中国崛起、挤压俄罗斯传统势力范围、维系世界霸权，美国开始对国际规则体系进行取舍，对国际机构和多边机制进行改造。俄乌军事冲突后，美国建立了空前规模的反俄阵营，还企图将反俄阵营扩大为反华阵营，通过政治抹黑、外交孤立、安全遏制、经济“脱钩”、科技封锁等手段将中俄压制至单极世界秩序的边缘。俄在对美博弈中“攻守兼备”，综合运用各种反制手段，积极应对美国压制。

报告发现，在各方的攻守进退下，世界正加速进入失序状态，发展方向是多极化和经济多中心化。世界新秩序的建立将是一个持续30~50年的长期过程，将伴随激烈的大国博弈。中国立足于失序世界的关键在于，避免阵营对抗，对美国继续坚持“斗而不破”的方针，对西方阵营进行分化瓦解；争取中间地带，赢得混合战。

报告建议，在对美混合战中，中国应就主要领域做巧妙细致的攻防。在经济上，全面评估俄美制裁与反制裁对全球经济、国际大宗商品价格和中国经济的影响；在科技上，制定好科技发展战略，增强核心竞争能力；在舆论上，深入研究美俄舆论战的战法与效果，深入排查安全漏洞，加强网络战攻防能力建设，宣传好中国的“新安全观”，维护好负责任大国形象。同时报告就构建混合战配套体制机制提出三点建议：

一是混合战是长期较量，有必要建立与之相适应的新型举国体制，特别要强化党的领导，提高政府决策与执行能力，既遵循市场规律和发挥市场作用，又保持政府的宏观调控能力和集中力量办大事的动员能力。

二是破除体制机制障碍，强化情报和治安部门职权，采用符合隐蔽战线特点的工作方法，建立激励和容错机制，增强其反情报战能力。

三是开创双轨干部制度，赋予在实战中表现优异的人才更多责任。

五、《美国“印太战略”及中国“缠斗”策略》

维系单极世界秩序是美国的核心战略利益。中欧俄都是有能力成为未来多极世界重要一极的世界力量中心。俄乌冲突强化了美对盟国体系的领导力，使俄欧形成长期相互消耗局面，重创了俄欧挑战单极世界的能力。在此情况下，美遏华意图和能力明显增强，其核心地缘战略是“印太战略”。

“印太战略”提出在未来 1~2 年推进 10 项行动计划：为印太地区注入新资源；建立“印太经济框架”；增强威慑；加强活跃且团结的东盟；支持印度持续崛起和发挥地区领导作用；美日澳印“四方安全对话”切实生效；扩大美日韩合作；合作增强太平洋岛国的韧性；支持良好的治理和问责制；支持开放、有韧性、安全可靠的技术。

根据这些行动计划及“印太战略”其他内容，可发现“印太战略”具有以下特性和实施框架：一是“印太战略”旨在使中国在印太秩序中边缘化；二是“印太战略”旨在对华构建多层次海权遏制圈；三是“印太战略”对域内和平稳定造成严峻挑战；四是“印太战略”力推域内经济合作“去中国化”。

基于当前国际形势，中国社会科学院“一带一路”国际智库、蓝迪国际智库深入观察研讨美国“印太战略”的特性与框架，听取多方建议，撰写了《美国“印太战略”及中国“缠斗”策略》的研究报告。

报告首先分析“印太战略”的总体布局、安全秩序、经济合作及其他内容，得出“美国将坚持对华遏制打压、造谣抹黑、生战生乱”的观点，进而提出了中国应对“印太战略”的缠斗策略：一是促进域内一体化进程；二是采取“积极防御”策略，以斗争促合作、以合作谋共赢；三是以己之长克美之短；四是以维护域内和平稳定，遏制美制造战争动荡；五是以谋求共同发展，打击美经济垄断图谋；六是以周边单线交往便利，加剧美远途双线交往困境。

报告建议，中国需充分考虑混合战因素，尽快系统性地研究域内各领域国际组织、多边机制、多边规则和法律体系，巧妙运用“缠斗”战法，在多个方面做好充分攻防：外交上，“广泛团结发展中国家、拉住东盟、制衡美日澳、中立印韩、巩固巴铁、深化中俄战略协作”；经济上，大力推进 RCEP 的落实，加强域内产业链整合；舆论上，加强网络战、信息战攻防能力建设，建立对印太重点国家涉华舆情的跟踪、研判、预警和应对机制，引领舆论战节奏；海权上，坚持构建海洋命运共同体，加强海上安全合作机制，积极与域内国家开展海洋经济与科研合作、海洋资源开发合作，共同解决海洋环境污染防治、生态保护、防灾减灾等问题。

六、《新形势下 RCEP 实施环境与发展趋势研究》

RCEP 的生效实施标志着全球最大自贸区正式启航，覆盖全球人口和 GDP 总量的近 30%，规模超过了美墨加自贸协定和欧洲关税同盟，充分体现了各方共同维护多边主义和自由贸易、促进区域经济一体化的信心和决心，也是推进亚太自贸区（FTAAP）进程的有效路径之一。

随着 RCEP 生效，一方面将激发亚太地区经济活力，强化东亚生产网络和全球价值链协作；另一方面也对区域内贸易和投资增长产生强大推力，有助于中国稳定外贸和外资。

与此同时，美国加大力度兜售其所谓“印太经济框架”，继 2022 年 5 月 12 日—13 日的美国—东盟领导人特别峰会之后，美国总统拜登陆续访问韩国、日本，企图扰乱地区合作，分散 RCEP 的整体效果。俄乌冲突对全球供应链、国际运输、金融货币等产生复杂影响。新冠疫情大流行带来全球公共卫生、经济和社会危机等次生灾害，引发经济衰退、贸易萎缩，各国忙于疫情防控一定程度上延缓了 RCEP 规则的实施进程，使得 RCEP 巨大潜力仍未充分释放。

RCEP 是推进地区经济一体化、开发地区经济增长潜力、促进成员国扩大贸易投资的重大举措，也面临着复杂的国际局势所带来的严峻考验。

中国社会科学院“一带一路”国际智库、蓝迪国际智库结合对国际环境的梳理，分析宏观环境下 RCEP 发展趋势及可能面临的挑战，形成《新形势下

RCEP 实施环境与发展趋势研究》的研究报告。

本研究报告由两部分及附件组成。

报告第一部分首先阐述了国际宏观环境下 RCEP 的发展趋势。RCEP 生效后，将加速亚太经贸一体化进程，提升全球贸易便利化水平，并为区域产业链供应链的重组带来新机遇。报告进而细致分析了美国“印太经济框架”对 RCEP 的冲击，认为中国应当借此机会加大开放力度，夯实区域国际经济合作基础。报告还从多个角度分析了俄乌冲突背景下 RCEP 面临的挑战和机遇以及其他国家对 RCEP 的态度及运作。

报告第二部分梳理总结了 RCEP 对中国经济的推动工作：一是推动我国贸易和投资便利化；二是加快我国经济高水平对外开放；三是巩固我国在全球价值链中的核心位置；四是增强我国区域产业链全球竞争力；五是进一步优化我国整体营商环境。报告认为，RCEP 对中国经济发展起到积极推动作用，有助于中国形成更全面、更多元的对外开放格局，提升在国际国内两个市场配置资源的能力，为构建开放型经济新体制带来新的契机。

报告的附件是“各主要国家对 RCEP 的态度及合作对策”，基于“一国一策”原则，通过研判美国、印度及 RCEP 成员国对 RCEP 的态度与趋势差异，提出中国应采取的针对性经贸合作对策。

报告得到了高层领导的批复和高度重视，为我国加快落实 RCEP，增强自身经济竞争力与供应链稳定性，提供了借鉴和参考。

七、《地方抢抓 RCEP 机遇带动区域发展——RCEP 青岛经贸合作先行创新试验基地的实践》

RCEP 作为全球市场规模最大的自贸协定，是推进地区经济一体化、开发地区经济增长潜力、促进成员国扩大贸易投资的重大举措。随着 RCEP 生效，一方面，将对区域内贸易和投资增长产生强大推力，激发亚太地区经济活力，扩大区域贸易投资规模，促进产业链供应链深度融合，助推区域内经济体包容均衡发展；另一方面，也有助于中国稳定外贸和外资，强化东亚生产网络和全球价值链协作，对中国在“十四五”期间以开放促改革、以改革促发展，推进高质量发展和双循环战略落地，塑造新的全球竞争力产生重要价值。

自 RCEP 签署以来，全国各地相继开展相关创新实践，力图更有效发挥 RCEP 给贸易经济带来的助力作用。RCEP 正式签署不久，青岛市抢抓对外开放新机遇，围绕深化与 RCEP 成员国开放合作开展了一系列积极探索，在顶层设计、配套服务、平台搭建等方面进行全方位部署，成为地方城市中 RCEP 先行先试的典型案例。

中国社会科学院“一带一路”国际智库、蓝迪国际智库基于实地调研，共同撰写了《地方抢抓 RCEP 机遇带动区域发展——RCEP 青岛经贸合作先行创新试验基地的实践》的研究报告。

报告全方位分析了青岛地缘、人文、产业等自身优势及当下青岛拥有的 RCEP 先行先试的良好条件，总结了青岛市市北区海关、税务、商务局、贸促会、工商联等相关工作成果，简析了青岛在载体创新、制度创新、产业升级等方面的创新实践成果，就加强青岛 RCEP 创新发展提出诸多建议。

报告发现，青岛 RCEP 先行示范成效显著：一是各级各部门高度重视青岛 RCEP 先行先试，RCEP 青岛经贸合作先行创新试验基地建设得到国家部委、山东省和青岛市的支持和指导，被列入山东省争取国家支持重大事项和市政府工作报告；二是 RCEP 青岛经贸合作先行创新试验基地形成机制性创新成果，建设“五大中心”特色载体，搭建系列开放合作交流平台，探索首创式集成性制度创新；三是专业系统培训推动企业用实用好 RCEP；四是海事商事仲裁服务保障企业适应国际规则；五是青岛 RCEP 先行先试助力中高端产能升级扩张；六是利用 RCEP 重塑产业供应链。

报告得到了高层领导的批复和高度重视，为青岛加速打造 RCEP 经贸合作示范城市、高水平建设对外开放的新高地，在全国范围内发挥引领示范作用，提供了借鉴和参考。

八、《在双循环与对外开放新格局中加强上合地方经贸合作示范区建设的报告》

上合组织作为中俄等新兴大国和发展中国家主导的新型地区合作组织，经济总量和外贸总额的年均增速远高于世界平均水平，在欧亚地区经济合作中发挥着重要引领作用，已成为世界上人口最多、面积最大的区域性国际组织之一。

目前，在上合组织从安全合作组织向全领域区域合作组织转型的进程中，加强多边经贸合作已成为各成员国的强烈共识。中国推动上合组织国家间多领域合作，可有效巩固西部战略后方、对冲东部海上方向重大安全压力，并在极端情况下确保能源、矿产资源、粮食等战略物资供给，还有利于地理相连、经济体量巨大并遵循“互利共赢、共同发展”合作原则的陆权经济板块崛起，为中国乃至域内经济可持续发展提供巨大动力，并为建立公平合理的世界经济新秩序提供样板。

2022 年，新冠疫情大流行沉重打击了世界经济，乌克兰危机使世界经济形势雪上加霜。美国的霸权行径同发展中国家求和平、谋发展形成尖锐对立，也对上合组织国家间的经贸合作造成了严重冲击。在推动新一轮经济全球化、高质量共建“一带一路”和上合组织步入第三个 10 年的背景下，高标准建设中国—上海合作组织地方经贸合作示范区（简称上合示范区）显得尤为重要。

2022 年 7 月 18 日上午，由胶州市委、市政府，中国社会科学院“一带一路”国际智库主办，蓝迪国际智库、胶州市发展研究中心承办的上合新区高质量发展专家研讨会在北京召开。会议旨在通过分析全球形势与上合组织相关国家最新情况，研讨上合新区的发展环境、目标定位及未来建设方向，会后形成了《在双循环与对外开放新格局中加强上合地方经贸合作示范区建设的报告》。

报告通过开展上合组织经贸合作的前景研究，分析上合组织经贸合作在新形势下面临的机遇和挑战以及上合示范区的战略定位与作用，总结相关建设经验与成果，创新性地从缔结城市合作、搭建平台等方面提出了未来加强上合示范区建设的多项路径与举措：

一是因地制宜，着眼上合组织国家优势开展互利合作；

二是发挥轴心作用，以上合示范区为轴促进上合组织国家与 RCEP 国家合作；

三是以模式创新带动产业链重组，为国际多双边框架下地方经贸合作提供样板；

四是突出主线，强化上合示范区的经贸合作中枢地位。

报告还从平台建设、物流保障、金融支持、展会升级四个方面提出了所需的政策建议，得到了高层领导的批复和高度重视，为高标准建设上合示范区、打造现代化国际合作新平台提供了重要参考。

九、《在世界新变局中加强中英合作的思考与建议》

当前，世界百年未有之大变局正在加速演进，世界进入新的动荡变革期。世纪疫情阴霾未散，局部冲突硝烟又起，冷战思维和集团政治回潮，单边主义、保护主义抬头，经济全球化遭遇逆流，和平赤字、发展赤字、信任赤字、治理赤字有增无减，人类社会正站在十字路口，面临前所未有的挑战。

2022 年，英国政局发生重大变化，女王去世，王位更迭，特拉斯赢得保守党内部选举，接替约翰逊出任英国首相，苏纳克对英联邦和国际社会将产生深远影响。

英国在世界舞台上具有较强的影响力，这与其经济、科技、教育发展水平，以及拥有联合国安理会常任理事国、核大国等地位有关。在世界大变局下，“英美特殊关系”受到双方进一步的重视。从英方来看，“脱欧”以来其对美倚重加大，试图通过与美加强合作来弥补其脱欧“损失”；从美方来看，拜登非常重视在对华政策上与欧洲传统盟友展开协调和合作。从 2021 年 6 月拜登上台后首访英国，到 3 个月后美英澳成立所谓“奥库斯”三国安全同盟（AUKUS），再到现在特拉斯上台后很快赴美访问，可以清楚地看出英美互动极为频密。

在中国外部环境愈加复杂严峻的形势下，有必要把握当前英国政局变化之机，针对性地做好中英双边相关工作，减少分歧，破解美“联英制华”图谋。

中国社会科学院“一带一路”国际智库、蓝迪国际智库持续关注英国在世界新形势下的变化，共同撰写了《在世界新变局中加强中英合作的思考与建议》的研究报告。

本报告开展了深度的历史研究，分析了时下日益密切的英美关系和历经波折的中英关系，基于英新政府面临的挑战，就中英开展深度合作提出以下建议：

一是找准最大公约数，激发英国保护地球的道义热忱，联袂推进全球可持续转型发展；

二是激活、升级并放大非官方、半官方智库交流动能；

三是将共识道义担当转化为合作共赢的动力源泉；

四是网络化、多渠道、全方位，润物细无声，理性叙事，增进理解；

五是对于英国惯常的傲慢、偏见与敌视，不姑息、不放纵，以英国社会听得懂的话语，以事实为基础，找准短板，揭露反制。

该报告旨在结合历史，联系当下，为中英深化合作提供了借鉴和参考，得到了高层领导的高度重视。

十、《关于生态塑料产业发展与实践的报告》

习近平总书记关注塑料污染治理，强调积极应对塑料污染，要牢固树立和深入贯彻新发展理念，有序禁止、限制部分塑料制品的生产、销售和使用，积极推广可循环易回收可降解替代产品，增加绿色产品供给，规范塑料废弃物回收利用，建立健全各环节管理制度，有力有序有效治理塑料污染。第五次联合国环境大会也形成了“结束塑料污染”的重大决议。

2021 年 1 月 16 日，中国社会科学院“一带一路”国际智库、蓝迪国际智库和中国产学研合作促进会在北京联合召开生态塑料产业发展专题研讨会，会议研究发现，开发和应用生态塑料技术有助于国家塑料污染治理，有助于中国创新技术在全球可持续发展中的推广和应用。

中国社会科学院“一带一路”国际智库、蓝迪国际智库经调查研究，形成了《关于生态塑料产业发展与实践的报告》。

报告包括五部分内容：一是“生态塑料技术的研创和鉴定与评价情况”，阐述了生态塑料的研发攻坚历程，简要介绍了生态塑料技术。二是“生态塑料制品的开发和推广应用情况”，简要介绍了生态塑料制品的应用现状，总结了生态塑料制品的四个明显特点。三是“生态塑料产业发展的国内新机遇”，从政策的角度列举了生态塑料产业的机遇。四是“生态塑料面临国际发展的机遇与竞争”，指出了各国国家标准的相继颁布以及各国对相关领域的公司资助，将使中国生态塑料技术面临国际市场竞争。五是“当前存在的问题和我们的几点建议”，结合当下宿州生态塑料发展情况，分析了未来发展趋势，为发展壮大生态塑料产业提出了三点建议：第一，加大力度支持生态塑料产业发展并加快向全国复制推广“宿州模式”；第二，加快支持组建生态塑料标准委员会并出台国家标准；第三，将生态地膜纳入补贴范围并争取在全国加快推广应用。

报告指出，生态塑料即改性聚烯烃生物降解塑料，也称为自化塑料，是一种将纳米复合材料技术研制的母料添加到聚烯烃原料中，使其化学性质发生改变，并在光、热、氧、水和微生物等自然环境要素作用下，两年内降解为二氧化碳、水和土壤有机质的新型环保材料。

报告表明，15 年来，生态塑料八大系列 60 多种产品在国内得到广泛应用，其中，生态地膜在 28 个省份示范应用 600 余万亩。相关技术检测数据显示，生态塑料制品不仅可以实现完全降解、不产生微塑料，而且无毒无害，亦可改良土壤、提高作物产量和品质。另外，全国 100 多家农业农村局、农技推广站、专业合作社提供的应用报告显示，生态地膜的使用性能与普通地膜并无差异，完全满足机械和人工铺设要求，其保温保墒性能与普通地膜一样优良。报告建议，鉴于英国等国家积极布局聚烯烃生物降解技术，深入拓展技术与制品市场，呈现后来居上之势，我国生态塑料技术与制品的先发优势面临严峻挑战，建议国家给予强有力的指导和支持，使我国生态塑料技术持续保持国际竞争制高点。

第五章　合作资源　蓝迪国际智库指导与合作机构

一、指导机构

（一）国家发展改革委推进“一带一路”建设工作领导小组

“一带一路”建设是一项宏大系统工程，涉及面广、跨越时间长、建设任务重，需要加强组织和领导，统筹做好对内、对外两方面工作。为此，中国政府成立了推进“一带一路”建设工作领导小组，指导和协调推进“一带一路”建设，中共中央政治局常委、国务院副总理韩正担任组长。推进“一带一路”建设工作领导小组办公室设在国家发展改革委，具体承担领导小组日常工作。国家发展改革委主任何立峰担任领导小组办公室主任，国家发展改革委副主任宁吉喆、商务部副部长钱克明、外交部部长助理张军担任领导小组办公室副主任。

蓝迪国际智库项目于2015年在国家发展改革委、财政部的指导和支持下启动，8年来与国家发展改革委国际合作司、推进“一带一路”建设工作领导小组办公室围绕“一带一路”倡议，在研究报告、国际合作、会议组织等领域建立起沟通对接机制，实现了信息互通与协调联动。2021年6月8日，蓝迪国际智库专家委员会主席赵白鸽一行与推进“一带一路”建设工作领导小组办公室对外事务协调推进组组长应雄、国家发展改革委国际司相关领导会见会谈。双方就中巴经济走廊高质量发展新阶段的中巴产业合作、重大课题研究、企业项目对接等议题展开深入沟通，并确定了下一阶段双方合作的重点。

赵白鸽在会谈中重点强调了中巴两国在农业、医疗、高端装备制造等领域开展产业合作的重要意义。并指出，中方应助力巴方牢牢把握住数字经济时代和人工智能时代的发展机遇，大力发展跨境电商等新兴产业业态，为项目的对接和落地拓展更广阔的平台。作为中国特色新型智库，蓝迪国际智库始终牢牢把握中巴企业间合作对于促进巴方经济社会发展的重要性，践行中央—地方互动的有效机制，深化政府—企业联动的建设思路，探索政府—市场—社会—智库相结合的服务模式。蓝迪国际智库期待在国家发展改革委的关注和指导下，为中巴经济走廊的高质量发展贡献力量。

推进“一带一路”建设工作领导小组办公室对外事务协调推进组组长应雄在研讨会上发言

应雄指出，中巴经济走廊作为“一带一路”倡议的标杆和旗舰项目，具有重要的示范意义。下一阶段，国家发展改革委和推进“一带一路”建设工作领导小组将会重点关注中巴产业合作、瓜德尔港招商引资和民营企业之间的项目对接，积极联动蓝迪国际智库以及使馆、商会等各方资源，根据两国社会经济发展的实际需求，以“市场化”和“商业化”为根本指向，为两国开展产业和企业合作搭建桥梁，为合作项目释放出更大的经济和社会潜能提供国家政策和资金方面的支持。

2021 年 7 月 2 日，中国社会科学院“一带一路”国际智库、蓝迪国际智库在北京举办中巴经济走廊产业合作与产业园区建设专题研讨会，与会嘉宾围绕中巴经济走廊发展重点、项目建设、产业合作等领域展开讨论。与会嘉宾普遍认为，中巴产业合作前景广阔，但亟须搭建沟通交流平台，帮助中国企业解决投资过程中遇到的问题，推动更多产业项目落地。此次研讨会以“需求导向、问题导向、项目导向、结果导向”为原则，邀请了巴基斯坦驻华大使和使馆参赞，国家发展改革委国际司、推进“一带一路”建设工作领导小组办公室对外事务协调推进组有关领导，以及涉及基础设施建设、高端装配制造、新材料、新能源等领域的企业，旨在促进中巴双方展开深入交流，梳理彼此需求，找准契合领域，研究具体项目，尽快推动相关合作项目落地生根，助推巴基斯坦国家工业发展水平和经济产业结构转型，深化中巴经济贸易合作。

2021 年 9 月 23 日下午，中国社会科学院“一带一路”国际智库、蓝迪国际智库受推进“一带一路”建设工作领导小组办公室邀请，出席中巴经济走廊联合合作委员会（简称联委会）第十次会议。联委会秘书处和远景规划、安保、能源、交通基础设施、瓜德尔港、产业合作、社会民生、农业、科技、国际合作协调等工作组分别就各自工作情况进行了汇报和充分交流，双方还就在巴中方项目和人员的安全保障工作交换了意见，巴基斯坦地方政府代表也就走廊合作进行了发言，双方达成一系列重要共识。会议宣布成立信息技术产业联合工作组。中巴双方签署了会议纪要等 5 份合作文件，并宣布签署了 3 份企业间合作协议。

未来，中国社会科学院“一带一路”国际智库、蓝迪国际智库与推进“一带一路”建设工作领导小组、国家发展改革委国际合作司将就以下方面展开深入合作：第一，双方就涉及“一带一路”倡议、中巴经济走廊建设、国际政治经济局势等国际热点议题，联合开展重大国家课题项目研究。中国社会科学院“一带一路”国际智库、蓝迪国际智库将发挥自身联系政、产、学、研，便于信息沟通和思路引导的优势，积极咨政建言，实现理论创新。第二，双方坚持“商业化”和“市场化”导向，就瓜德尔港招商引资、高端装配制造、农业、医疗、住房等重点领域，开展深度调研和项目推介，引导和助推优秀的中巴企业共同参与走廊建设。第三，双方联合为中巴产业、企业对接合作搭建桥梁和平台。进一步探索政府—市场—社会—智库相结合的服务模式，携手促进中巴经济社会发展，强化双边互信合作关系，提升中巴合作承载能力和配合能力。

（二）中联部“一带一路”智库合作联盟

中联部当代世界研究中心（简称当研中心）成立于 2010 年，是中共中央对外联络部直属智库，履行“一带一路”智库合作联盟（简称智库联盟）理事会秘书处职能，当研中心设有理事会，中共中央对外联络部副部长陈洲任理事会共同理事长，岳阳花任秘书长。

当研中心主要从事世界政党政治、国际关系、中国外交、国家发展模式比较等相关领域研究，长期关注“一带一路”倡议等重大议题。当研中心拥有众多国际关系、经济学、国际法等领域专家，聘任具有国际影响力的国内外政要、专家学者为特约顾问和研究员，并与国内主要研究机构和高等院校保持密切合作。

自 2017 年 2 月，中国社会科学院“一带一路”国际智库、蓝迪国际智库入选智库联盟理事会，成为其重要的理事成员之一，在智库研究、国际合作以及促进“一带一路”建设等方面开展了大量工作，并一直致力于推动新科技产业在共建“一带一路”国家和地区的发展。2019 年 12 月 26 日，中国社会科学院“一带一路”国际智库、蓝迪国际智库因出色举办中哈共建“一带一路”国际高级研修班而获得了智库联盟理事会评选出的年度优秀理事单位“品牌活动奖”。

当研中心理事会秘书长岳阳花一行到中国社会科学院“一带一路”国际智库、蓝迪国际智库进行调研

2021 年 1 月 13 日，当研中心理事会秘书长岳阳花一行到中国社会科学院“一带一路”国际智库及蓝迪国际智库进行调研。双方交流了各自平台机构的发展情况以及未来发展规划，并就未来当研中心与蓝迪国际智库合作的具体方向、中国的对外宣传政策、智库发展思路等内容进行了深入探讨。

赵白鸽表示，在智库建设工作中，当研中心给予了中国社会科学院“一带一路”国际智库、蓝迪国际智库重要的指导和支持，作为中联部智库联盟理事单位，我们将积极践行责任使命，落实指导方针。2020 年在当研中心指导下举办的后疫情时代中巴合作的新机遇与挑战云端论坛、疫情防控与国家治理比较研究国际学术研讨会获得了国内外的高度评价与积极影响。

岳阳花秘书长对中国社会科学院“一带一路”国际智库、蓝迪国际智库的战略布局和取得的成绩表示高度认可。她表示，自加入智库联盟以来，高质量承接了中联部的相关活动项目，双方保持着良好合作势头。2021 年是我国

“十四五”开局之年，亦是建党 100 周年的重要年份，当研中心以服务好建党 100 周年、讲好中国故事为重要抓手，开展重大课题研究及策划重大对外联络活动安排。

2021 年 5 月 27 日，经中央批准，中共中央对外联络部以视频会议方式举行世界马克思主义政党理论研讨会。中共中央总书记、国家主席习近平向研讨会致贺信，老挝人民革命党中央总书记通伦等多国政党领导人通过书面或视频方式致贺。来自 48 个国家和地区的马克思主义政党领导人、中央和国家机关有关部门和高校负责人，以及智库学者共约 200 人参加。会议主题为“当代马克思主义实践发展和理论创新”，主要讨论了“以人民为中心与摆脱贫困”“新发展理念与高质量发展”“‘一带一路’合作与人类命运共同体”等议题。中联部智库联盟理事单位中国社会科学院“一带一路”国际智库、蓝迪国际智库受邀出席，并邀请战略合作伙伴中国基本建设优化研究会参加研讨会。

2021 年 12 月 23 日，蓝迪国际智库一行到访当研中心，与岳阳花秘书长一行交流 2021 年双方合作情况并梳理 2022 年合作重点。双方将围绕联合开展课题研究、联合举办重大活动、联合组织对外传播等方向达成合作共识。

（三）中国人民政治协商会议全国委员会民族和宗教委员会

中国人民政治协商会议全国委员会民族和宗教委员会（简称民宗委）是中国人民政治协商会议全国委员会设置的专门委员会之一，负责组织委员就民族、宗教方面的问题开展调研及其他活动。

民宗委是中国宗教界和平委员会的业务主管单位，根据《中国人民政治协商会议章程》以及全国委员会全体会议和常务委员会提出的相关任务开展工作。在常务委员会和主席会议领导下，围绕团结、民主两大主题，组织委员就民族、宗教方面的问题开展调研及其他活动。主要任务是学习、宣传和贯彻中国特色社会主义理论和宣传国家有关改革开放的方针政策；密切联系少数民族、宗教界委员和代表人士，听取和反映他们的意见和建议；组织本委员会委员调查了解国家民族宗教政策的贯彻执行情况，对民族宗教工作方面的重要问题进行调查研究，提出意见和建议；加强与国家民族宗教部门的联系；发挥民族、宗教界人士在促进祖国统一、维护世界和平事业中的作用。

为落实好汪洋主席关于“建立富有政协特色的应用型智库”的指示精神，进一步探索实践政协应用型智库建设，做好政协民族宗教工作，提高政协履职工作水平，扩大人民政协的影响，促进“一带一路”建设与发展，更好地为国家发展大局服务，2019 年 7 月民宗委与蓝迪国际智库正式签署为战略合作伙伴关系。2019—2021 年双方围绕公共外交、文化互鉴、提升国家软实力等重要议题，多次召开工作对接会议，并达成合作共识：一是专项调研共建“一带一路”国家，推动宗教公共外交，促进不同宗教之间的多元共存与和平包容；二是就共建“一带一路”国家和地区的民族、宗教问题形成高水准的研究报告和国别分析；三是组织“政协宗教文化论坛”和“民族与宗教文化研讨会”，集聚多方智慧共同探讨共建“一带一路”国家和地区处理民族宗教问题的做法和经验，为做好我国民族宗教工作提供借鉴。

2021 年 12 月 3 日—4 日，全国宗教工作会议在北京召开。中共中央总书记、国家主席、中央军委主席习近平出席会议并发表重要讲话。继 2016 年后，时隔 5 年再次召开全国宗教工作会议，充分体现了以习近平同志为核心的党中央对宗教工作的高度重视。2021 年 12 月 20 日，受民宗委杨小波主任邀请，中国社会科学院“一带一路”国际智库专家委员会主席、蓝迪国际智库专家委员会主席赵白鸽，中国社会科学院“一带一路”研究中心副主任、中国俄罗斯东欧中亚学会秘书长王晓泉赴全国政协参与宗教问题深度座谈，并就伊斯兰教和佛教问题分享意见建议。双方在 2022 年 1 月召开研讨会，共同探讨了伊斯兰世界与阿富汗塔利班政权的关系，进而分析阿富汗塔利班政权的内外政策走向及其对中国战略利益的影响。

未来，中国社会科学院“一带一路”国际智库、蓝迪国际智库将与民宗委注重围绕中心、服务大局，针对国家和地方经济社会发展以及民族宗教领域重点、难点问题，做务实调研，献发展良策，谋可行之计。始终聚焦铸牢中华民族共同体意识，坚持我国宗教中国化方向、积极引导宗教与社会主义社会相适应，选择不同的角度和切口开展深入调研和协商，形成一批议政建言成果。

（四）中国社会科学院

中国社会科学院是中国哲学社会科学研究的最高学术机构和综合研究中心，是党中央、国务院重要的"思想库"和"智囊团"。2015 年，中国社会科学院党组研究决定启动蓝迪国际智库项目，依托国家级智库中国社会科学院雄厚的学术资源以及创新成果为蓝迪国际智库的发展提供支撑；为共建"一带一路"提供智力支持，蓝迪国际智库项目为期 3 年，于 2017 年底圆满结项。

在蓝迪国际智库项目前期系统筹备和取得丰富成果的基础上，2017 年 5 月，经中国社会科学院党组研究决定正式成立中国社会科学院"一带一路"国际智库，隶属中国社会科学院亚太与全球战略研究院管理执行。该项目获得了国家发展改革委、财政部、工业和信息化部等国家部委的支持。

2018 年 5 月，中国社会科学院"一带一路"国际智库启动会在北京召开。自此，由中国社会科学院"一带一路"国际智库、蓝迪国际智库联合形成的国家级智库创新平台，在中国社会科学院党组、"一带一路"国际智库理事会、蓝迪国际智库理事会的领导下，在承接国家部委重要课题、服务区域经济发展、扩大机构合作网络、加强与国家部委的协调联动、助力智慧城市建设、开展"一带一路"国际合作、开展智库研究等方面开展积极探索。

中国社会科学院丰富、优质的学术资源、社会资源和国际资源为蓝迪国际智库的成功孕育和跨越式发展奠定了坚实的基础。依托中国社会科学院各研究所、研究中心和专家团队的专业力量，蓝迪国际智库不断在智库研究工作和国际会议平台上实现新突破，获得新发展，取得新成就。

在智库研究方面，中国社会科学院积极推动前瞻性与现实性、战略性与政策性、综合性与专题性的重大课题研究。积极围绕党和政府决策急需的重大课题：在服务区域经济发展方面，中国社会科学院积极发挥高端智库在助力地方经济社会发展中的智力支撑作用，为地方发展创新思想、集聚智慧、储备人才，着力提升我国地方政府决策的科学化、民主化和法治化水平。同时，积极开展城市综合经济研究和产业发展研究，力求为城市建设与产业发展寻求最佳解决方案。在国际合作与传播方面，中国社会科学院不断加强对外传播能力和话语体系建设，为“一带一路”的高质量发展营造了良好的国际舆论环境。

蓝迪国际智库将始终积极融入中国社会科学院这一国家级“思想库”与“智囊团”，充分发挥应用型智库的作用，与中国社会科学院在战略研究、学术交流、国际合作等方面进行密切深入合作，打造具有国际影响力的中国特色型高端智库品牌。

二、合作机构

（一）新华社中国经济信息社

新华社是中国国家通讯社和世界性通讯社，久经时代考验，肩负着党和人民赋予的神圣使命，发挥喉舌、耳目、智库和信息总汇作用。新华社建立了覆盖全球的新闻信息采集网络，形成了多语种、多媒体、多渠道、多层次、多功能的新闻发布体系，集通讯社供稿业务、报刊业务、电视业务、经济信息业务、互联网和新媒体业务等于一体，每天 24 小时不间断地用中文、英文、法文、俄文、西班牙文、阿拉伯文、葡萄牙文和日文 8 种语言，向世界各类用户提供文字、图片、图表、音频、视频等各种新闻和信息产品。新华网是新华社主办的中国重点新闻网站，被称为“中国最有影响力网站”，每天 24 小时以 15 种语言、通过多媒体形式不间断地向全球发布新闻信息。新华网在全球 7 亿多个网站中综合排名第 70 位，国内综合排名第 11 位，稳居新闻门户网站首位。开通 31 个地方频道，承办中国政府网、中国平安网、中国文明网、振兴东北网等大型政府网站，形成了中国最大的国家级网站集群。

历史新时期，新华社全面推进战略转型，加快由以传统新闻产品生产为主向新时代多媒体新闻信息业态拓展、由面向媒体为主向直接面向终端受众拓展、由立足国内为主向有重点地更大范围参与国际竞争拓展。新华社的舆论引导能力和国际传播能力不断提升，在国际传媒领域的地位和影响力与日俱增。

新华社时任社长、党组书记何平与中国社会科学院“一带一路”国际智库专家委员会主席、蓝迪国际智库专家委员会主席赵白鸽于新华社总部会见会谈

作为中国特色社会主义世界性现代国家通讯社和国际一流的现代全媒体机构，新华社对中国社会科学院“一带一路”国际智库、蓝迪国际智库的发展具有重大指导作用。2021 年 9 月 29 日，新华社时任社长、党组书记何平与中国社会科学院“一带一路”国际智库专家委员会主席、蓝迪国际智库专家委员会主席赵白鸽于新华社总部会见会谈，就双方“巩固合作基础、扩大合作范围、推动项目落地、增强合作成效”等重要问题交换意见。新华社副秘书长兼办公厅主任朱海黎，中国经济信息社董事长徐玉长，总编室副主任班玮，中国经济信息社副总裁曹文忠，中经社智库事业部总经理金雷，中国社会科学院“一带一路”研究中心副主任、中国俄罗斯东欧中亚学会秘书长、蓝迪国际智库专家委员会委员王晓泉，蓝迪国际智库秘书长马融等陪同出席。

近年来，中国社会科学院“一带一路”国际智库、蓝迪国际智库与新华社在高层会议组织、智库报告、新闻传播等多方面取得了重大合作成果，并逐步展开研究课题、区域和城市项目、新媒体传播、科技创新、国际交往等多领域、深层次合作。

中国社会科学院“一带一路”国际智库、蓝迪国际智库与新华社，以及新华社智库体系展开深入全面的对接合作，加强良性互动与协同创新，实现“智库网络共建、智库资源互通、智库成果共享”；推动“研究先行、产业导入、项目落地”，实现双方“智库+城市”服务网络的互融互通；积极融入由新华社发起成立的“一带一路”国际智库合作委员会，加强对外传播能力和话语体系建设，促进“一带一路”国际项目合作落地见效。

面向未来，中国社会科学院“一带一路”国际智库、蓝迪国际智库将充分发挥自身特色和优势，聚焦发展，打造新一代高端应用型智库典范。与此同时，蓝迪国际智库也将本着坚守初心、合作共赢的发展理念，与新华社携手，逐步探索与市场经济成功对接、多元运营体制并存的事业发展新路子，紧密围绕党和国家战略发展目标，开展注重实效、卓有成效的研究与合作。

智库和媒体都是十分重要的国家智力资源，智库与媒体的融合发展，能充分发挥媒体的渠道优势和传播优势，补智库理论产品发布渠道之“短”。同时，借智库深度剖析与科学建言能力，补媒体研究能力缺乏之“短”，可实现真正意义上的优势互补和融合发展。

中国经济信息社（简称中经社）是新华社直属机构，成立于 1989 年，2016 年 4 月 26 日重组改制并挂牌运行；全面负责新华社经济信息采集、产品生产、市场营销和用户服务等。发展经济信息、服务国家战略是中经社的使命。依托新华社遍布全球的采编网络和资源优势，中经社初步建起了覆盖各领域的经济信息采集、加工、分析、营销、服务体系，开发了动态资讯、深度分析、数据查询、即时行情、交易撮合等产品和服务，可向用户提供线上实时查询服务，也可提供线下智库咨询服务。现已成为国内规模最大、服务领域最广、产品种类最全的经济信息服务机构之一。

为促进中国社会科学院“一带一路”国际智库、蓝迪国际智库与中经社进行资源整合、提升经济信息服务国家战略能力，双方积极展开专业化、全面化合作。中经社作为中国社会科学院“一带一路”国际智库、蓝迪国际智库的战略合作伙伴，2020 年双方合作硕果累累。中经社积极参与了“推动京津冀协同发展，建设现代化保定”高级咨询会、“打造农业三产融合，推动智慧社区新发展”研讨会、创新智能制造推动长株潭一体化协同发展蓝迪高层咨询会、青海黄河流域生态保护和高质量发展座谈会暨蓝迪国际智库专家咨询会、中国海南自由贸易港双循环与对外开放新格局高层咨询会第三届十字门金融周及“后疫情时代中巴合作的机遇与挑战”等系列国内外重要活动，共同发布了《中国城市数字治理报告（2020）》《青海特色农业产业发展报告》《践行“两山”理论多措并举建设三江源国家公园》等智库报告，取得良好反响。2021 年，为深入贯彻新发展理念，深入市场化改革，中国社会科学院“一带一路”国际智库、蓝迪国际智库与中经社共同举办打造海南自贸港国际一流营商环境与高质量发展专题研讨会，邀请海南省政府相关领导、专家学者和企业代表围绕如何以法治化、国际化、便利化营商环境为着力点引领自贸港经济高质量发展展开研讨，解读海南营商环境相关政策，对标世界一流营商环境的地区剖析海南营商存在的突出问题，并提出打造海南自贸港国际一流营商环境与高质量发展的可实现路径。

与此同时，中经社利用旗下新华财经、新华信用、新华丝路等国家级信息平台提供了权威、全面的报道支持，为中国社会科学院“一带一路”国际智库、蓝迪国际智库系列活动的成功举办和影响力传播作出巨大贡献。

未来，合作双方将在资源、研究、标准、数据、产品等层面互通互享，推进以下重点工作：一是共同组织开展以金融科技、数字货币等为主题的综合性、应用性研究，整合双方资源力量；二是在共建“一带一路”国家和地区加强信息数据采集和课题研究，提升经济信息服务国家战略能力；三是围绕建设互联互通的国际营商环境合作平台，开展智库研究和高端咨询合作，为地方营商环境建设进行国际化赋能，共同打造重点示范项目和产品；四是在智慧城市领域，挖掘和整合5G、区块链、大数据、云计算、边缘计算、人工智能、物联网等领域先进技术和企业，聚焦电子商务先进制造、创新生态等领域，为政府和企业数字化转型提供智力支持。

（二）国家发展改革委城市和小城镇改革发展中心

国家发展改革委城市和小城镇改革发展中心（简称城市和小城镇改革发展中心）是国家发展改革委直属事业单位，成立于1998年，主要承担城镇化、城市发展、城乡融合及相关领域的政策研究和决策咨询工作，为中央、国务院相关政策文件制定和规划编制提供研究支撑，为全国城市和小城镇发展提供政策咨询服务，为全国城市和小城镇发展编制各类规划，为城市间国际合作、智慧城市建设、城镇化新媒体宣传推广、文化体育交流、城市多样化融资搭建专门平台，是专注于城镇化、城市发展和城市规划问题的高端智库。

城市和小城镇改革发展中心是中国社会科学院“一带一路”国际智库、蓝迪国际智库的紧密合作机构，近年来，双方在智库研究、活动组织、技术推广、城市赋能、国际合作等领域积极开展各项合作。2018年，在城市和小城镇改革发展中心主任史育龙（时任）、城市和小城镇改革发展中心学术委秘书长冯奎的指导和支持下，共同完成了《“一带一路”年度发展报告（2018）》，该报告既展望了“一带一路”倡导的人类命运共同体的美好愿景，也客观记述了“一带一路”亲历者和建设者的历程；既描绘了新型全球化、第四次工业革命背景下“一带一路”带来的各种国际合作机遇，也分析了世界大变局背景下的诸多挑战，是一份高质量的智库成果，对“一带一路”发展具有重要的借鉴价值，并体现出重要的预见性和前瞻性。

《“一带一路”年度发展报告（2018）》

2019 年，双方聚焦绿色发展与智慧城市两大主题，携手推动新型智慧城市高质量与可持续发展。共同主办了以“共建绿色和智慧的未来城市”为主题的第五届中国智慧城市国际博览会、2019 中欧绿色智慧城市峰会以及 2019 年广西壮族自治区开放发展高层咨询会。中国及欧盟各国城市代表、专家学者、企业负责人等就绿色智慧城市的发展现状和前景，以及如何推动政企间交流合作等问题进行了深入探讨。

2020 年，双方共同组织完成《“一带一路”城市合作发展研究》课题报告，该报告总结了“一带一路”城市合作的优势和问题，展望了“一带一路”城市合作的愿景，并提出了要高举可持续发展的旗帜，用好城市这个最优载体，在中国国际城市发展联盟的基础上筹建“一带一路”可持续城市联盟。该报告荣获 2020 年度国家发展改革委优秀研究成果奖。

在新型全球化和第四次产业革命浪潮下，中国社会科学院“一带一路”国际智库、蓝迪国际智库与城市和小城镇改革发展中心将为国家新型城镇化发展、城市发展战略、产业转型升级以及基本政策的制定及实施提供理论与技术支撑。宣传推介智慧城市建设优秀案例与成果，加强国内外智慧城市交流，搭建智慧城市国内外合作的重要平台。与此同时，双方将以实现“双碳”战略目标为核心，在节能环保、降碳减排等新兴技术的挖掘、推广方面紧密合作，加强绿色生产力赋能智慧城市建设领域的联合研究，积极推动国内外优秀企业广泛参与绿色智慧城市建设。

（三）中国电子信息产业发展研究院（赛迪研究院）

赛迪研究院是直属工业和信息化部的一类科研事业单位。成立 20 多年来，赛迪研究院支撑制造强国和网络强国建设，聚焦两化融合、智能制造、数字经济、军民融合等重点领域，逐步形成了研究咨询、评测认证、科技服务、媒体会展、军工业务、产业金融六大业务布局。下设 18 个研究所、中国软件评测中心和赛迪集团等 20 余家控股企业，在重庆、广东、江苏、山东等地设有分支机构，累计为 20 余个国家部委、400 余个地方政府、5000 余个行业企业提供服务。

赛迪研究院院长张立出席蓝迪国际智库主办的科技研讨会

赛迪研究院一直是中国社会科学院“一带一路”国际智库、蓝迪国际智库重要的战略合作伙伴。双方聚焦四大领域合作：一是加强交流研讨，实现优势互补。赛迪研究院的专家学者积极参与两个智库在青海、湘潭、苏州等省（市）召开的系列高层咨询会活动，助力智库在产业规划与投资咨询、企业管理顾问、电子政务咨询和市场策略咨询等领域的专业咨询服务能力，提供科技载体落地、科技产业支撑及孵化、产业 IP 资源培育及品牌塑造等专业服务与技术支持。二是共同“挖掘、培育、推介”人工智能、机器人、智能制造、数字经济等领域的“隐形冠军”企业。通过搭建企业交流合作的桥梁，双方聚集国内外创新企业资源，开发与推广第四次产业革命技术，为推动中国未来科技的创新发展搭建新兴产业孵化平台。同时，双方组织了一系列新科技产业研讨会，对第四次产业革命高新技术企业、“隐形冠军”技术进行深入调研及科学性评估，为企业提升科研能力及实现可持续发展提供了重要建议。三是加强前瞻性研究。双方在产业规划、产业转型升级、企业技术评估与战略规划、第四次产业革命技术等方面紧密地开展了联合研究，形成了《抓住机遇，超前布局，加快推进军民融合新兴技术创新突破》《5G 发展中必须面对的若干问题》等高质量报告，合力赋能政企抢先布局产业的黄金赛道，赢得发展先机。四是组织重要信息发布。双方共同编译了《中国与国际秩序》《特朗普对阵中国：美国所面临的最大威胁》《乔·拜登：生平、参选和现在重要的事》等中美关系外文书籍，将涉及中美关系等的重要信息及时呈送给政府高层，从而为对美外交政策及战略决策提供智力支持。

未来，双方将共同聚焦地方与企业发展过程中的战略性、引领性、重大基础共性需求，突出重点领域，集中优势资源，着力解决制约产业链升级的关键“瓶颈”。通过开展产业规划、园区建设、招商引资、创新技术评估与认证、研究报告、专家评审、国际合作等领域的合作，帮助地方政府强化产业共性技术的支撑能力，为企业全面数字化转型护航。

（四）中国基本建设优化研究会

中国基本建设优化研究会（简称中基会）创建于1978年，国家一级学会，现由中国科协主管。中基会长期承担中央层面政策研究、建言献策和政治经济体制及产业机构的优化发展任务，承载中央和有关职能部门委托的重大课题的顶层设计和实践探索；肩负宏观经济和区域经济发展的使命。研究领域涵盖农业、林业、水利、能源、科技、环保、文化、金融等多个方面，是具有跨学科、跨领域、跨行业、跨地区特点的国家智库。

目前，中基会已形成四大板块：一是国家智库板块，其作用是充分发挥国家队作用，为各级政府出谋划策，为区域经济发展提供咨询、规划、设计、产业调整服务；二是政商学研服务板块，其作用是充分发挥桥梁和纽带作用，在政商学研对接、资源调配、策略运用方面进行优化；三是金融运作服务板块，其职能是充分开展在金融产品开发、PPP模式、金融价值链建设等方面的有益探索，围绕工商资本、社会资本、金融资本进行优化，为企业提供包括信贷、基金、证券、保险在内的多方位现代金融创新服务；四是科技文创服务板块，其作用是充分整合科技文化创意资源，积极实施科技孵化项目和文化产业项目，为科技文化创意产业人才和科技文化资源提供优化发展空间。

自2020年12月起，中基会与中国社会科学院“一带一路”国际智库、蓝迪国际智库建立了战略合作伙伴关系，双方以智库研究、政企服务、城市网络以及国际网络为核心，在落实国家战略、提升区域经济发展动力、搭建产业发展基础平台，以及“一带一路”、营商环境、智慧城市、金融安全等领域开展深入合作，双方携手推动国际医协体建设和发展，共同积极参与我国医疗卫生事业改革发展的实践与探索，推动我国公共卫生基础平台搭建，为区域经济和健康产业发展助力。

中基会会长孙晓洲出席中国（海南）自由贸易港双循环与对外开放新格局高层咨询会并在会上发言

2021 年 2 月 22 日，受中基会邀请，中国社会科学院“一带一路”国际智库专家委员会主席、蓝迪国际智库专家委员会主席赵白鸽一行与中基会领导、国际医协体项目负责人围绕“国际医疗协作项目”“国际医疗旅游产业发展”等重要问题举行会谈；2021 年 6 月 24 日，双方联合主办中国（海南）自由贸易港双循环与对外开放新格局高层咨询会下设的海南数字医疗发展战略专题研讨会，会议围绕如何利用数字化技术，开展国际医疗协作、电子病历交换、健康科普宣教等项目，推动海南医疗健康产业的建设与发展进行了探讨；2021 年 10 月 15 日，智库专家受邀出席中基会数字健康分会成立暨首届新型医疗卫生基本建设优化发展论坛。中国社会科学院“一带一路”国际智库、蓝迪国际智库平台紧密协同中基会，发挥资源整合优势，以原始要素累积叠加为基础，以创新元素多维导入为支撑，通过医工融合、医金融合、医服融合等“智库+N”高质量合作，推进数字健康经济格局形成，促进国家经济社会优化发展、高质量发展。利用好平台的公益性，强化公信力，推动数字健康分会项目成为国家社会化服务重点示范项目。

第十二届全国人大外事委员副主任委员、中国社会科学院"一带一路"国际智库专家委员会主席、蓝迪国际智库专家委员会主席赵白鸽应邀出席中基会第八次全国会员代表大会并致辞

未来，两大智库团队将以服务国家发展大局为核心，充分发挥高端智库的资源优势，共同为政企提供政策咨询、顶层设计、产业升级、科技孵化及资源对接，总结推广第四次产业革命技术创新以及新基建的建设和发展经验，推动产业经济和区域经济优化发展，为构建国内国际双循环新发展格局贡献力量。

（五）中国建筑业协会

中国建筑业协会成立于 1986 年 10 月，当时名为中国建筑业联合会，自 1993 年第二届理事会改为现名——China Construction Industry Association，缩写为 CCIA。

中国建筑业协会是全国各地区、部门从事房屋建筑业、土木工程建筑业、建筑安装业、建筑装饰装修和其他建筑业的企事业单位、社会团体，以及有关专业人士自愿结成的全国性、行业性、非营利性社会组织。2009 年、2014 年连续两次被民政部评为 AAAAA 级全国性行业协会。

中国社会科学院“一带一路”国际智库、蓝迪国际智库代表团一行到访中国建筑业协会，并举行会谈

中国建筑业协会现有团体会员 71 个，其中省、自治区、直辖市和有关城市建筑业协会 52 个，产业部门和解放军工程建设协会 19 个，直属会员单位（大型企业）5000 余家。

30 多年来，中国建筑业协会在住房和城乡建设部、民政部的指导和监督下，认真履行“提供服务、反映诉求、规范行为”的职能，致力于促进建筑业又好又快发展，赢得了政府和企业的支持和信赖。

中国建筑业协会的宗旨是：坚持以习近平新时代中国特色社会主义思想为指导，全面贯彻落实党中央的重大决策部署，坚持党对本团体工作的领导，自觉遵守各项法律、法规，认真履行提供服务、反映诉求、规范行为的职能，充分发挥服务国家、服务社会、服务行业、服务会员的作用，弘扬工匠精神，凝聚行业力量，为推动行业高质量发展贡献力量。

（六）中国标准化研究院

中国标准化研究院（简称中标院），隶属国家市场监督管理总局，是唯一的国家级社会公益类标准化研究基地。经过50多年的发展，形成了科学研究、标准研制、实验验证、支撑政府、信息服务和成果转化六大业务板块。作为国家质量基础设施（NQI）体系中标准化工作的理论基地和技术支撑，中标院围绕“一带一路”倡议的实施，先后建立了全国最大的国家标准文献共享服务平台，承担了国家“十三五”重大科技研发计划NQI标准专项和中国标准“走出去”适用性研究，支撑质检总局和标准委研究起草标准联通“一带一路”行动计划和国际合作产能规划，为地方、行业和众多企业提供了全方位的标准化服务和人员培训。总计获得科技奖励国家级6项、省部级300余项，专利120余项，科技论文2100余篇，著作510余部。承担46个全国标准化（分）技术委员会，以第一起草单位研制国家标准1326项。同时积极参与国际标准化活动，承担ISO国内技术对口单位63个，主导制定ISO国际标准49项，标准科研能力和水平正在从国内一流向国际一流迈进。

中国社会科学院“一带一路”国际智库、蓝迪国际智库高度重视标准化问题，积极支持中标院承担相关领域的标准化科学实验研究、验证、测试评价、开发及科研成果应用工作。特别值得一提的是，经双方密切合作，成功举办了企业参与的NQI标准培训班，辅导并帮助企业完成相关标准制定，为平台企业走向市场、走向世界，参与“一带一路”建设提供服务和支持。

2016年11月15日举办的“一带一路”中国—印度尼西亚合作发展国际研讨会上，双方明确了将在服务中国与印度尼西亚企业间质量管理、标准互认、国际质量管理体系对接等方面展开深入合作，促进行业标准国际互认，实现标准领域互联互通。2017年11月6日，由中国社会科学院蓝迪国际智库项目主办，农业部农产品质量安全中心、中标院共同举办的“一带一路”企业能力建设培训班，三方结合农业、工业大数据和国际通用的NQI理念，为我国企业如何提升“走出去”应对能力提供了强有力的支撑和引导。2018年10月

23 日，在双方的共同努力下，完成了《新疆亚欧国际物资交易中心有限公司企业标准》的制定。该标准帮助企业实现在共建“一带一路”国家及上合组织成员国间开展跨境电商大宗商品交易活动并成立交易所。目前，双方共同制定的《跨境电子商务大宗商品交易指南》国家标准已向国家标准委申请立项。

2019 年 1 月 22 日，双方共赴山东天壮环保本部实地考察并成功召开生态塑料技术标准研讨会，就企业如何建立健全生态塑料技术标准体系及企业遇到的技术“瓶颈”提出实质性建议。

中标院副院长李爱仙参加生活有机垃圾生物降解技术研讨会并发言

2021 年 10 月 27 日，经双方不懈努力，共同完成江苏欧尔润生物科技有限公司《厨余垃圾微生物降解技术企业标准》《厨余垃圾微生物降解菌剂技术要求企业标准》的制定，现正积极筹备团体标准的建设工作，以期紧抓碳中和发展新机遇，帮助企业实现高速、高质量发展。

未来，中国社会科学院“一带一路”国际智库、蓝迪国际智库将充分发挥新型智库的资源整合优势，在加强科研技术成果转化等方面与中标院深化合作，共同探讨企业在企标、团标、行标、国标以及参与国际标准制定的路径，畅通国内外企业标准化研究和信息查询途径，联合开展企业标准化能力建设和服务，共同促进企业标准人才培养，加速实现中国标准的世界认同。

（七）中国信息通信研究院华东分院

中国信息通信研究院华东分院（简称华东分院）成立于2010年9月，是由中国信息通信研究院、上海市经济和信息化委员会等联合共建的地方政府智库和研发创新平台。当前业务领域涵盖电信、互联网、两化融合与信息化应用，在人工智能与大数据、数字经济、智慧城市等专业方向进行前瞻性布局，向政府与企业提供决策支撑、咨询规划、项目实施、标准规范、试验验证、测试评估等服务与解决方案。作为地方智库，华东分院在长三角地区开展“网络强国、制造强国、数字中国、智慧社会”的探索与实践，支持长三角一体化发展国家战略，助力上海打造卓越的全球城市。

立足国家高端专业智库和产业创新发展平台，华东分院在电信、互联网、两化融合、信息化应用4个领域，数字化转型、数字经济、智慧城市、人工智能、大数据和5G六大专业方向，向政府、行业、企业提供战略、规划、咨询、技术、培训等服务。在数字化转型方面，全面支撑上海市数字化转型。在数字经济方面，持续聚焦5G、大数据、人工智能等新一代信息技术与实体经济深度融合，开展数字经济基础研究课题、数字经济白皮书、数字产业规划、数字经济发展报告等一系列数字经济相关咨询研究，同时参与和举办数字经济相关的论坛会议，已形成一定品牌影响力。在智慧城市方面，制定出符合该城市或区域发展需求的新型智慧城市架构，业务服务包括总体规划与行动计划、主题研究与标准制定、项目策划与咨询设计、项目管理与项目评估。在人工智能方面，承担上海市医疗人工智能公共训练平台建设，以人工智能新技术为引领，共同打造汇聚人工智能科研院所、人工智能企业、医疗机构及用户的多方资源集聚平台。在大数据方面，着重开展大数据产业服务平台建设，为政企客户开展智慧政府、智能金融、智能客服等产业化项目合作和咨询服务。在5G方面，基于5G等基础研究与技术能力，紧密结合政府和市场双重导向，推动智慧政务、智慧医疗、无人驾驶、城市治理、智慧园区等领域基础平台建设与创新应用实施。

2021年，中国社会科学院“一带一路”国际智库、蓝迪国际智库与华东分院在产业分析、区域规划、政策咨询等方面深入交流合作。2021年7月14日—16日，为优化余姚机器人产业规划顶层设计并指导产业落地，加快余姚机器人产业链协同创新发展和特色机器人产业集群培育，蓝迪国际智库参与承办第七届中国机器人峰会暨智能经济人才峰会，会后联合华东分院在深入调研的基础上对余姚机器人产业情况进行了梳理，形成《关于我国机器人产业发展的建议》，为加速余姚产业智能化转型，加快余姚机器人产业链协同创新发展提供了智力支持，该报告获得中央领导的高度重视。

2021年10月10日—12日，根据中央批示精神，工业和信息化部装备一司对余姚机器人产业的代表企业智昌科技集团股份有限公司、宁波伟立机器人科技股份有限公司进行实地考察调研，深入了解相关企业的发展现状及发展需求，并在宁波市经信局、余姚市政府领导、余姚市经信局、余姚市科技局、余姚经济开发区的支持和组织下，围绕“机器人产业发展和推广应用”召开企业座谈会。

2021年10月18日，华东分院院长张雪丽受邀出席嘉兴数字经济发展论坛暨蓝迪国际智库高层咨询会，并针对嘉兴数字经济发展提出了相关建议。会后，在深入调研和充分讨论的基础上，蓝迪国际智库与华东分院共同形成《嘉兴市数字经济产业发展报告（2021）》，该报告论述了数字经济的概念，以及国内外数字经济总体发展现状与态势，进而从发展环境、数字产业化和产业数字化等方面介绍嘉兴市数字经济产业发展情况，总结其在传统产业转型、高能级平台、产业链整合、数字基础设施方面的创新亮点，并探究了嘉兴数字经济发展问题“瓶颈”，分析了未来发展趋势，为嘉兴打造数字经济新高地提出建议。

未来，中国社会科学院“一带一路”国际智库、蓝迪国际智库与华东分院将共同聚焦新兴产业，在数字经济、智慧社会、人工智能等产业领域深入探索与实践。与此同时，加强在会议组织、国家合作等方面的信息互通，充分发挥华东分院“世界人工智能大会”承办方、“工业和信息化部五大涉外培训基地之一”的独特优势，实现双方品牌赋能与优势互补。

（八）中国国际经济交流中心

中国国际经济交流中心（简称国经中心）成立于2009年3月20日，是经民政部批复成立的社团组织，主管部门为国家发展改革委。2015年底，国经中心入选首批国家高端智库建设试点单位。国经中心理事长由国务院前副总理曾培炎先生出任。

国经中心的业务范围：①战略问题研究。根据国家发展需要开展涉及国家利益和安全的前瞻性、战略性、全局性问题研究，提供对国家发展环境的评估和战略规划、决策方案及政策设计建议。②经济问题研究。开展国际国内经济、贸易、金融、投资等领域研究；国家宏观经济政策、产业发展、结构调整、体制改革等领域研究；对国内外经济变动趋势，重大热点、难点问题的持续研究。③经济交流合作与国（境）外政府、企业、研究机构、高等院校、社会团体及国际组织开展合作；围绕重大经济社会问题、双边多边合作、国际公共政策、全球治理等进行交流；组织国内外智库举办论坛、研讨会等活动；为国内外研究机构、企业和政府开展经济合作，交流信息、成果与经验提供渠道与平台。④政策咨询服务。为政府编制经济和社会发展规划、研究制定经济政策等提供分析报告和建议，为地方政府制定区域发展规划、行业组织制定产业发展规划等提供智力支持，为企业战略规划、经营决策、海内外投资与重组、技术创新及市场开拓提供信息、政策等咨询服务。

第十二届全国人大外事委员会副主任委员、中国社会科学院“一带一路”国际智库专家委员会主席、蓝迪国际智库专家委员会主席赵白鸽在《中国可持续发展评价报告（2022）》蓝皮书发布会上发表主题演讲

2021 年 4 月 13 日，由国经中心、美国哥伦比亚大学、阿里研究院与飞利浦（中国）投资有限公司共同组成的《中国可持续发展评价报告》课题组在京豫经济文化交流中心举办“后疫情时代”的可持续发展问题研讨会暨课题顾问聘请仪式。国经中心副理事长、秘书长、蓝迪国际智库专家委员会委员张大卫，原环境保护部副部长周建，国务院参事、住房和城乡建设部原副部长、蓝迪国际智库专家委员会委员仇保兴，第十二届全国人大外事委员会副主任委员、中国社会科学院“一带一路”智库专家委员会主席、蓝迪国际智库专家委员会主席赵白鸽，国家统计局原副局长、党组成员许宪春，以及来自多家智库、企业、媒体等数十位代表出席本次活动。活动中，赵白鸽主席发表了题为《新冠疫情后公共卫生可持续发展的建议》的演讲。

2021 年 7 月 14 日—16 日，由国家工业和信息化部、国家外国专家局指导，浙江省人民政府主办，宁波市人民政府、科技部高技术研究发展中心、中国社会科学院“一带一路”国际智库、蓝迪国际智库等机构参与承办的第七届中国机器人峰会暨智能经济人才峰会于浙江省余姚市召开。国经中心副理事长兼秘书长、河南省人民政府原副省长张大卫受邀出席星火计划：人机共融智能机器人操作系统论坛，并作题为《智能经济时代：技术、就业与教育问题》的主旨发言。

2021年12月21日，国经中心、美国哥伦比亚大学地球研究院、阿里研究院、飞利浦（中国）投资有限公司与社会科学文献出版社共同发布了《可持续发展蓝皮书：中国可持续发展评价报告（2021）》（以下简称《可持续发展蓝皮书》）。报告指出，2015—2019年，中国可持续发展总体状况得到稳步改善，并公布了100座大中城市可持续发展指标体系数据验证排名结果。第十二届全国人大外事委员会副主任委员、中国社会科学院"一带一路"国际智库专家委员会主席、蓝迪国际智库专家委员会主席赵白鸽受邀出席并致辞。

未来，中国社会科学院"一带一路"国际智库、蓝迪国际智库与国经中心将以服务国家发展、增进人民福祉、促进国际交流与合作为宗旨，坚持以中国特色社会主义理论为指导，秉承"创新、求实、睿智、兼容"的理念，积极开展国际、国内重大理论问题、战略问题、热点问题和全局性问题的研究，努力建设高水平和有国际影响力的中国特色新型智库，汇集社会智力资源，为国家、地方和企业决策提供智力支持与咨询服务，为增强国家软实力作出贡献。

（九）中国人民对外友好协会

中国人民对外友好协会（简称全国对外友协）是从事民间外交事业的全国性人民团体，以增进人民友谊、推动国际合作、维护世界和平、促进共同发展为宗旨，秉持人类命运共同体的理念，充分发挥"民间外交引领作用、公共外交骨干作用、中外地方政府交流桥梁作用"，代表中国人民广交、深交世界朋友，服务中国和平发展与国家统一大业，致力于促进人类友谊、合作、和平、发展事业。全国对外友协成立60多年来，在中国共产党和政府坚强领导和中国人民的大力支持下，全面贯彻独立自主的和平外交政策，为增进人民友谊深耕细作，为促进国家友好铺路架桥，为推动国际合作穿针引线，为新中国站起来、富起来、强起来作出了独特贡献，充分展现了中国特色、中国风格、中国气派的民间外交。

中国社会科学院“一带一路”国际智库专家委员会主席、
蓝迪国际智库专家委员会主席赵白鸽与全国对外友协会长林松添会见会谈

2020 年 12 月 29 日，中国社会科学院“一带一路”国际智库专家委员会主席、蓝迪国际智库专家委员会主席赵白鸽一行与全国对外友协会长林松添会见会谈。双方围绕打造民间外交新格局、高质量共建“一带一路”、加强智库与民间友好团体合作、引导企业“抱团出海”等议题展开讨论，并就 2021 年双方深度对接各领域优势资源，加强协调联动，促进合作共赢达成共识。2021 年 2 月 5 日，全国对外友协与蓝迪国际智库正式建立战略合作伙伴关系，双方将深度对接各领域优势资源，以国别研究、城市研究、产业研究等方式，共同开展促进民间友好往来，夯实中外密切友好国际合作的相关活动。

2021 年是中国—巴基斯坦建交 70 周年，在这一具有重要历史意义的关键时间节点，为进一步加强中巴全天候战略合作伙伴关系，推进中巴经济走廊高质量建设，打造新时代更加紧密的中巴命运共同体，中国社会科学院“一带一路”国际智库、蓝迪国际智库与全国对外友协共同组织了中国—巴基斯坦建交70周年招待会。中华人民共和国副主席王岐山出席招待会并致辞。林松添会长主持招待会。十三届全国人大宪法和法律委员会主任委员、全国中巴友好小组组长李飞，国家国际发展合作署署长罗照辉，中联部副部长陈洲，商务部副部长张向晨，外交部部长助理吴江浩，中央军委军合办副主任张保群等与巴基斯坦驻华大使莫因·哈克以及其他国家驻华使节代表共240余人出席。中国社会科学院“一带一路”国际智库、蓝迪国际智库将与全国对外友协共同高举和平、发展、合作、共赢的旗帜，秉持相互尊重、平等相待、友好合作、共同发展的原则，坚守初心、牢记使命，同世界各国人民交朋友、结伙伴，致力于民相亲、心相通，促进国际广泛交流与合作，服务民族复兴、世界共赢，为推动构建新型国际关系和人类命运共同体贡献民间外交力量。

（十）中国医药创新促进会

中国医药创新促进会（简称中国药促会）成立于1988年，是经国家民政部登记注册的非营利性全国性AAAA级社会组织。中国药促会秉承“创新、产业化、国际化”的宗旨，以临床需求为导向，长期致力于“产学研用资”紧密结合，促进医药行业创新发展，已经成为由医药创新研发型企业、科研机构、临床研究机构、创新服务机构和医药投资机构所组成的医药创新产业化促进平台，目前有会员单位157家。中国药促会已成立药物研发、药物临床试验研究、医药政策、医药创新投资等专业委员会，形成了以创新为核心，以促进创新为目标的涵盖药物研发、生产、使用以及投融资的全链条组织构架，并作为国际药品制造商协会联合会（IFPMA）的成员继续拓展国际交流渠道。

中国药促会工作内容主要包括：①开展医药政策研究，为我国医改事业、完善药物政策和医药产业发展建言献策；②通过举办各种论坛、发布会、大型会议等活动，促进会员单位乃至整个医药产业的相互交流、创新发展；③通过与国内外医药行业协会、企业、科研机构和外国驻华使馆合作，推动国际医药产业的多方位、多维度合作交流，为会员单位搭建国际交流平台；④践行国家创新驱动发展战略指导精神，为会员单位拓宽医药创新投融资渠道、搭建合作平台，推动社会资本加大对初创及研发型企业自主创新项目的投入，营造更有吸引力的医药创新投资环境；⑤为会员单位提供医药信息搜集、整理、评价服务。

2019 年 8 月 21 日，中国药促会执行会长宋瑞霖受邀参加由中国社会科学院“一带一路”国际智库、蓝迪国际智库主办的第二届十字门金融周中国医药产业投资峰会，宋瑞霖给金融周举办地横琴开出了“药方”：第一，横琴要利用澳门与葡语系国家的连接助力中国药品，通过“一带一路”走出去。同时建立中国与欧盟之间的药品认证平台，让葡萄牙成为中国药企通向欧洲的中转点。第二，横琴可建立中国药品与欧洲药品相互申报与服务贸易的平台，成为中欧药品交易的通道，实现转口贸易和离岸贸易。第三，建立国际药品知识产权评估和交易中心。第四，要把中医药向前推进，建成天然药物的标准和评价中心，横琴要在制定标准方面发挥出最大价值。2020 年 11 月 16 日—18 日第三届十字门金融周期间，宋瑞霖会长第二次出席十字门金融周。在他看来，横琴把中医药作为重点扶持的产业，任务艰巨。中医药作为我国的文化瑰宝，基础深厚，为国人的健康作出了重大贡献。但要认识到，将传统的中医药与现代医学紧密结合面临一定的挑战。中医药现代化发展应做到“传承精华，守正创新”。

2021 年 9 月 25 日，中国社会科学院“一带一路”国际智库、蓝迪国际智库专家委员会主席赵白鸽在出席由中国药促会主办的第六届中国医药创新与投资大会开幕式时指出，在第四次产业革命和数字经济的时代背景下，加快我国医药产业创新发展对构建人类命运共同体、合作共建“一带一路”健康医疗生态圈具有重要意义。赵白鸽认为，医药行业要实现国际化发展，不仅是技术的国际化，还包括技术的引进、终端产品的引进输出，以及境外的投资布局等。制药企业要系统地制定国际化的发展战略，以开放的心态积极参与全球竞争。

中国社会科学院“一带一路”国际智库、蓝迪国际智库与中国药促会携手深入分析基础研究、政策、市场、资金等重点要素对提升我国医药创新能力的影响，找出现阶段全产业链条中存在的薄弱环节和面临的挑战，从多维度提出具有实质意义的建设性意见，促进中国医药创新高质量发展，以期建设面向国际、适合中国生物医药创新可持续发展的生态环境，为我国成功转型医药创新强国作出积极贡献。

（十一）国浩律师事务所

在推进“一带一路”建设的过程中，中国社会科学院“一带一路”国际智库、蓝迪平台企业积极与法律机构进行合作，为企业提供法律咨询服务，解答企业管理的法律问题，并针对涉法问题进行分析、指导，帮助企业做好防控和排除法律风险，深入企业开展“法律体检”“法企对接”等专项法律活动，扎实了解企业法律需求，提供精准法律服务，确保企业的合法权益以及商业价值不受侵犯。

在成立之初，蓝迪国际智库便与中华全国律师协会建立了良好的战略合作伙伴关系，中华全国律师协会副会长吕红兵为蓝迪国际智库专家委员会委员。在过去的合作中，中华全国律师协会充分汇聚了全国律师事务所高端律师人才资源，为蓝迪国际智库关于国内外法律政策研究方面的工作提供了巨大支持，并为蓝迪平台企业“一带一路”走出去提供了优质法律服务，降低和规避企业在投资运营过程中可能遇到的风险。同时，国浩律师事务所作为最早投身“一带一路”建设的法律服务机构之一，凭借丰富的涉外法律服务经验先后参与了大量与共建“一带一路”国家相关的重大投资并购项目，成立了多个“一带一路”相关法律研究中心，并举办了一系列“一带一路”主题论坛。

2016 年至今，持续发布《国浩 · 蓝迪“一带一路”投资与法律资讯》和《国浩 · 蓝迪“一带一路”周讯》，这两项资讯的长期发布为参与“一带一路”建设的企业提供有价值的信息和针对性的商业投资指导。自 2017 年“一带一路”法律服务协作体系成立后，国浩律师事务所与蓝迪国际智库一如既往地积极投入“一带一路”法律服务建设，进一步加强与共建“一带一路”国家及其法律服务机构的交流与联系，获得了政府、企业的高度认可，以及协作体各成员单位的大力支持。2019 年底，巴黎“一带一路”三大洲法律论坛成功召开，经由蓝迪国际智库专家委员会成员、中华全国律师协会副会长、国浩律师事务所首席执行合伙人吕红兵推荐，孙涛律师代表国浩律师事务所和蓝迪国际智库以中国和法国律师的双重身份发言。2020 年 10 月 24 日，英国汤逊路透出版的《国际商法杂志 IBLJ》最新一期刊登了巴黎办代表蓝迪国际智库、国浩集团的发言。

双方合作将重点聚焦研究企业的法律服务需求，包括市场准入、直接投资、国际金融交易、知识产权保护、劳动、环境。同时，双方将继续充分发挥各自资源优势，加强法律服务机构的对接、服务内容的对接和服务载体的对接，完善法律服务开放措施，探索新的合作领域，并在培养高素质涉外律师人才和加强对涉外律师人才的推荐、使用上共同努力，为中国企业“走出去”作出更多贡献。

（十二）中国旅游研究院

中国旅游研究院于 2008 年 6 月 6 日在北京挂牌成立。2015 年 12 月，经中央编办批准，加挂“国家旅游局数据中心”，2017 年 1 月，被科技部列为中央级科研事业单位。2018 年 9 月，根据《文化和旅游部办公厅关于印发文化和旅游部所属事业单位名单的通知》（办人发〔2018〕80 号）文件，原国家旅游局数据中心改冠为文化和旅游部数据中心。

作为文化和旅游部直属的专业研究机构，中国旅游研究院（文化和旅游部数据中心）以“促进中国文化和旅游融合发展和国际交流的政府智库、业界智囊、理论高地”为建设宗旨，主要承担旅游业政策和理论研究、文化和旅游融合发展研究以及文化、旅游的统计和数据分析职责。2013 年 8 月，获准设立博士后科研工作站。2014 年，旅游经济实验室被认定为旅游行业首个重点实验室。自 2008 年建院以来，连续出版中国旅游经济蓝皮书，以及入境旅游、出境旅游、国内旅游、国民休闲、旅游集团、旅游住宿业、旅游景区、旅行服务等9部年度发展报告。发行《中国旅游评论》《中国旅游大数据》等学术刊物。先后获得联合国世界旅游组织尤利西斯政府创新奖、技术创新奖，国家发明专利等学术荣誉。

目前，我国城市处于从生产型城市向经营型城市转型的过程中，人口不断向都市圈聚集，城市将集聚更高的生产和消费能力，空间上呈现出镇—城市—都市—都市圈—城市群多等级并存的城市更新阶段。在此分析上，蓝迪国际智库专家委员会委员、中国旅游研究院副院长唐晓云研究员进一步解答了城市更新的新阶段未来主要方向，以及它对旅游的影响。

2020年至今，蓝迪国际智库携手中国旅游发展研究院多次赴地方考察，如青海省、浙江嘉兴、江西吉安等多地开展文旅产业调研，并提出文旅发展的相关建议。

（十三）中国开发区协会

中国开发区协会1993年经国务院特区办和民政部批准成立，是由国家级经济技术开发区、高新技术开发区、保税区、边境经济合作区、重点省级开发区和区内企业组成的全国性开发区联合组织。

中国开发区协会以习近平新时代中国特色社会主义思想为指引，聚焦国家重大战略部署，秉承“务实、创新、诚信、开放、协作”的发展理念，积极宣传开发区发展经验，深入研讨开发区发展问题，着力构建开发区服务平台，发挥开发区间、开发区与政府间、开发区与社会间的“桥梁纽带”作用，为培育中国开发区国际化品牌，丰富中国开发区发展内涵，促进中国开发区的可持续健康发展而努力。

中国开发区协会作为全国性社会组织，经过近30年的实践与发展，形成了科学规范的管理体制、顺畅有效的运行机制、凝聚共识的内部文化、专业担当的执行团队，具备较强的研究咨询能力、资源整合能力和专业服务能力，在政策研究、规划咨询、信息资讯、投资促进、人才培训、展览会议、文化创意、投融资支持、国际交流等方面独具特色。

中国社会科学院“一带一路”国际智库、蓝迪国际智库一行到访中国开发区协会

2022 年 6 月 15 日，第十二届全国人大外事委员会副主任委员、中国社会科学院“一带一路”国际智库专家委员会主席、蓝迪国际智库专家委员会主席赵白鸽一行到访中国开发区协会，与中国开发区协会会长、国家发展改革委办公厅原主任师荣耀举行会谈。蓝迪国际智库与中国开发区协会深入交流了各自平台机构的发展情况以及未来规划，并就双方深入合作的重点方向进行了探讨。蓝迪国际智库与中国开发区协会在平台建设以及机构协同方面有很强的互补性，未来将加强协同合作，通过整合各自优势资源形成合力，在开发区发展战略咨询、招商引资、培训交流等方面开展深入合作，共同推进开发区高质量发展。

三、国际机构

（一）法国展望与创新基金会

法国展望与创新基金会是由法国前参议员雷诺·莫诺力与欧莱雅总裁佛朗斯瓦·达雷在 1989 年创办的公益组织。由法国前总理、2019 年中华人民共和国“友谊勋章”获得者拉法兰先生担任主席。基金会创立的主旨在于促进对当今世界根本变化的认知、展望与思考，以帮助法国决策层、政府、企业了解时事并作出反应。法国展望与创新基金会始终致力于为战略性议题带来国际视角，为法国青年与发展中国家青年建立联系，依托企业力量，特别是中小企业，力求进入新兴市场。为此，基金会汇聚各领域专家和企业负责人、知识分子、政治及行政决策者给予有效的咨询建议。法国展望与创新基金会的重点研究方向主要有以下三个方面：一是理解、评估当今世界发展现状，特别是对中国及非洲；二是激发企业，特别是中小企业的竞争力，给予引导和扶持；三是参与构建新型全球化的治理。

蓝迪国际智库专家委员会主席赵白鸽与法国前总理让-皮埃尔·拉法兰会见并会谈

中国社会科学院“一带一路”国际智库、蓝迪国际智库与法国展望与创新基金会已建立多年战略合作伙伴关系。赵白鸽主席于2019年8月应拉法兰先生邀请，赴法国普瓦捷市出席法国展望与创新基金会第十三次年会，并召开双边专题会议，就共同举办 2019 中欧智慧城市论坛相关事宜进行了讨论，就会议内容的顶层设计交换意见并达成共识。同时，确认双方团队之间建立双边工作小组以便更好地思考“绿色丝绸之路”框架下的各个项目及其未来给中法双方的企业、地方政府及协会等带来的潜在合作机会。

2019 年 9 月 26 日，拉法兰先生组织欧盟智慧城市领域的知名学者专家鼎力支持中国社会科学院“一带一路”国际智库、蓝迪国际智库在广西南宁举办的 2019 中欧绿色智慧城市峰会。峰会论坛主要分为两场，即“未来已来”和“走进民生”，嘉宾们从国际规则、国内法制、政策规制和技术要素等多角度阐述了绿色智慧城市的构建与发展，并提出第四次产业革命的科技创新会带来物理空间、网络空间和生物空间三者的融合，科技创新是打造智慧城市的必要手段。

2019 年 11 月 7 日，双方首次在北京召开“绿色丝绸之路”工作研讨会。中国社会科学院“一带一路”国际智库专家委员会主席、蓝迪国际智库专家委员会主席赵白鸽带领智库工作团队和法国展望与创新基金会秘书长塞尔日·德加莱先生团队，就未来开展“绿色丝绸之路”框架下的合作机遇交换了意见，并就双方在加强区域合作、促进新型科学技术互通、推进项目对接、实现多双边可持续绿色发展等重要议题达成一致意见。

双方明确新型科学技术的互学互鉴将是中法未来合作的重要方向。蓝迪国际智库拥有丰富的高科技企业资源，如科大讯飞、天壮、推想、兰丁等，中方可以借鉴法国优秀的绿色智慧城市建设经验，合力利用第四次产业革命新型创新科技打造智慧城市，为双方需求形成良好配置，实现可持续发展。未来，双方将共同促进两国企业和技术的务实对接，深度挖掘合作需求，搭建项目对接平台，通过更加高效的协同工作，推进“绿色丝绸之路”框架下中法、中欧极具发展潜力的项目落地。

未来，双方将通过专项工作小组保持机制性沟通，积极参与到多双边、跨区域合作机制中，充分挖掘多边合作组织和地方经贸合作示范区的资源，如上合组织成员国、RCEP 国家、中东欧国家等，以及青岛上合示范区、RCEP 青岛经贸合作先行创新试验基地，宁波中东欧国家经贸合作示范区、粤澳深度合作示范区等国内重大开放平台，加强双方在“一带一路”框架下、以绿色智慧城市为载体，在环保、健康医疗、人工智能等多领域的合作，促进互惠互利，实现共同发展。

（二）埃及沙拉夫可持续发展基金会

埃及沙拉夫可持续发展基金会是一个非营利性、非政府组织，其宗旨是为埃及实现可持续发展和经济增长而不断奋斗。自 2015 年成立以来，埃及沙拉夫可持续发展基金会已成功与各类国家组织和国际组织建立合作伙伴关系，该基金会坚信多样化的合作伙伴会带来各种优势和资源，应保持开放的态度，实现知识共享和能力提升，以确保多方面可持续发展目标的顺利实现。埃及沙拉夫可持续发展基金会非常重视与合作伙伴在教育、创新与科研、环境与气候变化、新能源与可再生能源和知识技术转化等方面开展相关的合作，并尽一切努力帮助埃及实现可持续发展。

蓝迪国际智库专家委员会主席赵白鸽（中）与埃及前总理伊萨姆·沙拉夫（左一）、法国前总理让-皮埃尔·拉法兰（右一）合影

2019 年，中国社会科学院“一带一路”国际智库、蓝迪国际智库与埃及沙拉夫可持续发展基金会在充分理解和互信的基础上，建立了合作伙伴关系。双方承诺将在两国文化和科技创新层面开展广泛交流和实质性的推进工作。

未来，双方将重点关注医疗、教育、住房、新能源及高新技术应用领域下的项目合作问题。通过政府、智库、企业三方协同，搭建资源平台，进一步推动埃及经济社会发展，尤其是塔达经济区、新开罗工业园区等重点区域的经济发展，创建良好的商业环境，切实推进优秀科研成果转化项目顺利落地，实现“共商、共建、共享”。

（三）沙尔平战略咨询交流股份公司

沙尔平战略咨询交流股份公司于 2003 年在德国法兰克福设立，并于 2012 年在北京设立分支机构。公司董事长鲁道夫·沙尔平先生曾就任德国国防部部长、社会民主党主席、莱茵兰-普法尔茨州州长。公司成立至今，致力于为政府、企业、学术及科研机构等提供全面、专业的咨询服务，服务对象来自汽车、机械制造、化工、医疗健康、食品与化妆品、能源环保、贸易与物流、法律与金融、人工智能、互联网及大数据、教育与技能培训、体育、城市及园区设计规划、园区配套服务等多个领域。截至 2022 年底，公司累计完成数十项各类咨询项目，得到了客户的普遍认可。公司致力于为中德企业以及中国各级地方政府搭建中德经济交流与合作的高端平台，在品牌、产品、技术、服务、专家和资金等领域提供咨询服务，涵盖战略制定与实施、资源整合和项目对接、流程管理、公司并购重组等。主要包括：一是区域战略发展咨询。服务于各级地方政府及产业园区等政府部门。通过医疗、教育、科研、环保等配套设施的搭建，结合城市及产业特点对接德国特色资源，促进当地企业与德国资源的交流与合作，创建对德国高端资源交流的窗口，形成中德互动机制，推进地方政府的国际化城市建设。二是企业与机构的业务合作咨询。服务于大型及上市企业、中小型企业、各类机构。为中德两国企业及机构筛选对口合作伙伴和项目，提供定制化解决方案，整合资源，全程参与、跟踪并协调解决双方在文化、商务习惯、两国政策解读和落实方面的冲突与问题。三是交流对接平台。定期举办大型会议、研讨会、企业沙龙、酒会、代表团参观考察等多种形式的中德交流活动，提供中德高端互动平台。

德国前国防部部长鲁道夫·沙尔平在“一带一路”产业合作国际论坛上发言

沙尔平战略咨询交流股份公司丰富的德国科技创新、贸易金融等产业资源、项目资源，以及品牌、产品、技术等完善的咨询服务能力，在推动地方城市、产业园区进行产业培育、产业导入、产业升级等方面价值巨大。蓝迪国际智库将携手沙尔平战略咨询交流股份公司，联合开展区域战略发展咨询、中德高端沙龙、科创项目对接等，助力中德经贸合作与产业交流。其中，青岛市在“一带一路”及上合示范区、RCEP 青岛经贸合作先行创新试验基地、自贸区等多区位优势叠加下，发展迅捷，在跨国贸易、科技创新等方面需求强烈、政策完备，蓝迪国际智库将联合沙尔平战略咨询交流股份公司推动中德合作项目落地青岛。

（四）巴基斯坦中国学会

2009 年 10 月 1 日，在巴基斯坦参议员穆沙希德·侯赛因·萨义德的主持下，巴基斯坦中国学会（简称巴中学会）正式成立。巴中学会是非政府、无党派、非政治的智库，也是首个促进中国和巴基斯坦两国人民在国防、外交、教育、能源、经济和环境等领域联系的智库，并特别关注青年和妇女发展。巴中学会依托中巴经济走廊和“一带一路”倡议，采取了一系列有效举措来促进中国与巴基斯坦两国关系进一步向前发展。

近年来，巴中学会在研究与教育、文化的连通性等方面，在各类研讨会上都取得了丰硕成果，得到了中国和巴基斯坦国内专家学者、政府领导高层的高度认可和广泛关注。通过广泛调动两国资源，巴中学会制定了中巴经济走廊信息收集和核查综合机制，为中巴经济走廊的利益相关方参与该机制提供了途径，增进相关方对中巴双边合作的了解，增强互动，为实现共建、共赢作出了重要贡献。

随着“一带一路”倡议的推进，中巴经济走廊作为“一带一路”倡议的旗舰项目，将为“一带一路”沿线国家树立标杆与样板。2020 年 5 月 21 日，巴中学会、中国社会科学院“一带一路”国际智库、蓝迪国际智库联合主办中巴经济走廊新时代和新冠疫情下的中巴关系云端研讨会，中巴两国专家学者就新型全球化与疫情后的中巴合作展开深度研讨。2020 年 7 月 22 日，巴基斯坦可持续发展政策研究所、蓝迪国际智库联合主办，巴中学会承办的后疫情时代中巴合作的机遇与挑战云端论坛顺利召开。巴基斯坦参议院参议员、巴中学会会长、蓝迪国际智库专家委员会委员穆沙希德·侯赛因·萨义德指出，新冠病毒是人类共同的敌人，需要各国合力应对。中国上下同心同德，为世界树立了抗疫榜样。

未来，中国社会科学院“一带一路”国际智库、蓝迪国际智库与巴中学会将继续深化合作，重点聚焦以中巴经济走廊为核心的区域发展和产业政策研究，拓宽企业合作平台，服务重点行业，以促进中巴经济实现共同发展、共同繁荣。

（五）南非塞昆贾洛（Sekunjalo）集团

1997年，南非总统纳尔逊·曼德拉发起“为广泛的黑人经济赋权”的号召，1997年，为响应此号召，其亲近的私人医生伊克巴尔·苏尔韦博士发起成立塞昆贾洛集团。该集团秉承社会公正、广泛的经济参与和包容精神。在南非的开普敦设立了一家新兴的跨国公司，并在瑞士、毛里求斯、迪拜设有办事处，开展投资组合等业务。

塞昆贾洛集团被广泛认为是非洲最成功的投资控股公司和成功案例之一，在不到20年的发展中，从最初的种子资本2万美元，一跃成为投资综合价值达40亿美元的大型跨国集团公司。塞昆贾洛集团注重可持续性发展、人权、儿童权利、教育、音乐、艺术和文化、创业等领域的投资。塞昆贾洛集团的核心精神和宗旨是“以社会良知盈利”，并注意社区和环境，包括通过业务拓展和支持慈善基金会的举措来减轻气候变化的影响。塞昆贾洛集团的愿景是寻求利用对非洲人民产生最大积极社会影响的市场政策，为非洲大陆的经济增长和发展作出贡献。有“彩虹之国”美誉的南非位于非洲大陆的最南端，也是海上丝绸之路的另一个端点，中国作为南非连续多年的最大贸易伙伴、出口市场和进口来源地，“一带一路”倡议使南非成为未来10年里5个重点获益国家之一。

未来，中国社会科学院“一带一路”国际智库、蓝迪国际智库将与南非塞昆贾洛集团展开深度合作，加快推动中国与南非在贸易投资、文化旅游、基础设施建设等领域的合作。

（六）巴基斯坦伊斯兰堡战略研究所

巴基斯坦伊斯兰堡战略研究所成立于1973年，是一家自主非营利性研究机构，致力于针对影响国际和平与安全的地区性及全球性战略问题提供深度见解和客观分析，并促进公众对影响巴基斯坦和整个国际社会重大问题的广泛理解，是该领域的先驱之一。

巴基斯坦伊斯兰堡战略研究所旨在基于公开信息和情报开展调研、讨论和研究分析，通过回顾历史和展望未来为学者、专家搭建一个对巴基斯坦和国际社会产生重要战略影响的问题研究平台，其研究内容涉及和平、安全以及国家实力的各种要素。巴基斯坦伊斯兰堡战略研究所定期举行研讨会，组织相关领域的专家、学者就战略问题发表意见。始终与全球其他地区的类似机构建立并保持合作关系，并代表巴基斯坦参加国际战略会议。截至 2022 年底，巴基斯坦伊斯兰堡战略研究所已与全球各类研究机构签署了 30 余份谅解备忘录。

蓝迪国际智库项目代表团到访巴中学会，与巴基斯坦政府、议会、智库和企业代表就“一带一路”和中巴经济走廊的建设问题进行广泛讨论

2019 年 6 月 20 日—21 日，中巴经济走廊高峰论坛（2019）在伊斯兰堡隆重召开。本次论坛由中国社会科学院“一带一路”国际智库、蓝迪国际智库与巴基斯坦伊斯兰堡战略研究所、泽米尔基金会共同组织。中国社会科学院副院长蔡昉，中国社会科学院“一带一路”国际智库专家委员会主席、蓝迪国际智库专家委员会主席赵白鸽，巴基斯坦外交部部长库雷希，巴基斯坦计划部部长巴赫蒂亚尔，巴基斯坦参议院副主席萨利姆·曼迪瓦拉，巴基斯坦参议院外事委员会主席穆沙希德等参会并发表重要讲话，中巴两国学者、智库代表、企业家等参加有关活动并参与讨论，实现中巴参会代表的务实交流与合作。此次中巴经济走廊高峰论坛富有建设性的高端对话和后续具有务实性的项目对接，标志着“蓝迪国际智库模式”的务实效应国际化，这是蓝迪国际智库与巴基斯坦伊斯兰堡战略研究所有效双边合作的成功范例。

未来，双方将共同挖掘两国合作潜力，聚焦中巴在农业、海洋经济及第四次产业革命新型科技等产业及社会民生领域的合作，增强政府、智库和企业在促进中巴经济走廊建设中的协同联动作用，为切实实现区域合作和产业对接提出系统性的建设性建议，落实以人民为中心的发展理念，确保中巴经济走廊合作行稳致远。

第六章　平台专家　蓝迪国际智库专家委员会成员

梁振英（专家委员会名誉主席）

第十四届全国政协副主席
香港特别行政区第四任行政长官
“一带一路”国际合作香港中心主席

梁振英，第十四届全国政协副主席，香港特别行政区第四任行政长官，“一带一路”国际合作香港中心主席。

1974 年赴英国布里斯托理工学院获测量及物业管理学士学位。之后先后获得英国 University of the West of England 荣誉商业管理博士、香港理工大学荣誉商业管理博士以及香港测量师学会资深会员。1977 年返港加入仲量行，历任副经理、经理；1983 年成为合伙人，后创办梁振英测量师行。

曾任英国测量师协会（香港）主席、香港测量师学会会长、香港房屋委员会委员、上海浦东开发领导小组顾问、上海土地使用制度改革领导小组顾问、深圳土地使用制度改革领导小组顾问等；1985 年任香港特别行政区基本法咨询委员会委员，1988 年任香港特别行政区基本法咨询委员会秘书长；1992 年被国务院港澳办及新华社香港分社聘为港事顾问；1993 年担任香港特别行政区筹备委员会预备工作委员会委员、政务小组港方组长；1995 年任香港特别行政区筹备委员会副主任委员；1996 年 12 月当选为香港特别行政区临时立法会议员；1997—2011 年，连续担任三届行政会议召集人；2012 年 3 月在香港特别行政区第四任行政长官选举中当选，并被国务院任命为香港特别行政区第四任行政长官，于 2012 年 7 月就职。

第十届、第十一届全国政协常务委员，全国政协第十二届第五次会议增选为全国政协副主席，第十三届、第十四届全国政协副主席。

王伟光（专家委员会名誉主席）

中共第十八届中央委员
第十三届全国政协常务委员、民族和宗教委员会主任
中国社会科学院原党组书记、院长
中国社会科学院“一带一路”国际智库理事长

王伟光，1967 年 11 月参加工作，1972 年 11 月加入中国共产党，博士研究生，教授，博士生导师。中共第十八届中央委员。曾任第十三届全国政协常务委员、民族和宗教委员会主任，中国社会科学院党组书记、院长，中国社会科学院大学校长。

1992 年，被批准享受国务院政府特殊津贴；1993 年，被评为教授；1996 年，被评为博士生导师。历任中央党校校委委员、教务部主任，中央党校副校长，中国社会科学院党组副书记、副院长、学部主席团主席；2013—2017 年，中国社会科学院院长、党组书记；2017—2018 年，中国社会科学院院长、党组书记，中国社会科学院大学校长。自 2018 年 3 月起，任中国人民政治协商会议第十三届全国民族和宗教委员会主任，中国社会科学院大学校长。

主要研究领域集中在马克思主义哲学和马克思主义基本理论、马克思主义中国化和党的理论创新、中国特色社会主义重大理论与实践研究等方面。出版学术专著30余部，主要有《社会矛盾论》《利益论》《科学发展观基本问题》《社会主义和谐社会理论基本问题》《王伟光自选集》《王伟光论文辑》《党校工作规律研究》《王伟光讲习录》《中国道路与马克思主义中国化》。主编的著作有《马克思主义基本问题》、《"三个代表"重要思想概论》、《"三个代表"重要思想研究》、《科学发展观概论》、《建设社会主义新农村的理论与实践》、《社会主义通史》（八卷本）。在国家级报纸杂志上发表论文400余篇。

赵白鸽（专家委员会主席）

第十二届全国人大外事委员会副主任委员
中国社会科学院"一带一路"国际智库专家委员会主席
蓝迪国际智库专家委员会主席

赵白鸽，第十二届全国人大外事委员会副主任委员、中国社会科学院"一带一路"国际智库专家委员会主席、蓝迪国际智库专家委员会主席。她致力于"一带一路"倡议的有效实施，积极向党中央、国务院建言献策，组建了由政府、智库、企业、媒体等共同组成的"一带一路"平台，为中国参与新型全球化建设发挥了重要的作用。她积极参与促进中外国际交流，推动中欧绿色和智慧城市交流合作与模式创新，为城市发展寻找新方向。获巴基斯坦政府授予的国家级荣誉勋章"卓越新月勋章"，2020年受聘为全国政协参政议政人才库特聘专家。

赵白鸽任职全国人大常委会委员、外事委员会副主任委员期间，担任中英议会交流机制主席、中国-南非议会交流机制常务副主席，是全国人大对欧洲8国、非洲15国的双边友好小组组长，主要通过开展与外国议员交流，促进全国人大与各国议会的交流。2015年，当选亚洲议会大会经济委员会主席。

赵白鸽积极参与国际人道主义事业。2011—2014年，担任中国红十字会常务副会长，并于2013年当选红十字会与红新月会国际联合会副主席。赵白鸽是第三届国家气候变化专家委员会委员，在2009年、2011年分别参与哥本哈根气候变化大会及德班气候变化讨论并作发言。

赵白鸽积极推动人口与发展领域的工作。2003—2011年，在担任国家人口计生委副主任并兼任国际人口方案管理委员会主席及世界家庭联盟亚太区副主席等职务期间，积极参与制定国家人口发展战略，推进人口领域改革和计划生育政策的调整完善，为中国人口政策转型作出了贡献。

赵白鸽在医药科技领域有重要影响。1988年，获英国剑桥大学生物医学博士学位；1989—1994年，担任上海市计划生育科学研究所所长，其间，组织完成了一系列新药研究与开发工作；1994—1998年，担任中国国家科委生命科学技术发展中心（美国）主任，成功地完成海外专家委员会的建立，以及国家中医药现代化重大项目的国际推介、融资、注册等工作，推动中国医药企业走向国际。

黄奇帆（专家委员会联合主席）

第十二届全国人大财经委员会副主任委员

重庆市原市长

中国社会科学院“一带一路”国际智库专家委员会联合主席

蓝迪国际智库专家委员会联合主席

黄奇帆，蓝迪国际智库专家委员会联合主席、研究员。曾任第十二届全国人民代表大会财政经济委员会副主任委员、重庆市市长，历任上海市浦东新区管委会副主任，上海市委研究室主任，上海市经济委员会主任，上海市委、市政府副秘书长。

著有《结构性改革——中国经济的问题与对策》《分析与思考——黄奇帆的复旦经济课》《谈浦东开发的战略、政策及其管理》等。对资本市场、金融市场、房地产市场、数字经济、城市发展、产业结构转型升级、支柱产业集群化发展、城乡地票制度、国际贸易格局等方面有深入的研究，对经济体系的运行机制和政府经济管理有深入的理论思考和丰富的实践经验。

在担任专家委员会联合主席期间，黄奇帆主持和参加了关于“一带一路”国际合作、地方发展、产业经济等多项重大专题政策建议报告的编制，得到中央高层重视和批示；参与蓝迪主办的十字门金融周等系列高端论坛，在我国与上合组织、中东欧 17+1、RCEP、欧洲等“一带一路”合作中提出真知灼见；作为区域经济发展专家，为广西、青海、珠海、青岛、宁波、苏州、吉安、保定等省（市）地方政府咨政建言，对地方经济发展和产业转型升级提供智力支持；在新基建、新材料、信息和通信技术等产业发展方面提供了宝贵的意见和建议，支持了若干国际领先、国内先进的重大产业项目的落地实施。

蔡　昉（专家委员会联合主席）

第十三届全国人大农业与农村委员会副主任委员
中国社会科学院国家高端智库首席专家
中国社会科学院“一带一路”国际智库常务理事长
蓝迪国际智库专家委员会联合主席

蔡昉，第十三届全国人大常委会委员、农业与农村委员会副主任委员，中国社会科学院原副院长、党组成员，中国社会科学院“一带一路”国际智库常务理事长，蓝迪国际智库专家委员会联合主席。

曾获1998年度国家级“有突出贡献的中青年专家”称号。2003年，被七部委授予出国留学人员杰出成就奖，是第四届中国发展百人奖获得者、第四届中国农村发展研究奖获得者，并被评选为“影响新中国60年经济建设的100位经济学家”之一。

1998年，出任中国社会科学院人口与劳动经济研究所所长，就我国的人口、就业问题作出了长足深远的研究。

2006年，针对我国部分地区出现“民工荒”这一前所未有的情况，蔡昉提出我国的劳动力供给正面临“刘易斯拐点”，享受了20多年“人口红利”的经济增长面临着由这种红利即将消失带来的发展模式转型的结论。

除了在劳动人口学领域的深入研究，蔡昉在宏观经济改革方面的研究著作也成果丰硕，许多重要学术成果具有标志性意义。主要著有《中国的二元经济与劳动力转移——理论分析与政策建议》《十字路口的抉择——深化农业经济体制改革的思考》《穷人的经济学》《中国劳动力市场发育与转型》等。合著《中国的奇迹：发展战略与经济改革》《中国经济》等，主编“中国人口与劳动问题报告”系列丛书、《中国经济转型30年》等。

在蔡昉的经济改革领域研究中，《中国的奇迹：发展战略与经济改革》（蔡昉、林毅夫、李周合著）一书引起各界反响。这本20世纪90年代出版的书籍大胆预测，按PPP计算中国的经济规模会在2015年赶上美国，按当时的市场汇率计算，中国会在2030年赶上美国。近年来，蔡昉及其研究团队所提出的“就业优先战略”“户籍制度改革分类实施”等政策建议被写入中央文件。

陈锡文

第十三届全国人大农业与农村委员会主任委员
中央农村工作领导小组原副组长兼办公室主任
原中央财经领导小组办公室副主任

陈锡文，1982年大学毕业后到中国社会科学院农业经济研究所工作，任中国农村发展问题研究组副组长。1985年7月，随中国农村发展问题研究组建制划归到国务院农村发展研究中心，先后任中国农村发展问题研究组副组长、发展研究所副所长、所长。1990年7月，随机构调整到国务院发展研究中心工作，先后任农村发展研究部副部长、部长、研究员、中心学术委员会委员等职。1994年6月，被抽调到中央财经领导小组办公室工作，仍保留国务院发展研究中心研究员、学术委员会委员等职。2000年11月起，任国务院发展研究中心副主任。2003年后，出任中央财经领导小组办公室副主任、中央农村工作领导小组成员兼办公室主任，中央党的建设工作领导小组成员，中央农村工作领导小组副组长，全国政协常委、全国政协经济委员会副主任，第十三届全国人民代表大会常务委员会委员。2018年3月至2023年3月，任第十三届全国人民代表大会农业与农村委员会主任委员。

20余年来，陈锡文一直从事中国农村经济理论和政策研究，先后发表论文、研究报告200余篇，独立或与人合作出版著作10余部，多次获孙冶方经济科学奖，1992年起享受政府特殊津贴。参与起草了自20世纪80年代中期以来的大部分关于农业和农村政策的中央文件。现兼任中国人民大学、中国农业大学、南京农业大学等多所大学的教授和博士生导师。

杜　鹰

中国国际经济交流中心副理事长
全国政协参政议政人才库特聘专家
国务院参事室特约研究员

杜鹰，国家发展改革委原党组成员、副主任。现为中国国际经济交流中心副理事长、全国政协参政议政人才库特聘专家、国务院参事室特约研究员。

1982年7月毕业于中国人民大学经济系。先后担任国务院农村发展研究中心发展研究所副所长，农业部农村经济研究中心副主任兼农村改革试验区办公室主任、农业部政策体改法规司司长、产业政策与法规司司长，国家计委农村经济发展司司长、国家发展改革委农村经济司司长等。2005年8月至2014年3月任国家发展改革委党组成员、副主任。曾任中央新疆办副主任、国务院参事。第十二届全国政协委员、民族和宗教委员会副主任。1992年享受政府特殊津贴。多次获国家级及省部级科研成果奖。

长期从事农村改革和发展的政策、理论研究，参与政策制定。20世纪80年代中期以前主要研究家庭承包制改革，中后期主要研究产业结构和乡镇企业。1989年开始参与农村改革试验区组织协调工作，研究领域涉及粮食购销体制改革、农村土地制度建设、金融、财税体制改革、农村基层经济组织建设、小城镇发展、扶贫、农业产业化经营等。

主要作品：《物价形势不容乐观》发表于《求是》杂志（2011年）、《农业投资：现状、问题及管理体制改革》（2003年）、《WTO与中国农业》（2002年）、《龙头企业在农业结构调整中的地位和作用》（2001年）、《关于农业和农村经济结构的战略性调整问题》（2000年）、《21世纪初期我国农村就业及剩余劳动力利用问题研究》（1999年）、《略论农业与农村经济发展新阶段》（1998

年)、《走出乡村——中国农村劳动力流动实证研究》(专著，1997 年)、《关于积极引导大型工商企业进入农业领域的战略构想》(1995 年)、《如何进行农村经济调研》(1994 年)、《中国农村的改革与发展：回顾和展望》(1993 年)、《市场经济与农村改革》(1992 年)、《中国农村改革试验区工作报告(1987—1990)》(1991 年)、《发展的主题》(专著，1987 年)、《国民经济新成长阶段与农村发展》(专著，1987 年)、《农村经济变革的系统考察》(专著，1984 年)。

龙永图

全球 CEO 发展大会联合主席

中国与全球化智库（CCG）主席

中国社会科学院“一带一路”国际智库专家委员会委员

中国服务贸易协会顾问

龙永图，中国入世首席谈判代表、博鳌亚洲论坛原秘书长，前外经贸部副部长，曾任复旦大学国际关系与公共事务学院院长、国家外经贸部副部长、博鳌亚洲论坛理事，曾作为中国谈判总代表参加世界贸易组织（WTO）谈判。

1973 年，赴英国伦敦政治经济学院攻读国际经济学专业；1992 年 1 月，出任外经贸部国际司司长，开始参加中国的复关谈判；1995 年 1 月至 2001 年 9 月，作为首席谈判代表在第一线领导、成功完成了长达 15 年的中国加入世贸组织的谈判。

2003 年 1 月，担任博鳌亚洲论坛理事、秘书长，在担任秘书长期间，致力于让博鳌论坛成为最活跃的国际经济论坛，成为全球研究亚洲问题最权威的智囊机构和高层次的对话平台。2018 年 4 月，博鳌论坛新一届理事会鉴于龙永图为创建和发展论坛作出了重要和实质性贡献，故根据会员大会决议，授予其荣誉会员称号。

2003年底，被评为央视2003年度经济人物；2004年10月，获联合国秘书长安南颁发的联合国特别奖，以表彰他对促进中国与联合国合作的杰出贡献。

2005年8月8日，获得比利时国王阿尔贝二世陛下授予的莱奥波德国王勋章，表彰他为促进亚洲区域合作和促进中欧、中比经贸关系所做的努力；2011年底，获“CCTV2011年度经济人物”称号。

2018年12月22日，全球化智库（CCG）、中国人才研究会国际人才专业委员会和中国留学人员回国服务联盟在2018中国海外人才交流大会暨第20届中国留学人员广州科技交流会上联合发布“中国改革开放海归40年40人”榜单，龙永图入选其中；2019年12月，再次入选“中国海归70年70人”榜单。

主编“全球化世贸组织中国”系列丛书，并经常作为嘉宾应邀出席世界著名研究学术机构和知名大学组织的研讨会，其中包括哈佛大学、华盛顿大学、伦敦经济学院、澳大利亚国立大学、新加坡国立大学以及荷兰全球论坛、日本淡岛论坛、太平洋经济论坛、英国皇家学会、美国亚洲协会、美国亚洲基金会、经济合作与发展组织以及亚洲开发银行等。

宋贵伦

中共北京市委社会工委书记

北京市社会建设办公室主任

宋贵伦，中共党员，北京师范大学中国教育与社会发展研究院、社会学院二级教授、博士生导师，北京市社会建设促进会会长，中共北京市委社会工委书记、北京志愿服务发展研究会会长。

1983 年 7 月参加工作，1979 年 9 月至 1983 年 7 月在北京师范大学中文系中文专业学习，获文学学士学位；2002 年 7 月北京市委党校党史党建专业毕业，在职研究生学历，文学学士，教授，研究员。

2007 年 11 月任中共北京市委社会工委书记、市社会建设工作办公室主任、市社会科学界联合会常务副主席。2012 年 7 月 3 日，当选为中国共产党北京市第十一届委员会委员。

历任中共中央文献研究室秘书处秘书、理论研究组助理研究员（1988 年 8 月任助理研究员），中央宣传部办公厅副处级秘书，北京市西城区委宣传部副部长、常务副部长（正处级）、部长，北京市委宣传部副巡视员，北京市委宣传部副部长、市社会科学界联合会党组书记、常务副主席（2002 年 8 月破格晋升为研究员）。

宋贵伦多年来重视北京市城市管理和社区建设工作，推进街道和社区改革创新。2007 年市委社会工委成立后接续推进这方面的工作，二十年磨一“建”，非一年之功。确保街道越做越实，社区越做越强。宋贵伦提出市域是中国式社会建设现代化的突破口。无论是从国际现代化建设的经验来看，还是从发展规律来看，实现现代化几乎都是从市域切入和突破，经济建设现代化、社会建设现代化都是如此。

出版有《毛泽东与中国文艺》《北京社会建设概论》《十年磨一“建”：社会建设理论体系与实践路径研究》《回归社会建设：四十年理论与实践研究》《中国社会建设现代化之路》等专著，主持若干项国家级重大课题。

一、宏观经济与区域规划

张大卫

中国国际经济交流中心副理事长兼秘书长

河南省原副省长、河南省人大常委会原副主任

张大卫，曾先后就任河南省计经委工业处副处长、河南省计经委、计委工业处处长、河南省轻工总会副会长、党委委员、河南省发展计划委员会副主任、党组成员和主任、党组书记、河南省发展改革委主任、党组书记。

2006 年 1 月，任河南省人民政府副省长、省政府党组成员；2013 年 1 月，任河南省人大常委会副主任；2013 年 6 月至 2016 年 1 月，任河南省人大常委会副主任、省总工会主席，第七届、第八届河南省委委员，第十届全国人大代表。在河南省任职期间，张大卫主导改革和发展规划工作，在实践中积累了大量的相关理论和实践经验。

在进入中国国际经济交流中心任副理事长兼秘书长后，张大卫积极研究各省市的经济发展和建设现状，为各省市的发展规划出谋划策，发挥智囊作用；积极加强中国与其他国家国际经济规划中心的合作和交流。

张大卫特别关注在新型全球化大背景下，中国“一带一路”建设的发展。他认为，中国要融入全球供应链，需要建设中原城市群，发展新商业文明，使中国的企业为全球供应链服务，同时获得全球供应链的服务。一个国家或地区的实力，今后主要看它是否通过地理互联、经济互联、数字互联而深度参与到全球资源、资本、数据、人才和其他有价值的资产流中。中国构建了“网上丝绸之路”“空中丝绸之路”“陆上丝绸之路”。网上、空中、陆上几条路径组合好、利用好，发挥好市场、人力资源、综合交通、产业等方面的优势，把人才、资本、技术引进来，把现代农业、制造业和服务业的产品作为流动的“丝绸”输出去。用现代技术改造传统产业，引导企业更加注重新工业革命的动向，抓紧利用互联网、物联网等技术发展新模式、新业态，用数字经济、智慧物流、智能制造等技术或理念来促进产业变革，促进企业顺应定制化生产、个性化消费、分享经济发展的趋势，优化供应链，形成新的产业生态体系，让更多的企业和城市融入全球供应链中。

鲁　昕

第十三届全国政协委员
中国职业技术教育学会会长
教育部原副部长

鲁昕，经济学家、教授、博士生导师、教育部原副部长。现任第十三届全国政协委员、中国职业技术教育学会会长、国务院参事室特约研究员。历任辽宁省抚顺市财政局局长、副市长，辽宁省财政厅厅长、副省长，教育部党组成员、副部长，中央新疆工作协调小组办公室副主任。

研究领域涉及马克思主义政治经济学、财政理论与政策、金融理论与政策、产业经济理论与政策、宏观经济理论与政策、教育经济、职业教育等。著有论文 100 多篇，先后被清华大学、中国人民大学、上海交通大学、南开大学、中国财政科学研究院、中央财经大学、华东师范大学、东北大学等高校聘为博士生导师、教授。现已培养毕业和在读博士近百人，指导优秀博士论文 30 余篇，为我国财政、金融、投资、教育等领域实践提供了重要参考，所培养学生均成为相关领域的青年骨干和中坚力量。

在教育部工作期间，提出职业教育强国战略和职业教育公益性本质论，并基于此发展与完善了职业教育的国家战略、国家体系和国家政策，主持制定了建立现代职业教育体系、实施贫困地区营养餐计划、推进校舍安全工程建设、加强民族地区教育、落实教育扶贫、地方本科院校转型发展、儿童健康发展纲要、老年教育发展纲要等领域的主要政策文件。

受教育部委托，担任新版专业《目录》（职业教育专业目录 2021 版）研制工作总顾问。在研制过程中，以习近平新时代中国特色社会主义思想为指导，准确把握新发展阶段时代方位和历史方位，全面贯彻党和国家关于构建现代职业教育体系、推动职业教育高质量发展的决策部署，瞄准科技变革和产业优化升级，紧盯“十四五”规划和 2035 年远景目标纲要确定的目标任务，领衔 26 位院士，动员组织经济、科技和职业教育战线专家学者，高质量完成了充分体现专业升级和数字化改造理念，定位清晰、纵向贯通、横向融通一体化设计的职业教育新版专业目录的研制工作，为提升职业教育适应性、更好地服务技能型社会建设和终身学习需求奠定了新基础、树立了新坐标，使职业教育在新征程中实现从大有可为到大有作为，具有里程碑意义。

齐　骥

住房和城乡建设部原副部长、党组成员

中国建筑业协会会长

齐骥，1983 年 7 月加入中国共产党，1974 年 12 月参加工作，哈尔滨建筑工程学院建筑结构工程专业毕业，研究生学历，工学硕士学位，高级工程师。

曾任住房和城乡建设部副部长、党组成员。现任中国建筑业协会会长。

1985 年 1 月至 1999 年 4 月，在中国建筑标准设计研究院、中国建筑技术研究院工作，历任工程师、副所长，院长助理、副院长；

1999 年 5 月至 2001 年 4 月，任建设部标准定额司司长；

2001 年 5 月至 2004 年 2 月，任建设部党组成员、办公厅主任；

2004 年 3 月至 2006 年 3 月，任中共南宁市委副书记（挂职）；

2006 年 4 月至 2007 年 4 月，任建设部党组成员、人事司司长；

2007 年 5 月至 2015 年 5 月，任住房和城乡建设部党组成员、副部长。2013 年 3 月至 2017 年 3 月，任中国人民政治协商会议第十二届全国委员会委员。2020 年 8 月起任中国建筑业协会会长。

中国建筑业协会成立于 1986 年 10 月，由全国各地区、部门从事房屋建筑业、土木工程建筑业、建筑安装业、建筑装饰装修和其他建筑业的企事业单位、社会团体，以及有关专业人士自愿结成的全国性、行业性、非营利性社会组织，是我国工程建设领域规模最大的社会团体之一。自成立以来，在中央和国家机关工委、住房和城乡建设部、民政部的指导和监督下，认真履行“提供服务、反映诉求、规范行为”职能，致力于促进建筑业高质量发展，维护会员合法权益，赢得了政府和企业的支持和信赖。

仇保兴

国务院参事

十二届全国政协人口资源环境委员会副主任

住房和城乡建设部原副部长、党组成员

仇保兴，国务院推进政府职能转变和“放管服”改革协调小组专家组副组长、国务院参事、国际水协（IWA）中国委员会主席、中国城市科学研究会理事长、国家气候变化专家委员会委员（第三届）、国际欧亚科学院院士。毕业于复旦大学、同济大学，获经济学、城市规划学博士学位。曾在浙江省先后任乐清、金华和杭州3个城市党政主要负责人近18年。曾作为访问学者赴哈佛大学参与有关项目研究。在任国家建设部副部长期间分管建筑科技、城市规划、建设工作13年，同期兼任国务院汶川地震灾后重建协调小组副组长，国家水体污染治理重大专项第一行政责任人。40多篇咨询报告获得国务院总理批示。多次获得联合国教科文组织、国际绿色建筑协会和国际水协奖项。多部著作被英、德、意大利等国出版社翻译并出版发行。

在2015年巴西圣保罗市召开的世界绿色建筑协会上，仇保兴被授予世界绿色建筑协会主席奖。该奖是全球唯一绿色建筑奖，授予在绿色建筑行业内取得重大成果并为推动全球绿色建筑作出卓越贡献的个人。仇保兴还为推动中国新型城镇化发展以及中国节能减排（绿色低碳）型智慧城市建设作出巨大贡献。出版《追求繁荣与舒适——中国典型城市规划、建设与管理的策略》《应对机遇与挑战——中国城镇化战略研究主要问题与对策》等多部城市规划、城市化方面的著作。其中，《和谐与创新——快速城镇化进程中的问题、危机与对策》已被翻译成英文在欧盟出版发行；另著有《华夏文明振兴之路》等。

周　建

原环境保护部副部长

周建，法学硕士，工程师。1975年10月加入中国共产党。曾任中华人民共和国环境保护部副部长。

1970 年 1 月，在湖北省襄阳县参加工作；

1971 年 9 月至 1973 年 9 月，为解放军 5713 厂工人；

1973 年 9 月至 1976 年 12 月，在北京航空学院航空材料系航空金属材料腐蚀与防护专业学习；

1976 年 12 月至 1982 年 4 月，任解放军 5713 厂技术组长；

1982 年 4 月至 1985 年 4 月，任武汉市环保局管理处干部、办公室副主任；

1985 年 4 月至 1988 年 10 月，先后任城乡建设环境保护部国家环保局干部、人事处副处长；

1988 年 10 月至 1998 年 7 月，历任国家环境保护局人事处副处长、政策研究处处长兼局长秘书、党组秘书，政策法规司副司长、人事司副司长、办公室主任（其间，于 1989 年 9 月至 1991 年 7 月在武汉大学法学院在职攻读法学硕士学位）；

1998 年 7 月至 2006 年 12 月，先后任国家环境保护总局办公厅主任、规划与财务司司长；

2006 年 12 月至 2008 年 3 月，任国家环境保护总局副局长、党组成员；

2008 年 3 月至 2014 年 6 月，任中华人民共和国环境保护部副部长。

周建一直聚焦环境问题，在国际金融论坛（IFF）2021 年春季会议上发表主旨讲话。他表示，未来十年光风电开发应用将倍增，智能数字能源将进入黄金发展期。中国要抓住这十年关键机遇期，聚焦绿色发展战略支点，践行绿色发展理念，凝聚绿色发展动能，加快新阶段绿色崛起。

牛仁亮

中国生产力学会会长
山西省原副省长
山西省资源型经济转型促进会总顾问
中国社会科学院“一带一路”国际智库专家委员会委员

牛仁亮，中国社会科学院经济学博士。自 1999 年起，先后担任山西省委副秘书长兼省委政策研究室主任、山西省发展计划委员会主任、副省长、省人大常委会副主任等。任职期间，主持并起草了山西省“十五”计划、“十一五”规划和“十二五”规划文件。2000 年主持研究并执笔起草的山西省“十五”计划文件，在全国率先系统提出并部署了山西产业结构的全面调整，受到国家高度重视，并作为唯一典型在全国发展计划系统会上作了经验介绍。

2002—2017 年，任山西省副省长及人大常委会副主任期间，主要研究领域是社会保障、资本市场、产业结构和生态环保。其主笔撰写的《焦炭价格研究》获第五届薛暮桥价格研究奖；《企业冗员与企业效率》获中国第八届图书奖；《资源型经济转型研究》获山西省 2012 年度科技进步一等奖。

2019 年 1 月 27 日，当选中国生产力学会会长。中国生产力学会成立于 20 世纪 80 年代初，是由于光远、孙尚清等著名经济学家发起成立的国家级专业学会，他们先后担任会长职务。学会主要研究社会生产力在国民经济管理系统、教育系统、科学技术系统、信息系统的组成要素、组合形式、关联结构和运动规律；在综合研究企业生产力、产业生产力、区域生产力、社会生产力和世界生产力的同时，顺应西部大开发和 WTO 时代潮流，把握创新和可持续发展的时代主题。

贾　康

第十三届全国政协委员、政协经济委员会委员
中国国际经济交流中心常务理事
华夏新供给经济学研究院院长

贾康，第十三届全国政协委员、政协经济委员会委员，华夏新供给经济学研究院院长，中国国际经济交流中心、中国税务学会、中国城市金融学会和中国改革研究会常务理事，中国财政学会顾问，北京市、上海市人民政府特聘专家，福建省、安徽省、甘肃省人民政府顾问，西藏自治区和广西壮族自治区人民政府咨询委员，北京大学、中国人民大学、国家行政学院等高校特聘教授。

1995 年，享受国务院政府特殊津贴；1997 年，被评为国家百千万人才工程高层次学术带头人；多次参加国家经济政策制定的研究工作，主持或参与国内外多项课题，撰写和出版多部专著和数百篇论文、数千篇财经文稿。多次受朱镕基、温家宝、胡锦涛和李克强等中央领导同志之邀座谈经济工作（被媒体称为“中南海问策”）；2010 年 1 月 8 日，中央政治局第 18 次集体学习“财税体制改革”专题的讲解人之一。孙冶方经济科学学奖、黄达-蒙代尔经济学奖、中国软科学奖获得者。国家“十一五”规划、“十二五”规划、“十三五”规划专家委员会委员。曾长期担任财政部财政科学研究所所长。2013 年，发起成立华夏新供给经济学研究院和新供给经济学 50 人论坛（任院长、秘书长），并积极推动 PPP 研究院（任院长）等的交流活动，致力于建设中国特色的智库和跨界、跨部门学术交流平台。

陈文玲

中国国际经济交流中心总经济师

国务院研究室综合司原司长、研究员

陈文玲，毕业于中国社会科学院研究生院，获经济学博士学位。大学毕业后长期在各级政府流通部门从事研究工作，现为中国国际经济交流中心总经济师，曾任国务院研究室综合司司长，兼任中国商业经济学会副会长、中国社会科学院经济学博士发展研究中心副主任、中国物流与采购联合会常务理事。

多年来，参与了中央、国务院重大文件起草。1999—2007 年，连续 9 年参与中央经济工作会议总理讲话和每年全国两会的《政府工作报告》的起草工作。先后参与“十五”“十一五”“十二五”相关（计）规划的研究或评审。针对我国经济社会发展中的重大、重点和难点问题，深入实际进行调查研究，撰写向党中央、国务院领导呈报的《送阅件》《决策参考》《研究报告》《室内通讯》和专送报告 170 多期（份），其中近 100 件得到国务院领导批示和表扬，80 多件得到国家有关部门和地方领导批示，推动了相关方面的工作。

2009 年，获得中国市场学会、中国商业经济学会、中国社会科学院财贸所、中国人民大学商学院、中国流通竞争力中心联合评选的“建国 60 年中国流通领域有突出成就人物”称号，著作《现代流通基础理论原创研究》被评为流通领域有影响力的十大著作之一。获得中国商业联合会、中国商报社联合评选的“中国商业服务业改革开放 30 年卓越人物”称号；2011 年，被聘为国务院深化医药卫生体制改革专家咨询委员会第一届委员。

迟福林

中国（海南）改革发展研究院院长
中国服务贸易协会专家委员会理事长
中国经济体制改革研究会副会长

迟福林，现任中国（海南）改革发展研究院院长，首席研究员，博士生导师。兼任中国经济体制改革研究会副会长、中国行政体制改革研究会副会长。海南省人民政府咨询顾问、上海市人民政府决策咨询特聘专家。国家行政学院、中国井冈山干部学院、北京大学、浙江大学、东北大学等多家高等院校的特聘教授，是第十一届、第十二届全国政协委员。

1970—1976 年，任沈阳军区技术侦察支队宣传干事；1977—1984 年，在国防大学政治部任宣传干事、马列主义基础教研室教员。其中，1978—1979 年在北京大学国际政治系学习；1984—1986 年，在中央党校理论部攻读硕士学位；1986—1987 年，在中央政治体制改革研讨小组办公室工作；1988—1993 年，任海南省委政策研究室和海南省体制改革办公室的主要负责人，主持两个机构全面工作；1991 年至今，历任中国（海南）改革发展研究院常务副院长、执行院长、院长。

多年致力于经济转轨理论与实践研究，围绕我国改革开放进程中的重大经济、社会问题，在政府转型和基本公共服务均等化等多方面进行深入研究。在上述研究领域，共出版包括《转型抉择》《市场决定》《改革红利》《第二次改革》等中英文专著 40 余本，公开发表学术论文 800 余篇，主笔或主持研究形成研究报告 70 余本，提交了大量政策建议报告，在决策和实践层面产生了积极影响。

曾获得“全国五个一工程”“孙冶方经济科学论文奖”“中国发展研究

奖”等研究奖项，享受国务院政府特殊津贴。2002年被中组部、中宣部、国家人事部和国家科学技术部联合授予“全国杰出专业技术人才”荣誉称号。2009年，入选“影响新中国60年经济建设的100位经济学家”。

徐　林

中美绿色基金董事长

兴业银行股份有限公司独立董事

国家发展和改革委员会发展规划司原司长

中国社会科学院“一带一路”国际智库专家委员会委员

徐林，毕业于南开大学，获经济学硕士学位。求学期间，曾获美国政府汉弗莱奖学金，并在美利坚大学学习；获新加坡政府李光耀奖学金，后在新加坡国立大学李光耀公共政策学院和哈佛大学肯尼迪政府学院学习，获公共管理硕士学位。

1989年，徐林毕业后入职国家计划委员会长期规划司预测处，先后任国家发展和改革委员会财政金融司司长、发展规划司司长；曾参与中国经济社会发展多个五年计划的编制，参与区域发展规划和国家新型城市化规划、国家产业政策的制定；参与财政金融领域重大改革方案的制定以及资本市场特别是债券市场、私募股权投资的发展和监管；曾任三届中国证监会发审委委员；曾参与中国加入世界贸易组织谈判、负责产业政策和工业补贴的谈判；曾任北京股权投资基金协会轮值主席；现兼任北京绿色金融协会理事长，全国工商联并购公会党委书记、常务副会长，长三角生态绿色一体化发展示范区理事会理事，中国生产力学会副会长、中美绿色基金董事长等社会职务。

中美绿色基金通过专注于绿色股权投资，树立绿色投资的专业化标杆，促进中国经济的绿色低碳转型和发展。作为搭建中美在绿色发展方面深化战略合作的民间交流平台，中美绿色基金致力于促进中美在绿色金融、绿色技术等领域的商业化合作。

史育龙

习近平经济思想研究中心主任
国家发展和改革委员会中国城市和小城镇改革发展中心原主任
国家发展和改革委员会宏观经济研究院原研究员、科研管理部副主任

史育龙，1988 年，获得兰州大学理学学士学位；1991 年，获得北京大学理学硕士学位；1996 年，毕业于北京大学城市与环境学系经济地理专业，获理学博士学位。

1996 年起，在国家发展和改革委员会宏观经济研究院工作。

2001—2007 年，任国土开发与地区经济研究所城镇发展研究室主任。

2007—2018 年，任国家宏观经济研究院国土开发与地区经济研究所所长。

1996—2007 年，在国家发展和改革委员会国土开发与地区经济研究所从事城市化与区域开发、可持续发展等领域的研究工作，先后主持、参加国家和部委、地方政府委托课题、“863”攻关项目、“十一五”科技支撑计划项目以及国际合作课题 40 多项，多次参与起草重大规划和文件。

研究成果获省部级二等奖 3 项、国家发展改革委机关优秀研究成果三等奖 1 项、宏观经济研究院优秀研究成果二等奖 3 项、三等奖 1 项、宏观经济研究院年度优秀调研报告三等奖 2 项、中国可持续发展研究会优秀论文一等奖 1

项。主编出版学术著作 2 本，在国内外学术刊物发表学术论文 50 多篇。

同时担任中国地理学会城市地理专业委员会委员、国家自然科学基金管理科学部评议专家、《城市发展研究》《中国城市化》等学术期刊编委职务。

现任习近平经济思想研究中心主任。习近平经济思想研究中心将紧紧围绕“国家级、权威性、开放型、有影响”的目标，努力建设成为深入学习习近平经济思想的重要载体、系统研究习近平经济思想的重要智库、宣传贯彻习近平经济思想的重要平台、阐释传播习近平经济思想的重要阵地。

冯　奎

国家发展和改革委员会中国城市和小城镇改革发展中心学术委员会秘书长、研究员

民盟中央经济委员会副主任

冯奎博士，现任国家发展和改革委员会中国城市和小城镇改革发展中心学术委员会秘书长、研究员，民盟中央经济委员会副主任。兼职中国企业管理研究会副理事长、北京交通大学博士生导师、中央电视台财经特约评论员等，是全国多个城市发展顾问。参与了国家区域经济、新型城镇化、都市圈发展等政策的研究，主持或参与起草了一批重要的政策报告，提出了高质量的政策建议，多次获得中央、国务院、全国人大等方面领导批示。冯奎博士积极推动城市的国际合作，组织策划的活动包括中欧城市博览会，与法国前总理让-皮埃尔·拉法兰担任主席的法国展望与创新基金会一起，举办中欧绿色和智慧城市奖暨峰会活动。

著有《中国城镇化转型研究》《都市圈与中小城市发展战略》等。主编

《中国新城新区发展报告》（年度出版）、《中国特色小镇发展报告》、《中欧智慧城市发展报告》、《中国城市发展评论》、《“一带一路”年度发展报告（2018）》等。

冯奎是国内具有影响力的研究城镇化问题的专家，对新型城镇化发展发表重要意见。参与国家重要规划的编写或评估，常为中央主流媒体撰写新型城镇化文章。近年来，重点关注京津冀协同发展、新城新区建设、城市群发展、长江经济发展战略等重大城镇化问题。

深度参与地方城镇化创新实践，提出多元复合转型的县域城镇化转型理论与模型，获得国家发展改革委优秀成果奖，并用此理论指导实践。冯奎应邀担任南昌、合肥、阜阳、四平、眉山、安顺、石狮、阆中等 20 个市（县、区）的战略顾问，开展市、县城镇化的调研与培训活动。

孙晓洲

中国基本建设优化研究会党委书记、会长

孙晓洲，中共党员，研究员，国家财政项目评审专家。1991 年 7 月参加工作。先后毕业于东北林业大学、对外经济贸易大学、伦敦政治经济学院，研究生学历，工商管理硕士。曾在中央党校及北京大学高级管理研修班学习。长期在国家部委、中央直属企业及国家级社会组织工作。在区域经济发展和三农、金融、科技创新以及文化创意等领域的政策研究与优化设计方面，具有丰富的经验和深刻见解。现任中国基本建设优化研究会会长、中国科协委员、蓝迪国际智库专家委员会委员。

孙晓洲积极推动社会组织为党和国家发挥重要作用。在中基会任职期间，积极倡导发挥社会组织平台作用，自我赋能，服务国家战略，服务产业经济，服务区域经济优化发展。在长期的工作实践中，总结出“企业+社会组织+政府”的“ENG”模式，并围绕新形势下社会经济的刚性需求，提出了“医养健”“教科文”以及“三农”新“三驾马车”的概念，通过融合创新与落地实践相结合，探索优化社会发展中的复杂问题，为中央决策及政府、企业的优化发展提供思路及样板。

孙晓洲致力于“三农”问题的研究探索和优化发展。2012—2020 年，全程参与并主持了“全国三农优化实验区”示范工程的设计及建设工作。该工作得到了中央主要领导同志及 10 余个省的省委、省政府的支持。该项目在众多政府、企业及金融机构的参与下，已在广东、四川、湖南等多个省份落地。通过科技扶持、金融创新以及企业家精神塑造等方式，为国家乡村振兴战略提供了新思路，并于 2019 年列入中国社会化公共服务产品目录，获得重点推介。

孙晓洲在破解经济社会热点问题和重点领域方面具有创新经验。2019 年，主持成立了中基会国民经济优化发展中心，并启动了“国企民企联合发展工程”。启动仪式在人民大会堂举行。在充分沟通的基础上，中基会与中信集团、国家开发银行、中国邮政储蓄银行、平安银行以及中国铁塔、中商集团、中林集团等 20 余家央企及金融机构签署了战略合作协议，携手推动经济社会优化发展。同时，结合经济社会热点问题，主持了包括“城市更新与创新发展”“以共享经济模式推动 5G 基础设施建设”“国际医疗联合体工程”“国家海洋产品战略储备”等项目或课题的设计与实施。

孙晓洲积极参与国际交流活动并取得务实成果，2017 年作为中国社会组织代表受邀参加联合国 2030 年人类可持续发展大会，2018 年带领团队发起并主办芦笋大健康亚洲发展论坛，2019 年与国际园艺协会签署国际组织合作协议。通过民间交往支持国家战略的工作获得各界好评与认可。

王　轲

青岛市北建设投资集团有限公司党委副书记、董事、总经理

王轲，现任青岛市北建设投资集团有限公司党委副书记、董事、总经理。主要在城市规划建设和运营管理、RCEP 生效助力地方贸易发展和高质量对外开放的先进先试探索、国有企业合规性经营、招商引资和金融投资等领域开展工作。

王轲全方位助力外贸企业用好用足 RCEP 优惠政策，改善地区营商环境和国际化、法治化水平。2021 年起主要负责青岛 RCEP 经贸合作创新试验基地的筹建和建设工作，落实跟进从政策研究、对上申报到建设推进、项目落地全过程，联合蓝迪国际智库总结并在全国推广 RCEP 经贸协定助力地方贸易发展的先进性经验，得到了国家及商务部门的高度关注，目前在积极申请 RCEP 山东示范区。联合中国贸促会成功举办全国首个 RCEP 经贸合作高层论坛、牵头设立全国首个聚焦外贸企业一站式服务的 RCEP 山东企业服务中心，搭建完成全国首个聚焦 RCEP 协定特殊规则和信息的“鲁贸通”服务平台，服务企业 1.3 万余家次，受理出口退（免）税总额 23.8 亿元，签发全国首份 RCEP 原产地证书，开通中国北方第一条从中国青岛到日本大阪的 RCEP 滚装班轮。2022 年 6 月被商务部聘为全国 RCEP 培训授课专家，8 月受聘为中国国际商会青岛商会副会长。

王轲善于运用系统化思维策源大项目，利用金融工具做好产业投资和招商引资工作。2011 年开始积极参与策源中国北方油气中心、青岛国际航运保险运营服务中心两个省（市）重点项目推进落地，2022 年油气平台共实现交易额超500亿元，航运保险中心实现保险代理金额逾5700万元，保险保障金额215亿元。此外，根据青岛市24条产业链和市北区的产业特色实际，充分运用政策、土地、人才、金融等系统化思维“强链”“补链”，通过聚集山东海运、山东海洋能源、中国船级社等众多头部企业和机构，形成要素齐全、运营高效的现代航运服务业产业链，2022年荣获“中国楼宇经济新地标”称号。通过基金以投带引，运营管理7只基金共计金额50亿元，聚焦新材料、新能源等领域，开展长短期投资，平均收益率超过20%，并成功吸引山东土地发展集团、山东人才集团等一批30亿元大项目落户市北区。

二、金融与数字经济

周小川

第十二届全国政协副主席
博鳌亚洲论坛副理事长、中方首席代表
中国人民银行原行长

周小川，1968年7月参加工作，1986年3月加入中国共产党，清华大学自动化系系统工程专业毕业，研究生学历，工学博士学位，研究员。曾任第十二届全国政协副主席、中国人民银行行长。现任博鳌亚洲论坛副理事长、中方首席代表。

1968—1972年，黑龙江省八五二农场知青；1972—1975年，北京化工学院四系仪表自动化专业学习；1975—1978年，北京市自动化技术研究所第四研究室技术员；1978—1981年，机械科学研究院北京自动化研究所计算机应用与系统工程专业硕士研究生；1981—1985年，机械科学研究院北京自动化研究所第一研究室技术员、工程师（其间，1982—1985 年清华大学自动化系系统工程专业在职研究生学习，获工学博士学位）；1985—1986 年，国务院体改方案研讨领导小组成员；1986—1986 年，国家经济体制改革委员会中国经济体制改革研究所副所长；1986—1991 年，国家经济体制改革委员会委员（其间，1986—1989 年挂职任对外经济贸易部部长助理）；1991—1995 年，中国银行副行长、党组成员（其间，1992 年 9—11 月中央党校省部级干部进修班学习）；1995—1996 年，国家外汇管理局局长、党组书记，中国人民银行党组成员；1996—1998 年，中国人民银行副行长、党组成员，国家外汇管理局局长、党组书记；1998—2000 年，中国建设银行行长、党组书记（党委书记），中国信达资产管理公司党委书记；2000—2002 年，中国证券监督管理委员会主席、党委书记；2002—2013 年，中国人民银行行长、党委书记；2013—2018 年，第十二届全国政协副主席，中国人民银行行长、党委书记；2018—2022 年，任中国金融学会会长、博鳌亚洲论坛副理事长、中方首席代表；2022 年，任博鳌亚洲论坛副理事长、中方首席代表。

罗　熹

中国人民保险集团股份有限公司原董事长

罗熹，高级经济师，中国人民银行研究生部经济学硕士。1977 年 8 月参加工作，1987 年 1 月入党，是中共二十大代表，第十四届全国政协委员。

1987—1994 年，先后担任中国农业银行办公室秘书、副处级秘书、国际业务部副处长、处长；

1994—1996 年，任中国农业银行海南省分行行长助理，兼任中国农业银行海南省信托投资公司总经理、法人代表；

1996—2002 年，任中国农业银行海南省分行副行长、党组成员、中国农业银行福建省分行副行长、党组成员、中国农业银行资产保全部、资产风险监管部总经理、中国农业银行国际业务部总经理，兼任香港农银国际财务有限公司董事长、海南国际财务有限公司董事长；

2002—2004 年，担任中国农业银行行长助理兼任国际业务部总经理，随后担任中国农业银行副行长、党委委员；

2009 年，任中国农业银行股份有限公司执行董事、副行长、党委委员；

2009—2013 年，任中国工商银行股份有限公司副行长、党委委员，兼任中国工商银行（莫斯科）股份公司、中国工商银行（加拿大）股份公司董事长；

2013—2016 年，任中国出口信用保险公司总经理、副董事长、党委副书记；

2018—2023 年，任中国人民保险集团党委书记、董事长。中国人民保险集团股份有限公司由与共和国同生共长的中国人民保险公司发展变革而来。1949 年 10 月 1 日，公司成立请示得到毛泽东等中央领导同志圈阅同意，被誉为“新中国保险业的长子”，是新中国保险事业的开拓者和奠基人。

金立群

亚洲基础设施投资银行行长、董事会主席

金立群，亚洲基础设施投资银行首任行长兼董事会主席。

1978 年考入北京外国语学院，师从王佐良、许国璋教授，攻读英美文学。并获英美文学专业硕士学位。金立群是中国恢复高考后的第一届研究生。1980 年赴美国工作，金立群还先后在美国乔治·华盛顿大学和波士顿大学经济系研究生院学习，从事经济学研究。回国后获高级经济师职称。

自 1980 年起到财政部工作，先后担任各级领导职务。1988—1993 年担任世界银行中国副执行董事。1995 年任财政部部长助理。1998 年任财政部副部长，兼任中国人民银行货币政策委员会委员。2003—2008 年，担任亚洲开发银行副行长。2008 年 9 月起担任中国投资有限责任公司监事长。2013—2014 年，担任中国国际金融有限公司董事长，其间，兼任国际财务报告准则基金会受托人。

2014 年 1 月起参与筹建亚投行，先后任筹建工作组组长、多边临时秘书处秘书长以及亚投行候任行长；2015 年 8 月 24 日，正式成为亚洲基础设施投资银行行长。

2016 年 4 月 21 日，入选《时代》周刊公布出的 2016 年度“全球最具影响力人物”。

2018 年 12 月，入选“中国改革开放海归 40 年 40 人”榜单。是中国人民银行货币政策委员会和中国反恐怖委员会的成员。现任亚洲基础设施投资银行行长、董事会主席。2020 年 7 月 28 日，理事会选举金立群为第二任行长，任期 5 年。

在过去的 20 多年中，特别是 1997 年亚洲金融危机以来，金立群一直活跃于国际经济事务活动中，参加了许多双边和多边经济和金融论坛，如中美联合经济委员会、中英财经对话机制、亚太经合组织财政部长级会议以及东盟 10+3 会议和 G-20 财长会议。2015 年 12 月，出席了第二届世界互联网大会开幕式并担任嘉宾；2023 年 3 月，出席中国发展高层论坛 2023 年年会。

李礼辉

第十二届全国人大财经委委员

中国银行原行长

中国互联网金融协会区块链工作组组长

李礼辉，中国资深银行家与金融学者，经济学博士，研究员。1977年毕业于厦门大学财政金融专业。

1984年，任中国人民银行福建省分行办公室副主任；1989年，任中国工商银行福建省分行副行长、党委委员；1994年，任中国工商银行副行长；2002年9月，任海南省副省长，主管金融和旅游业；2004年8月，任中国银行股份有限公司副董事长、行长；2016年，当选为第十二届全国人大财经委委员。

在国际金融、金融科技、银行管理、并购重组等领域具有丰富经验，在中国工商银行并购香港友联银行、中国银行股份制改革以及银行的科技创新、跨国经营中发挥了重要作用，在国内外金融界享有盛誉。

具有海外工作经验、熟悉银行经营管理、从事过应对复杂局面的政府宏观工作，在中国银行改制的关键时期，李礼辉力推股改，这项涉及20多万中国银行员工的变革，极大地冲击了国有银行体制下的陈旧观念，建立了规范的股东大会、董事会、监事会和管理层制度。他多次在博鳌亚洲论坛、中国经济年会等国际、国内顶尖论坛发表主旨演讲，在重要报刊和经济金融核心期刊发表论文，同时，积极为国家经济金融改革发展建言献策，提出的立法修法及政策建议多次得到国务院有关领导批示。

目前，担任中国互联网金融协会区块链工作组组长的李礼辉开始研究银行数字化转型和区块链等前沿课题，继续为国家的金融发展与进步作出贡献，从而推动金融机构及科技创新企业的创新，加快区块链、大数据等最新技术的应用。

池腾辉

横琴粤澳深度合作区金融发展局局长

池腾辉，现任珠海市横琴新区金融和财政局局长，中共党员，高级经济师。1995 年，毕业于北京大学光华管理学院国民经济管理专业；1999 年，获中南财经政法大学货币银行学专业硕士学位。曾在中国人民银行珠海市中心支行（国家外汇管理局珠海市中心支局）担任要职，拥有资产处置、货币金银、国际收支、党委与机构管理等多项工作经验。20 年扎根金融一线，基于企业金融服务需求，助力实体经济创新发展，积极投身金融业务创新，积极推进琴澳深度合作工作。2011 年 6 月，调任横琴新区财金事务局副局长；2015 年 4 月，转任横琴新区金融服务局副局长主持全面工作；2017 年 5 月，任横琴新区金融服务局局长，负责横琴金融行业发展工作，搭建金融创新服务平台，优化横琴金融产业生态。带领横琴金融服务团队积极推动各项金融创新工作，实现一批先行先试的制度创新案例，包括 6 项金融改革创新措施先后成为广东省四批 21 项金融可复制推广经验的重要组成部分；8 项金融改革创新纳入人民银行广州分行发布的广东自贸试验区 9 个金融创新案例；5 项金融创新入选广东自贸区三周年制度创新最佳案例。这些工作形成了具有横琴特色的金融改革创新样本；同时，实现众多全国率先，包括全国首发银联标准多币种卡、全国率先开展本外币兑换特许机构刷卡兑换业务、全国首笔办理贸易融资资产跨境转让业务等。任职期间，横琴金融服务局积极推动横琴金融业实现跨越式发展，从最初只有 1 家农信社分社，发展成为“从无到有、快速集聚、门类齐全、特色鲜明、安全可控”的重要支柱产业。2009—2020 年，全区金融业增加值从 0.3 亿元增加到 140.46 亿元，金融类机构从 1 家增加到 5520 家。2020 年全区实现金融业增加值 140.46 亿元，同比增长 5.5%，占全区地区生产总值的 30%；金融业税收收入 73.96 亿元，占全区税收收入的 30%。

2021 年 1 月至今，任横琴新区金融和财政局局长，全面主持横琴金融与财政协调发展工作，加快推动横琴创新金融以及粤澳跨境金融，以促进两地产业结构转型升级，为澳门经济多元化发展提供新空间、新动能。任内，积极推动 6 项金融支持横琴粤澳深度合作区建设的重要措施，包括：①培育金融新业态，支持澳门现代金融产业发展；②建设离岸金融市场，开展更高水平金融对外开放试点；③拓宽资金融通渠道，提升粤澳跨境资金流动便利度；④推动民生金融互联互通，提升澳门居民获得感和幸福感；⑤以金融创新在横琴粤澳深度合作区推动发展新产业；⑥推进横琴粤澳深度合作区金融改革开放，推动建立以人民币计价结算澳门证券交易所以及横琴粤澳深度合作区推进建设跨境资本服务平台等。

曹文炼

丝路产业与金融国际联盟理事长

国家发展改革委国际合作中心主任

中国经济体制改革研究会副会长

中国国际经济交流中心理事、学术委员会委员、研究员，教授、博士生导师

曹文炼，先后就读于厦门大学（1978—1982 年）、中国人民大学（1984—1986 年）和北京大学（1994—1996 年），分别获得经济学学士、硕士和博士学位，是我国金融政策和改革领域的著名专家。

长期参与国家重要宏观调控政策、中长期规划和重大改革方案的研究制定。曾先后参与1993年财税金融外汇改革、1994年第一次中央经济工作会议的文件起草以及1997年、2002年和2007年三次全国金融工作会议的筹备与文件起草；曾参与2005年中国投资公司筹备、1993—2008年国家政策性银行和国有大型商业银行历次改革方案的研究制定，曾开创和主持中国产业投资基金、创业投资、飞机轮船融资租赁等政策法规的研制与实践，参与组织推动国内信用体系建设。主持产业投资基金和创业投资管理法规的研究制定，先后指导了渤海产业投资基金、中信（绵阳）产业基金、上海金融产业基金等10多家大型基金的试点工作。

2008年，由于对推动股权投资基金业发展的贡献，获得中国著名财经媒体评选的中国创业和私募股权投资十年重大政策贡献奖，是获得该奖的唯一时任政府官员；2009年，由于对股份制改革研究的贡献，与厉以宁等共同获得第二届中国经济学理论创新奖。

2020年4月2日，国际知名期刊《外交学人》刊发了包启挺、曹文炼等100名中国学者联名《致美国社会各界的公开信》，从人类命运共同体的角度，呼吁全球团结合作，并回应了欧美舆论中“甩锅”中国的论调。

王忠民

全国社会保障基金理事会原副理事长

王忠民，中国社会科学院研究生院政治经济学博士，教授、博士生导师。1975年2月参加工作，是国家有突出贡献专家，享受国务院政府特殊津贴。曾任全国社会保障基金理事会副理事长、第九届全国政协委员、党的十七大中央纪委委员、第十八届中央纪律检查委员会委员。

王忠民在数字财富、财富管理、投资、ESG 方面具有丰富的经验和重要影响力。其中，在 ESG 发展方面，王忠民认为市场机构应当挖掘出 ESG 的真正价值，推动可交易曲线扩张，使得 ESG 价值线的成本越来越低，社会收益越来越高，ESG 的市场化实践才真正可行。

在 2019 网易经济学家年会·中改院论坛上，王忠民围绕“创新与新经济增长”的主题展开深入讨论，探讨在关键之年，中国应如何在挑战中实现高质量增长，在国际竞争中取得优势，企业应如何抓住发展机遇和投资机会，通过创新升级，实现跨越式发展。

王忠民在关于 5G 与金融科技的讨论中认为，5G 可以完成数字化时代的分工协作，让数字化时代的任何一个场景在末端的场景当中，特别是在末端的金融场景当中，无时不新、无时不创，完成专业化存储，解决所有信息积累。但是从金融科技角度来看，5G 还没有渗透到每一个环节，效率还没有大大提升，数字化可以改造现有的财富逻辑和经济逻辑，而数字财富是影响每一个人的重要新理念。

朱嘉明

数字资产研究院学术与技术委员会主席、院长

中国投资协会数字资产研究中心专家组组长

朱嘉明，经济学家。现任横琴数链数字金融研究院学术与技术委员会主席，蓝迪国际智库专家委员会委员，中国国信总公司区块链研究院技术研究顾问委员会主席，澳门区块链产业协会主席，中国南方科技大学等大学讲座教授

和访问教授。

20 世纪 80 年代，深度参与中国经济改革，是“经济改革思想史的开创性事件”莫干山会议发起人之一，指出中国国民经济的核心问题是如何解决贫困问题。参与创建国务院技术经济研究中心，并先后担任河南省经济体制改革委员会、中国国际信托投资公司国际问题研究所、中国西部研究中心、北京青年经济学会负责人以及《中青年经济论坛》主编。

20 世纪 90 年代，先后在哈佛大学、麻省理工学院、曼彻斯特大学、塔夫茨大学等做研究员或访问学者。2000 年之后，曾任联合国工业发展组织经济学家，并任教维也纳大学和台湾大学。

朱嘉明学术领域宽广，包括经济增长、产业结构、科技创新、金融货币历史与政策、空间经济学、中国改革史等领域。特别是对数字经济、数字货币和区块链有开创性的研究与实践。代表作有《国民经济结构学浅说》《现实与选择》《非均衡增长》《从自由到垄断：中国货币经济两千年》《书话集》《Libra：一种金融创新实验》《未来决定现在：区块链、数字货币与数字经济》等。

马蔚华

联合国开发计划署可持续发展目标影响力投资全球指导委员会成员
国家科技成果转化引导基金理事长
国际公益学院董事主席
招商银行原行长

马蔚华，金融家。1982 年，毕业于吉林大学经济系；1986 年，获吉林大学经济学硕士学位；1999 年，获西南财经大学经济学博士学位，美国南加州大学荣誉博士，高级经济师。

原招商银行股份有限公司执行董事、行长兼首席执行官，经济学博士，第十届全国人大代表，第十一届、第十二届全国政协委员。现任国家科技成果转化引导基金理事长、社会价值投资联盟主席、国际公益学院董事会主席、壹基金公益基金会理事长和北京大学、清华大学等多所高校兼职教授，受聘为联合国可持续发展目标影响力投资全球指导委员会成员、香港交易所中国业务咨询委员会成员。

马蔚华担任招商银行 CEO 的 14 年间，招商银行资产总额、自营存款、自营贷款、营业净收入都增长了超过或接近 25 倍，不良率从最高时的 20%降至 0.66%，从一家地方性小银行，发展成上海和香港两地上市的全国第六大、全球第四十四大商业银行及世界 500 强公司，完成了招商银行的重大转型并实现 A+H 股成功上市。投身公益事业后，着力推动公益金融改革创新，致力于用商业模式和金融手段促进公益慈善创新发展，在影响力投资、慈善信托、公益创投、社会企业等领域寻求公益与商业的融合。2015 年，与瑞·达利欧、比尔·盖茨联合创建中国首家公益领军人培训机构“深圳国际公益学院”，并担任董事会主席。

2017 年起，担任社会价值投资联盟主席，领导公益智库并协同国际组织共同研发可持续发展价值评估标准，推出了蓝皮书、评级、榜单等“发现中国义利 99”系列产品，并在上交所挂牌了中国首只可持续发展股票指数（代码 931268）、合作发行了全球资本市场首只基于可持续发展绩效的 ETF 基金（代码 515090）。2019 年 3 月，被联合国开发计划署驻华处聘为特别顾问、可持续发展金融顾问委员会主席，同年 4 月被联合国开发计划署聘为可持续发展影响力投资全球指导委员会成员。其间，支持建立联合国主导下的全球可持续发展影响力标准，并向国际资本市场推广了“从标准构建到金融产品”的中国案例。2021 年 7 月，被香港交易所聘为中国业务咨询委员会成员。

马蔚华获国内外权威机构与媒体授予的各项荣誉近百项。2001 年获评“CCTV 中国经济年度人物”、2005 年获评英国《银行家》杂志“银行业希望之星”、2009 年获评“CCTV 中国十年商业领袖”；被美国《机构投资者》杂志评为“2007 年度亚洲最佳 CEO”“2008 年度亚洲银行业领袖”“2009 年度亚洲最佳行长”“2011 年度亚洲杰出 CEO”；被《亚洲金融》杂志评为“2009 年度亚洲最佳 CEO”；2012 年被《哈佛商业评论》评为“中国上市公司卓越 50 人”，入选《华尔街日报》“中国影响力排行榜”第四位，并获得安永企业家 2012 国家大奖。

在公益方面，马蔚华两次入选“年度中国公益人物”（2016 年、2017 年），荣获“第 12 届 · 2017 爱心奖”，荣膺“2017 中国十大社会推动者”，获评首届深圳市社会组织风云榜十大社会组织功勋人物、第三届深圳市社会组织风云榜先进模范人物和第四届鹏城慈善推动者。2020 年，在深圳经济特区建立四十周年之际，荣获深圳市委和市政府“深圳经济特区 40 年 40 人”模范人物表彰。

曹远征

中国银行首席经济学家

中银国际控股有限公司董事、副执行总裁

中国诚通控股集团有限公司外部董事

曹远征，武汉大学经济学硕士，中国人民大学经济学博士。1990—1992 年，在联邦德国达姆施塔特技术大学经济工程系进修；1996 年，作为访问学者到访美国南加州大学金融系。

现任中国银行首席经济学家，中银国际控股有限公司董事、副执行总裁。

2019年9月9日，受聘为中国诚通控股集团有限公司外部董事。

曾任中国国家经济体制改革委员会经济体制改革研究院常务副院长、国外经济体制司比较经济体制处处长、中国经济体制改革研究所比较经济体制研究所副主任。兼任中国人民大学经济学院博士生导师、美国南加州大学客座教授、上海复旦大学兼职教授、中国宏观经济学会副秘书长等。

国家特殊津贴获得者，国务院新闻办《中国网》专栏作家、专家，著名经济学家论坛“中国经济50人论坛”成员，中国民生研究院特约研究员。著有《通货膨胀的国际传递》《世界经济体系中的发达与不发达关系》《改革：我们面临的挑战与选择》《东亚崛起的奥秘》《中国经济：面向未来的发展与挑战》《面向2020年的中国经济体制改革》《民营化：中国的经验》《中国私营经济的发展》等。

三、国防安全与地缘政治

沙祖康

联合国前副秘书长

中巴友好协会会长

国际绿色经济协会名誉会长

中国社会科学院“一带一路”国际智库专家委员会委员

沙祖康，1970年自南京大学英语系毕业，后进入外交部工作，2007年2月被任命为联合国负责经济和社会事务的副秘书长。

拥有长达43年外交生涯，涉足政治、经济、安全、社会、人权、人道等领域。作为中国政府和军方的顾问，他参与了中国政府在许多重大外交问题上的决策，是中国一系列重大军控和裁军倡议的设计者之一，也是改革开放以来中国外交的参与者和见证人。

1993 年，作为中国政府代表，在沙特阿拉伯的配合下，与美方谈判，妥善解决了“银河号”事件；1993—1994 年，参与第一次朝核危机的处理；1997 年，就任新组建的中国外交部军控司并担任首任司长，在中国履行军控、人权国际条约过程中，他多次承担中国政府各部门、军队和民间社会的协调工作，提出履约报告，配合履约视察、联合国工作组调查及报告员的访问，并倡导成立中国非政府组织，推动国际组织在中国设立代表处等；1998 年，作为外交部部长唐家璇的主要顾问，参与处理南亚核危机、参加五国外长关于南亚核问题联合声明的起草和磋商，并为此后联合国安理会通过 1172 号决议作出了贡献。沙祖康作为中国大使参与了中国政府和世界卫生组织对 2003 年“非典事件”的处理。

沙祖康是一位杰出的谈判者，先后参与《不扩散核武器条约》《全面禁止核试验条约》《禁止化学武器公约》《禁止生物武器公约》《特定常规武器公约》等军控和裁军领域重大国际条约的谈判和审议，参与起草联大和安理会通过一些重要的关于军控和国际安全的决议。始终以全球视野和战略眼光积极倡导国际安全合作，维护国际和平和地区稳定与安全。

金一南

第十一届全国政协委员

中国人民解放军国防大学战略研究所原所长

金一南教授，1972 年入伍，中国人民解放军少将军衔、正军级。中共十七大代表、第十一届全国政协委员。曾任中国人民解放军国防大学国际关系教研室教授、战略教研部副主任，兼任战略研究所所长等，战略学博士生导师。

现为中央党校（国家行政学院）、北京大学等多所院校的兼职教授，中国发展战略学研究会国防战略委员会专家委员、《学习时报》专栏作者、中央人民广播电台《一南军事论坛》节目主持人、《解放军报》特约撰稿人、中央电视台特约军事评论员、中国军事统筹学会战略研究中心特邀研究员、《中国军事科学》特邀编委。

全军首届“杰出专业技术人才”获得者，连续三届国防大学“杰出教授”，曾获中宣部“五个一工程”奖（1 次）、军队科技进步奖、国务院新闻办“中国国际新闻奖”（3 次）、《解放军报》“金长城国际观察优秀奖”、国防大学“优秀科研成果奖”。著作《苦难辉煌》被评价为“一部以全新的战略视野全方位描述中共党史和中国人民解放军军史的著作”，引发较大社会反响。2010 年 4 月，中组部和中宣部联合向全国党员干部推荐。2011 年 3 月，《苦难辉煌》获图书出版的最高奖项“中国出版政府奖”。

主要研究方向是国家安全战略、国际冲突与危机处理。2006 年，记二等功。2008 年，被评为“改革开放 30 年军营新闻人物”。2010 年，当选为“2010 中华文化人物”。

王郡里

中国改革开放论坛副理事长

原广州军区副参谋长、驻港部队原副司令员

王郡里，毕业于国防大学、俄罗斯联邦武装力量总参军事学院、桂林电子科技大学，历任战士、班长、排长、连长、作训参谋、营长、团参谋长、军教导大队长、集团军司令部作训处处长、军事科学院战役战术研究部一室研究员、战略研究部一室主任、军区司令部军务动员部部长、集团军参谋长、副军长，驻香港部队副司令员，广州军区主管作战、情报、信息化、港澳驻军的副参谋长。2004 年 7 月晋升为少将。2008 年任驻港部队副司令员，曾参加边境战争、参与保卫国家安全的重大斗争。

在担任驻港部队副司令员期间，王郡里积极领导驻港部队协助特区政府维持社会治安、救助灾害，为塑造“一国两制”下新型的军政军民关系作出了贡献。

党的十八大以来，2014 年 5 日—7 月，参加“中建南保卫战”，任广州军区前指第一副指挥长、指挥长；8—12 月，参加香港“反占中”斗争，担任军队 506 指挥所指挥长；参加中央前方指挥中心情报与现场斗争指导工作，2018—2019 年，参与香港斗争战略态势分析与行动建议工作。立三等功 6 次。

主要著作有《挑战——新技术革命的到来及我们的对策》《国际战略论》《战争的历程》《学习与思考——俄罗斯联邦武装力量总参军事学院留学笔记》等。曾参加《军事战略方针》研究制定，军队《司令部条例》《军语》《军事战略纲要》《战役纲要》《作战条令》《军队建设发展规划》《军事训练大纲》等法规编写工作。主笔多篇国家安全、战略对策、战争理论、部队建设、信息化建设等重大问题研究报告。主笔完成经略香港、南海，台海斗争、朝鲜半岛战略较量、中美战略危机管控、战略指导观和方法论等多篇战略指导建议报告。

积极参与军民融合建设，对中央军民融合办公室的宏观政策和相关法规的制定，提出了重要的研究性意见和建议；对地方若干重大创新型技术向军事运用转化，做了扎实的研发沟通和应用推动工作；大力推动军工技术向民用领域转化。针对第四次产业革命浪潮中形成的新技术和科研成果，王郡里与蓝迪国际智库专家开展积极交流、研讨和评估，探讨将新技术纳入智慧城市、军民融合及“一带一路”共建国家和地区发展的可行性。

孟祥青

国防大学国家安全学院技术二级教授

国防大学原战略研究所所长

孟祥青，国防大学国家安全学院技术二级教授，技术少将军衔，博士生导师，被评为新时代国防大学首届“名师名家”。毕业于中国人民大学和国防大学。曾在38军任战士和副指导员，在美国哈佛大学和安纳波利斯海军学院进行学术交流访问，在军委军事理论学习讲座上担任主讲人。

国防大学原战略研究所所长，现兼任军委某领域专家委员会副主任；军队战略规划咨询委员会委员、全军外事工作专家咨询组成员、军队科学技术奖励委员会委员、全军首批外宣专家，享受国务院“政府特殊津贴”，获得第六届军队杰出专业技术人才奖；校教学委员会委员，曾获校首届“杰出中青年专家”，连续四届“国家安全战略”学科学术带头人；北京大学、清华大学、中国人民大学、中央党校、中国井冈山干部学院、延安干部学院等特聘教授，人民政协讲坛教授；中央电视台特约评论员，中央人民广播电台特约观察员。

从教数十年，孟祥青讲授的“我国安全环境新变化与新特点”“国际战略形势与我国安全环境”等数十个教学专题被评为大学的优质课、精品课。还将讲台延伸到校外，在部队、党政机关、科研院所等传播国家安全知识。2020年，被评为新时代国防大学首届“名师名家”。

近年来，紧盯国家安全和国际战略形势新变化，进行深入剖析，结合世情、国情提出应对之策，取得一系列成果：发表论文100多篇、出版著作20多部、撰写政策咨询报告30余份。主要代表作：《冷眼向洋看世界》（2020年

8 月版，被中宣部推荐为“学习强国”干部阅读书目)、《释韬举略：孟祥青教授论安全》、《孟祥青讲稿自选集》、《当代世界经济与政治》、《战略机遇期的中国安全》等。

王　伟

广东合一新材料研究院有限公司董事长

王伟，男，汉族，1970 年 7 月生，河南南阳人，1989 年入学北京航空航天大学制造工程系，大学本科学历，研究员，1990 年 8 月加入中国共产党，1993 年 7 月参加工作。先后在中兴集团弘富投资公司、上海骐俊投资公司、上海国际节能环保公司担任要职，现任广东合一新材料研究院有限公司董事长。

目前主要从事热管理和纳米金属研发、生产工作。个人参与并申请专利近 300 件，授权 19 件。个人国际首创块状纳米合金制备工艺，成功实现多型合金的纳米化，并具备实现工业化基础。

广东合一新材料研究院有限公司（简称广东合一）是一家基于超导热材料技术，专注热管理和热控系统解决方案的服务商及产品开发制造商，是广东省新型研发机构，为国家高新技术企业。

广东合一的超导热材料具有良好的工程适应性，适用于众多领域，业务触及数据机房、医疗、照明、新能源、电力、电子、交通、家用电器等行业。本着军民融合的发展战略，公司开发的热控系统产品在民用领域得到应用，民用方向包括绿色数据中心、边缘计算、重频磁体冷却、大功率 LED 灯散热等，其中喷淋液冷和大功率 LED 灯散热是国家标准的主要起草单位。

广东合一于 2018 年 5 月成立由 6 位院士领衔、7 位知名专家教授参与共同组建的“广东合一热控技术院士工作站”，旨在对通用领域热管理和特殊行业热控制跨界工程应用中的科学和技术问题开展研究，已相继正式通过广州市院士专家企业工作站和广东省院士专家工作站认定。截至 2022 年 11 月，广东合一已申请专利 337 件，专利授权 232 件，其中发明专利授权 57 件，“芯片级喷淋液冷技术”的核心技术已在美国、日本、德国、新加坡、法国、印度以及中国台湾地区等申请了专利保护。

叶海林

中国社会科学院亚太与全球战略研究院副院长、纪委书记

中国社会科学院国际合作局副局长

中国社会科学院“一带一路”国际智库执行理事长

叶海林，中国社会科学院国际问题专家，2000 年北京大学国际关系学院毕业，获得法学硕士学位。2000—2004 年为中央机关政府公务员，2004—2006 年为我驻外使馆三等秘书，2006 年 2 月至今任职于中国社会科学院亚太所。

现为中国社会科学院亚太与全球战略研究院副院长、纪委书记、《南亚研究》副主编兼编辑部主任、中国社会科学院南亚研究中心主任和中国南亚学会常务理事兼秘书长。

中国社会科学院亚太与全球战略研究院是从党和国家大局出发，为落实中国社会科学院三个定位要求而组建的跨学科、综合性、创新型学术思想库。全球战略院在院党组领导下，以马克思主义为指导，坚持正确的政治方向和学术导向，遵循党中央的对外方针政策，体现中国意识与全球视角，以我国对外关系领域、国际关系领域中的重大理论与现实问题为主攻方向，集中院内外力量开展综合性国际战略研究，以代表国家水准、具有世界影响的研究成果服务于党和国家的决策，扩大我国在国际社会的话语权。具体研究领域包括：世界经济、政治与社会发展趋势，全球治理机制，世界范围内资本主义和社会主义制度面临的矛盾与发展趋势，国际热点和难点问题，与国际战略相关的理论与思潮，我国的周边环境与战略，我国对外战略的综合性问题，等等。

叶海林目前主要从事南亚地区政治与国际关系、反恐及非传统安全研究。学术代表著作有专著《巴基斯坦——纯洁的国度》、译著《空间战争》等。发表学术论文 70 余篇。

叶海林是央视的特约评论员，多次作为嘉宾参与央视《环球关注》《防务新观察》《今日关注》《央广时评》和凤凰卫视《全球连线》等多档国际评述类栏目进行军事方面的评论，发表的观点独特新颖，获得观众好评。

四、“双碳”战略与可持续发展

郑国光

应急管理部原党组成员、副部长

中国地震局原党组书记、局长

中国气象局原党组书记、局长

郑国光，1981 年 3 月加入中国共产党，1994 年获得加拿大多伦多大学理学博士学位，1996 年获得研究员资格。2007 年 3 月任中国气象局党组书记、局长，2016 年 12 月任中国地震局党组书记、局长，2018 年 3 月任应急管理部党组成员、副部长。

现任（兼）十九届中央纪委委员，国家减灾委员会秘书长兼办公室主任，国务院第一次全国自然灾害综合风险普查领导小组办公室主任，国务院参事室特约研究员（灾害防范及应急管理领域），应急部—教育部北京师范大学减灾与应急管理研究院院长，中国应急管理学会第一副会长，中国红十字总会副会长，国家应急指挥总部建设领导小组副组长（常务），应急管理部应急减灾卫星工程总指挥，国家自然灾害防治研究院理事长，亚洲减灾中心理事；国务院河南郑州“7·20”特大暴雨灾害调查组专家组副组长。

曾任党的十七大、十八大、十九大代表，十八届、十九届中央纪委委员，第十一届全国政协委员。1995—2016 年在中国气象局工作期间，兼任国家应对气候变化及节能减排工作领导小组成员兼国家应对气候变化协调办公室副主任；国家气候委员会主任委员；全球气候观测系统中国委员会（CGOS）主席；国务院大气污染防治领导小组成员、京津冀及周边地区大气污染防治协作小组成员、长三角区域大气污染防治协作小组成员。世界气象组织（WMO）中国常任代表、执行理事会成员，联合国政府间气候变化专门委员会（IPCC）中国首席代表，联合国秘书长全球可持续发展高级别小组（GFS）成员，全球地球观测组织（GEO）联合主席。

作为我国云物理和人工影响天气学科带头人，曾主持多项国家重点科研项目，发表学术论文 70 多篇，培养博士研究生 8 名、硕士研究生 14 名。获得 2008 年国家科技进步二等奖（排名第一），2006 年度世界气象组织 UAE 人工影响天气奖等。

2017—2020 年在中国地震局、应急管理部工作期间，按照中央财办的统一部署，负责应急管理部牵头 6 个有关自然灾害防治专题研究的统筹协调及总报告的撰写指导工作，牵头研究撰写《防灾减灾救灾“十四五”战略研究报告》《国家综合防灾减灾“十四五”规划》，参加2018年10月中央财经委员会第三次会议、2019年11月第十九届中央政治局第19次集体学习有关材料的准备，组织编制《防震减灾事业现代化纲要》《我国地震测震站网发展规划》《我国地球物理观测站网发展规划》等。

刘玉兰

中国生产力促进中心协会名誉理事长
科技部重大专项办公室原巡视员

刘玉兰本科毕业于中国人民大学，硕士毕业于北方交通大学，系统工程专业。1970年入伍，1977年调到国家科委（现科学技术部）工作直到2012年退休。

2003—2006年，任山东聊城市副市长。在聊城工作期间，启动了聊城科技特派员工作，还支持帮助一大批科技型的企业走向发展壮大之路，被聊城市委、市政府授予金钥匙和荣誉市民的光荣称号。

2008年，任陕北扶贫团团长，推动了榆林地区对“蓝碳”小而散企业的整顿工作。为此荣获全国妇联颁发的“巾帼英雄标兵”光荣称号。

科技部重大专项办原巡视员，科技部诚信办公室原副主任，先后在科技部办公厅、工业司、高新司、计划司、重大办等部门任副处长、处长、副巡视员、巡视员。从事过火炬计划、863计划、重大专项的管理工作。现任中国生产力促进中心协会名誉理事长。

中国生产力促进中心协会成立于1995年4月6日，是由宋健、李绪鄂等科技界老领导提议、原国家科委（现科学技术部）决定、民政部批准注册的全国性一级一类社会团体法人机构；是由全国各生产力促进中心以及从事中小企业生产力促进工作的相关企事业单位和个人自愿结成的全国性、非营利性社会组织，承担着全国生产力促进中心的业务协调、考核、评价、表彰和服务工作，承担着对中小企业的信息咨询、培训、技术转移、科技金融等多项服务工作，既是科技服务业和为中小企业服务的一面旗帜，也是连接政府与企业的桥梁和纽带。

夏　青

南水北调专家委员会委员
中国环境科学研究院技术委员会副主任委员、研究员
中国国际文化交流中心“一带一路”绿色发展研究院专家委员会秘书长

夏青，1967 年毕业于清华大学水利系，1981 年作为中国首批环境学研究生毕业于北京师范大学环境学研究室，1992 年获国务院政府特殊津贴，同年任职中国环境科学研究院副院长，2002 年在副院长兼任总工程师的岗位上退休，先后以第一负责人荣获国家级、省部级科技进步奖 6 项。

现为南水北调专家委员会委员、生态环境部环境影响评价咨询专家组专家、国家绿色产品评价标准总体组副组长、长江大保护联合研究中心总体组成员、中国环境科学研究院技术委员会副主任，也是深入中国生态环境一线解决疑难问题的著名专家。

1981 年，开拓建立中国水环境功能区分类管理体系，并于 1988 年、1998 年、2002 年 3 次主持制（修）订地面水环境质量标准，执行至今；1986 年起，建立中国流域控制单元划分和输入响应贡献率确定方法，已成为污染防治攻坚战的决策分析技术；1989 年起，开拓容量总量控制排污许可证技术方法，制定国家总量控制“九五”方案，为2015年排污许可证立法奠定环境质量倒逼排污总量优化分配的技术基础；1994年，提出为绿色消费服务的双绿色认证，开创绿色产品生命周期信息公告二十年实践验证，为2017年中国全面推行绿色产品和企业绿色声明提供技术范例；1995年起，先后主持编制国务院批复的淮河、太湖、南水北调中线、东线治污规划，已成为我国环境规划全面实施的成功范例；2002年后，任国家技术标准战略总体组成员，为实现技术成果标准化，标准化引领产业化作出贡献；2007年后，先后担任九部委联合承担的国家重点流域水污染防治规划指导组组长、国家近岸海域水污染防治专家组组长、渤海环境保护总体规划专家组组长，致力于多部门合作，形成环境保护合力；2010年后，面向市场，建立绿色生产力发展平台，集成水、气、固治理和农业面源治理绿色循环技术，带动中小环保企业技术创新，推动颠覆性技术实践验证，支持科技生产力见诸经济效益；2016年，为实现生活、生产、生态“三生融合、三生共赢”，又在生态文化领域开拓创新，指导国内首家生态环境频道（EETV）创办；2019年，攀登生态文化与绿色生产力互为融合的新境界，发起成立绿色生产力工作委员会，搭建绿色服务平台。

徐锭明

国务院参事室特约研究员

国家发展改革委能源局原局长

徐锭明，长期从事能源发展战略研究、规划编制、重大工程实施等工作。高级工程师，1970年，从北京石油学院毕业，曾在大庆、大港、渤海油田工作11年。先后在石油工业部、中国海洋石油总公司、中国石油天然气集团公司、能源部等单位工作。并历任国家发展计划委员会基础产业司副司长、国家发展计划委员会正局级巡视员、西气东输办公室主任；2003 年 4 月，任国家发展改革委能源局局长；2005 年 4 月，兼任国家能源领导小组办公室副主任；2014 年 12 月，被聘为国务院参事室特约研究员。

国务院参事室是毛泽东、周恩来等老一辈革命家亲自倡议设立的，一直受到党中央、国务院领导同志的关心重视，是具有统战性和咨询性的国务院直属机构，1949 年 11 月设立。主要职责是组织国务院参事围绕政府中心工作开展调查研究，了解、反映社情民意；对政府工作进行监督，提出意见、建议和批评；对有关法律文件草案、政府工作报告稿和其他重要文件草案提出修改意见和建议等。

徐锭明积极推动民营企业在可再生能源方面的积极作用，为促进我国能源革命，建设现代化的供热、供冷体系作出了巨大贡献。能源革命离不开民营企业，民营企业需要在科技创新的指引下，通过不断试错，推动中国可再生能源发展进入高质量时代。2022 年 1 月，在大数据产业基地“源网荷储”高峰论坛上发表题为《能源结构调整——中国能源战略之首》的线上演讲。

潘家华

中国社会科学院学部委员
中国社会科学院可持续发展研究中心主任
北京工业大学生态文明研究院院长
国家外交政策咨询委员会委员
国家气候变化专家委员会委员、研究员

潘家华，中国社会科学院学部委员，国家气候变化专家委员会副主任，中国社会科学院可持续发展研究中心主任，北京工业大学生态文明研究院院长、博导，中国城市经济学会会长。享受国务院政府特殊津贴（1997 年）、入选中宣部“四个一批”人才（2005 年）和国家“万人计划”哲学社会科学人才计划（2014 年）。国家 973 项目首席科学家。中央政治局集体学习讲解二氧化碳减排目标（2010 年）。

全球气候适应顾问委员会委员（2020 年 5 月）、联合国全球可持续发展独立专家组（全球 15 名，联合国秘书长古特雷斯 2020 年 10 月任命）成员、联合国政府间气候变化专门委员会第 4~6 次评估报告：减缓卷主笔（2004—2021 年）。国家社会科学基金重大研究专项，推动“一带一路”倡议与联合国“2030 年可持续发展议程”对接研究（2018—2020 年）、国家自然科学基金重大专项“碳中和的经济社会系统性变革研究”（2021—2025 年）、国家 973 专项太阳辐射调节（Solar Radiation Management，SRM）科学与治理研究共同负责人（2016—2021 年）课题负责人，联合国《2023 年全球可持续发展报告》主笔（2023 年）。

曾任中国社会科学院生态文明研究所所长、国家外交政策咨询委员会委员、生态环境部专家委员会委员、北京市政府专家咨询委员会委员、联合国开发计划署（UNDP）北京代表处高级项目官员、能源与环境顾问、联合国政府间气候变化专门委员会减缓工作组（荷兰）高级经济学家、英文期刊 *Chinese Journal of Urban & Environmental Studies* 主编。

1992 年获剑桥大学经济学博士，研究领域包括可持续城市化、能源与气候政策、生态文明新范式经济学等。主持国家社会科学基金重大、国家自然科学基金重点、国家重大科技支撑等项目，以及中国社会科学院重大招标、重大国情项目及有关部委、地方政府委托和国际合作项目 60 余项。在《经济研究》、《中国社会科学》、*Nature*、*Science*、*Oxford Review of Economic Policy* 等学术期刊发表论文 350 余篇，出版学术专著 10 余部，获中国社会科学院优秀科研成果奖、孙冶方经济科学奖、中华宝钢环境（学术）奖等重要学术奖 20 多项。应邀在央视《开讲啦》讲解碳中和的技术经济社会变革机遇与展望、宋庆龄基金会《给孩子们的大师讲堂》讲解碳中和知识，在中国社会科学院大学开设“可持续发展经济学理论与方法”课程。

自2020年10月起，在北京工业大学组建生态文明研究院团队，开展生态文明发展范式经济学理论研究，包括自然价值理论、自然生产力理论、环境福祉理论等理论与方法构建；在气候变化经济学的学科体系、学术体系和话语体系建设领域，开展一系列研究方向的创新研究，如“北京碳中和2050”“零碳微单元能源解决方案及其经济社会变革”等；开展可持续发展经济学理论与方法研究，联合国2030年可持续发展议程的学理、治理与政策研究。

王宏广

全国政协参政议政特聘专家

北京大学中国战略研究中心执行主任

科技部原农村与社会发展司副司长

原中国生物技术发展中心主任（正局级）

王宏广，全国政协参政议政特聘专家、北京大学中国战略研究中心执行主任，四川大学华西医院中国人民生命安全研究院创始院长。曾任科技部农村与社会发展司副司长、中国生物技术发展中心主任（正局级）。先后在美国、德国等国6所大学做访问学者，赴30多个国家或地区开展学术交流与调研。

从事国家863计划生物领域、重大新药创制国家重大科技专项的管理工作10年，从事科技战略与技术预测工作15年，连续20多年跟踪研究30多个国家及我国31个省区的生物技术与生物产业发展动态。作为起草组组长起草《中华人民共和国生物安全法》《农业科技发展纲要》等重要文件。

著有《差距经济学》、《中国生物安全》、*China's Food Security Research* 等学术专著 8 部，主编《中国现代医学创新能力与诊疗能力国家比较》《中国的生物经济》等学术著作 16 部。发表《论科教兴国》《试论生物经济》等论文 110 余篇。主持编写《中国医药城》等 15 个生物医药园区规划。

在国际上最早提出“生物技术将引领新的科技革命、生物经济引领第四次浪潮”“第二经济大国陷阱”“生物霸权”等观点，引进国际社会广泛关注。研究报告《第三产业拥有 20 万亿元潜力》《健康产业拥有 8 万亿元潜力》等得到时任国务院总理的重要批示。“建设医药强国”“发挥中医药病前主导、病中协同、病后核心作用”等建议被政府有关文件采纳。建议并作为大会秘书长创办首届国际生物经济大会、首届国际农业科技大会。参与筹建国际生物经济联合会、国际生物经济研究院，致力于运用人工智能与互联网技术打造“现代赤脚医生”，缓解 7 亿名农民看病难、看病糊涂的难题。被中共中央、国务院、中央军委授予“全国抗震救灾英模”，国务院授予“抗击 SARS 先进个人”。

五、新闻传播与话语体系建构

周明伟

第十二届全国政协委员
原中国外文出版发行事业局局长
中国翻译协会原会长，中国翻译研究院院长

周明伟，1972 年 10 月参加工作，1984 年 7 月毕业于复旦大学国际政治系，曾在美国纽约州立大学洛克菲勒政治学院和美国哈佛大学肯尼迪政府学院学习，获博士学位，曾任第十二届全国政协委员，党的十六大、十八大代表。

历任复旦大学校长助理兼校长办公室主任、外事办公室主任（1994—1996年），上海市人民政府外事办公室副主任、主任（1996—2000年），中共中央台湾工作办公室、国务院台湾事务办公室副主任（副部长级）（2000—2003年），中国外文出版发行事业局常务副局长（副部长级）、局长（2004—2017年）。

现为北京大学国际战略研究院常务理事、清华大学新闻与传播学院常务理事、复旦大学中美人文交流战略对话研究中心名誉主任、中央社会主义学院、中国浦东干部学院、复旦大学特聘教授、华东师范大学客座教授、俄罗斯普列汉诺夫经济学院名誉教授等。

曾任孔子学院总部常务理事、中国西藏文化发展与保护协会副会长、中国生态文化协会副会长、第五届中日友好21世纪委员会中方委员和中国翻译协会会长。中国翻译协会自成立以来，充分利用自身资源优势，经常举办翻译行业学术交流活动，积极开展翻译人才培训、翻译咨询服务以及与翻译工作相关的社会公益活动，开展与国际翻译界的交流与合作，并积极参与行业管理，推动中国翻译行业国家标准的制定与实施。

主要研究方向为美国国会政治、院外集团、游说与国会决策，国际关系、美国政治、中美关系与台湾问题、国际传播、东西方文化比较等。

周锡生

第十二届全国政协委员

新华社原副社长兼常务副总编辑

中国搜索信息科技股份有限公司总裁

周锡生，毕业于上海外国语大学英语系，留学于希腊亚里士多德大学哲学系。1978 年进入新华社工作，曾任新华社华盛顿分社副社长、联合国分社社长、新华社副社长兼新华网总裁、总编辑、中国记协副主席、第十二届全国政协外事委员会委员。

新华社首届“十佳国际编辑”、全国宣传文化战线“四个一批人才”、国家新闻出版总署首批全国创新领军人才，享受国务院政府特殊津贴。

长期从事国际报道和对外报道，曾任新华社常驻美国国会、白宫、五角大楼、国务院和华尔街记者，曾多次担任党和国家主要领导人出国访问报道主要随团记者。周锡生采访过美国总统老布什、小布什和联合国前秘书长安南、俄罗斯总理梅德韦杰夫等国际政要，以及华尔街一批经济金融大亨，采访报道了西方七国首脑会议、中美元首会晤、美国大选等一系列重大国际性会议活动；曾担任奥巴马访华上海专场演讲会现场中英文直播报道总指挥、新华社达沃斯论坛报道总指挥、新华社北京奥运会、伦敦奥运会、上海世博会报道团总指挥。

长期从事互联网、新媒体、融媒体工作，创办了新华网、中国政府网、中国平安网、中国文明网等多个大型网站和 APEC 会议网站，对国内外网络媒体、网络文化、网络安全、社交媒体和数字经济等有深入研究，并长期担任中央有关部门和地方党政机关领导干部培训授课老师。

对国际问题、世界经济、国际金融贸易、“一带一路”和互联网、新媒体、数字经济、人工智能等有长期跟踪和深入的研究，发表过上千篇深度述评文章，目前在上海东方网“东方智库”开设有“周说天下”评论专栏，评点国际重大问题、热点问题，对国际重大事件的预测准确率较高。

匡乐成

新华出版社社长、党委书记

中国财富传媒集团副总裁、党委委员、董事

匡乐成，新华出版社社长、党委书记，中国财富传媒集团副总裁、党委委员、董事，高级编辑。

曾任新华社办公厅副主任，中国经济信息社副总裁，国家金融信息中心总经理，新华中经信用有限公司董事长。被聘为全国共享经济标准化技术委员会副主任委员，北京市、天津市社会信用建设标准委员会委员，河南省社会信用建设智库特聘专家，蓝迪国际智库专家委员会委员。

在中经社期间，牵头负责国家金融信息平台“新华财经”、国家级信用信息平台“新华信用”、国家级“一带一路”综合信息服务平台“新华丝路”的开发、建设和运营，负责经济智库、舆情监测与研判、大数据和技术建设等业务。在抗击疫情期间，组织策划的舆情分析和系列《经济分析报告》获得各界好评，多篇文章获得中央领导同志批示。

在新华社办公厅期间，曾任督察室主任、党委人事办主任、正处级秘书、调研室副主任等，参与筹建中国政府网、中国搜索，参与有关加强互联网管理、新媒体建设、媒体融合发展、多媒体数据库建设、经济信息改革发展等专项调研，多次参加全国两会报道，调研报告被中央领导同志批示并获评新华社社级好稿，推动新华社多媒体数据库建设和待编稿库采编发体制改革、经济信息业务体制机制改革。

在新华社机关党委工作期间，曾获得全国政协八届五次会议大会秘书处“精神文明标兵”“新华社优秀团干部”等荣誉称号，撰写的文章获新华社优秀公文一等奖。

金 雷

新华社中国经济信息社经济智库事业部总经理

金雷，现就职于新华社中国经济信息社，任经济智库事业部总经理。

2004 年进入新华社工作，历任编辑、主任编辑、终审发稿人、专线副总监、事业部副总经理等职务，熟悉高端智库运作，熟悉政策话语体系，带领团队长期从事宏观经济、产业经济、房地产、能源、农业经济等领域的政策研究分析工作。

中国经济信息社是新华社直属的专业经济信息服务机构，是国家高端智库建设试点单位，经过 30 多年的发展，已经成为中国权威性最强、服务领域最广、产品种类最全的经济信息服务机构之一。中国经济信息社已经构建起覆盖 180 个国家和地区、遍布全国 30 个省（区、市）的网络布局，培养了 1000 多名专业权威、经验资深、务实精准的分析师专家团队，可根据用户需求为政府部门、企业、金融机构、研究机构、大专院校以及其他需要相关资讯、研报、数据的机构提供包括线上平台、线下咨询、专项调研、论坛策划、培训讲座、信息发布等综合信息服务。

金雷长期从事新闻信息编审和智库研究工作，具有深厚的文稿写作功底和丰富的稿件审改经验，组织策划审发的许多报告得到中央及地方决策层重视，《商品房土地使用权续期无细则可循引发关注》《宜提升金融体系综合监管水平巩固楼市去杠杆成果》《抓住楼市企稳契机　从土地、租赁等方面加快房地产长效机制建设》《警惕部分城市“炒房”抬头、违规资金入市》《打造新时代高质量发展的新型城市样板——雄安新区规划与建设模式调研》《以品牌建设为统领　全面深入推进青稞产业高质量发展》等报告获得中央及地方政府领导人重视，推动了政策形成，助力了相关行业供给侧结构性改革。

六、“一带一路”与国际合作

张冠梓

第十四届全国政协委员
中国社会科学院信息情报研究院党委书记、院长，研究员

张冠梓，中国社会科学院信息情报研究院党委书记、院长，研究员，享受国务院政府特殊津贴。

1987年7月毕业于曲阜师范大学历史系，获历史学学士学位；1990年7月毕业于北京大学历史系，获历史学硕士学位；1998年7月毕业于北京大学法学院，获法学博士学位。2000—2007年在中国社会科学院法学研究所从事博士后研究；2008—2009年在美国哈佛大学肯尼迪政府学院做高级访问学者。历任中国社会科学院民族研究所民族历史研究室副主任，院团委书记，院党组办公室青年工作处处长、主任助理、副主任，院直属机关党委副书记、常务副书记，院人事教育局局长，中共广东省东莞市委常委、副市长（挂职），院历史理论研究所党委书记、副所长。

长期担任中国社会科学院青年人文社会科学研究中心秘书长、理事长，中华全国青年联合会常委兼哲学社会科学界别副主任、秘书长，中国法律史学会常务理事，中国民族史学会理事。

主要研究领域为中国传统法律文化、中国少数民族法制史、法律人类学与法律社会学、人才学、海外中国学、国家安全学、智库研究等。主要代表作有《论法的成长——来自中国南方山地法律民族志的诠释》《中国少数民族传统法律文献汇编》《作为法的文化与作为文化的法——南方山地民族传统法的演进》《多元与一体：文化背景下的中国法律》《多向度的法——与世界法律人类学家对话》《哈佛看中国》《哈佛中国学》《学问有道——学部委员访谈录》《国情调研》。

先后获北京大学“五四”青年科学论文一等奖，中国法律史学会优秀论文一等奖，中国社会科学院优秀科研成果二等奖 1 项和三等奖 3 项，中国社会科学院优秀对策研究成果特等奖、一等奖、二等奖多项，第一届中国青年法律学术奖（法鼎奖）金奖，国务院颁发的政府特殊津贴，第五届胡绳青年学术奖，第二届政府出版奖提名奖，第六届全国十大杰出青年法学家提名奖等荣誉。

王　镭

中国社会科学院国际合作局局长、研究员
联合国教科文组织社会变革管理计划（MOST）中国国家协调人
中国社会科学院“一带一路”国际智库副理事长、专家委员会委员

王镭，中国社会科学院经济学博士、荷兰社会科学研究院（ISS）公共政策与管理学硕士；兼任中国人民对外友好协会理事、中国欧洲学会理事，国际

科学理事会和国际社会科学理事会灾害风险综合研究计划（IRDR）中国委员会副主席、国际科学理事会和国际社会科学理事会“未来地球计划”中国委员会指导委员会副主席以及《中国经济学人》（英文版）编委。

专注于研究中国对外经济关系中的贸易、投资、税收等问题。曾在荷兰蒂尔堡大学法律系、比利时鲁汶大学从事国际经贸制度研究，在《工业经济》、《财贸经济》、《国际经济评论》、《国际转移定价》（荷兰国际财政文献局）等中外学术期刊发表研究论文。其出版的专著《WTO与中国涉外企业所得税收制度改革》（社科文献出版社）填补了中国企业“走出去”税制研究中的空白，被商务部列为WTO研究重点推荐书目。

工作期间，积极组织、从事对外人文学术交流，设计和实施了一系列高层次对外培训、研讨项目，包括周边与发展中国家经济发展研修班、非洲总统顾问研讨班、国际知名汉学家研讨班等，宣介中国经济和社会发展，增进中外人文沟通。

致力于推进中外深度研究合作与高端智库交流，他与欧盟合作，组织实施了中欧人文社会科学大型共同研究计划（Co-reach）。该项计划是通过公开招标方式，在经济、法律、社会学、环境等领域，开展系列中欧合作研究项目。Co-reach模式被中欧双方誉为开展国际科研合作的典范；同时，中国社会科学院国际合作局与俄罗斯、美国、英国、印度、韩国等建立了高端智库对话交流机制，探讨加强互信与合作共赢之道；中国社会科学院国际合作局与联合国教科文组织、经济合作与发展组织、世界经济论坛、红十字与红新月会国际联合会、拉美开发银行等合作，围绕全球经济、科技创新、政策规制、人道发展、文化多样性等领域重大议题开展机制性交流，向世界发出中国声音。

吴　蒙

中国国际商会双边合作部部长
北京市大兴区副区长

吴蒙，现任中国国际商会双边合作部部长、北京市大兴区副区长。毕业于北京外国语大学英语语言文学系，曾在中央党校、井冈山干部学院进修。1996年参加工作，曾任中国国际贸易促进委员会驻港澳代表处副代表，中国国际贸易促进委员会国际联络部美大处副处长、处长。

中国国际商会是1988年经国务院批准成立，由在中国从事国际商事活动的企业、团体和其他组织组成的全国性商会组织，是中国国际贸易促进委员会开展各项工作的重要载体。双边合作部负责运营中国国际贸易促进委员会、商会双边工商合作机制，建立和管理双边机制地方联络办公室，开发、策划、组织和执行双边机制活动；对接境外对口商协会，开展贸易投资促进工作，搜集经贸信息，服务企业“走出去”和境外企业“引进来”；发展和管理机制会员；承办中国国际贸易促进委员会和商会交办的其他工作。

吴蒙长期致力于贸易投资促进事业，是多双边问题专家，在举办大型多双边活动方面具有极丰富的经验。曾牵头负责多场具有国际影响力的大型活动的组织筹备工作，其中包括2014年APEC、2016年二十国集团工商界活动（B20）、2017年美国总统特朗普访华期间中美工商领导人对话会、2018年中非企业家大会等。

有超过20年的中美双边关系工作经验，曾牵头实施中美企业对接计划（Corporate Match-making Program，CMP）并获得相关国家级奖项。对中国企业对外投资战略、政策风险有深入的了解，并善于梳理国内外政府事务资源，为企业提供定制咨询服务。

此外，积极推动多双边工商界交流与合作，发挥代言工商的作用。目前还担任中国-东盟商务理事会秘书长、中国-中东欧联合商会中方理事会秘书长、中国-拉美企业家理事会秘书长、上海合作组织中国实业家委员会秘书长、中国-葡语国家企业联合会秘书长等。

李希光

清华大学教授、博士生导师

清华大学国际传播研究中心主任

李希光，清华大学教授、博士生导师，清华大学网络信息与社会管理研究中心首席专家、西南政法大学全球新闻传播学院名誉院长、世界与中国议程研究院院长、喜马拉雅研究所所长、卫健委应急专家委员会成员、联合国教科文组织媒介素养与文明对话教席负责人、中巴经济走廊网总编辑。

曾任清华大学新闻与传播学院常务副院长、新华社高级记者、哈佛大学新闻政治与公共政策中心研究员、《华盛顿邮报》科学与医学记者、联合国教科文组织丝绸之路青年学者。

1990 年曾随巴基斯坦杰出学者丹尼教授乘船来到卡拉奇，沿印度河采访考察古丝绸之路。而作为联合国教科文组织丝绸之路青年学者，李希光已在“海上丝绸之路”、“草原丝绸之路”、“沙漠丝绸之路”、阿尔泰游牧路线行走 5 万多千米，被誉为“走遍丝路第一人”。

2010 年以来，分别受扎尔达里总统、吉拉尼总理、穆沙希德参议员等邀请，先后 6 次率领团组深入巴基斯坦访问考察，每年带领清华大学巴基斯坦文化与传播研究中心团队与巴基斯坦国家科技大学共同召开中国-巴基斯坦联合智库年会。

著有《写在亚洲边地》《谁蒙住了你的眼睛——人人必备的媒介素养》《新闻采访写作教程》《初级新闻采访写作》《软实力与中国梦》《舆论引导力与文化软实力》《对话西藏：神话与现实》《新闻教育未来之路》《发言人教程》等。

黄仁伟

复旦大学“一带一路”及全球治理研究院常务副院长

黄仁伟，历史学博士，研究员、博士生导师，国务院政府特殊津贴专家，复旦大学“一带一路”及全球治理研究院常务副院长，清华大学战略与安全研究中心学术委员，中国国际关系学会副会长，上海外国语大学国际关系与外交事务研究院院长，上海社会科学院副院长、历史研究所所长，盘古智库顾问委员会高级顾问。

兼任国务院台湾事务办公室海峡两岸关系研究中心特聘研究员，国家创新与发展战略研究会副会长，上海市人民政府决策咨询专家，上海市国际关系学会副会长，上海市美国学会副会长，上海市台湾研究会常务理事、副会长，中国美国经济学会常务理事，中国美国历史学会理事、常务理事，浦东美国经济研究中心主任，上海国际问题研究中心副主任等。

2001 年，获国务院政府特殊津贴。主要研究领域为国际关系与国际经济，其中包括中国国际战略、中美关系（含台湾问题）、国际关系理论、国际经济关系，是研究“中国和平崛起”的学者之一。

参与浦东开发开放战略研究（1992—1993年）、21世纪上海发展战略研究（1994—1995年）、世博会与上海新一轮发展战略研究（2003—2004年）、上海中长期科技发展战略研究（2004—2005年）；中央台办有关课题研究（2004—2005年）；中央党校“中国和平崛起发展道路”研究（2003—2005年）；中国国际战略研究基金会中美战略对话（1997年—），中国国际问题研究所中美日三边战略对话（1998年—）；中台办中美台湾问题高层对话（2000年—）；以及其他重大研究项目和重要战略对话。

出版著作：《罗斯福政言录》（1989年，吉林教育出版社）、《美国同事（第三卷）》（1991年，人民出版社）、《美国土地制度的历史演进》（1992年，上海社会科学院出版社）、《中美关系向何处去》（1995年，四川人民出版社）、《独立自主的和平外交政策》（1998年，上海人民出版社）、《中国崛起的时间与空间》（2002年，上海社会科学院出版社）、《国家主权新论》（2004年，时事出版社）、《中国国际地位报告》（2004—2009年，人民出版社）、《经济发展前沿问题》（2004年，上海人民出版社）、《中国和平发展道路的历史选择》（2008年，上海人民出版社），以及其他大量论文、文章及研究报告。

张保中

中国海外港口控股有限公司董事长

张保中，自2013年起任职中国海外港口控股有限公司董事长。接手瓜德尔港口运营7年多来，在积极建设瓜德尔自由区基础设施的同时，积极推进巴基斯坦联邦和地方政府落实经营协议中规定的税收优惠政策，为投资者创造良好的经商环境。

中国海外港口控股有限公司于 2013 年接管了瓜德尔港及 923 公顷自由区的开发权和运营权。作为巴基斯坦的第三大港，瓜德尔港是南亚地区和中东地区的重要深水港，具备极其重要的战略位置，也是“中巴经济走廊”和“21 世纪海上丝绸之路”的重要节点和旗舰项目。中国港控致力于将瓜德尔港及自由区发展成为区域范围内物流和加工制造的重要枢纽。

瓜德尔港作为中巴经济走廊最南端的印度洋天然海港，其战略地位极其重要。巴基斯坦将该港租给中国进行开发建设，中国海外港口控股有限公司是瓜德尔港及自由区的投资、开发和管理运营单位，其在巴基斯坦的子公司负责瓜德尔港口、瓜德尔自由区、海事服务和物流领域的开发和经营。

作为瓜德尔港开发商，张保中和他领导的中国海外港口控股有限公司始终以保护投资者利益为一切工作的出发点，积极为投资商创造便利条件，争取最优惠的投资鼓励政策，为投资商提供全面、细致的服务。他强调，中国海外港口控股有限公司期望与巴基斯坦本土商业巨子、阿里夫·哈比卜集团、阿斯卡里银行等国际上著名的商业集团和商业银行加强合作，实现互利共赢，共同为瓜德尔地区经济的发展作出贡献。

胡必亮

北京师范大学新兴市场研究院院长
北京师范大学“一带一路”学院执行院长
“一带一路”国际智库合作委员会理事

胡必亮，中南财经政法大学经济学学士、亚洲理工学院-多特蒙德大学联合理学硕士、德国维藤大学经济学博士，哈佛大学博士后。北京师范大学教授、博士生导师。现任北京师范大学新兴市场研究院院长、北京师范大学“一带一路”学院执行院长、北京师范大学“一带一路”研究院院长。

曾任世界银行经济官员，法国兴业证券亚洲公司首席中国经济学家和该公司驻北京首席代表，美国 DoubleBridge Technologies，Inc. 联合创始人兼财务总监，中国社会科学院研究员兼中国社会科学院研究生院博士生导师，哈佛大学高级研究员，北京师范大学经济与资源管理研究院副院长、院长。

其经济学研究与中国经济改革历程紧密相连。20 世纪 80 年代早期和中期，主要研究中国的农业经济与农村改革问题；20 世纪 80 年代后期和 90 年代初期，主要研究乡镇企业、农民工、城市化；20 世纪 90 年代中后期，主要研究中国宏观经济与资本市场；进入 21 世纪后，主要研究信息化与地方治理；从 2010 年起，开始专注于研究新兴市场经济。目前，重点关注的领域为“一带一路”问题与新兴市场国家经济发展。

独立出版著作 12 部，包括 3 部英文学术著作、9 部中文著作；学术性论文和一般性文章 200 多篇。部分作品分别于 1995 年、2007 年两次获中国经济学最高奖——孙冶方经济科学奖；1997 年，获第三届国家图书奖提名奖；2009 年，获张培刚发展经济学优秀成果奖。此外，还三次获中国社会科学院优秀科研成果奖。主编了 16 部关于“一带一路”和新兴市场国家的中英文著作，包括《表述“一带一路”》、《“一带一路”沿线国家综合发展水平测算、排序与评估》、《“一带一路”沿线国家产业发展报告》、《2050 年的亚洲》、《2050 年的中亚》、《2050 年的非洲》、《共享型社会拉丁美洲的发展前景》、《国际货币体系改革》、《中国与新兴市场》和 *Explorations in Development* 等。

孙壮志

中国社会科学院俄罗斯东欧中亚研究所所长
中国社会科学院中俄战略协作高端合作智库副理事长兼秘书长
中国社会科学院“一带一路”国际智库理事

孙壮志，现任中国社会科学院俄罗斯东欧中亚研究所所长、研究员，中国社会科学院上海合作组织研究中心秘书长，兼任中国上海合作组织睦邻友好合作委员会委员、中国亚非学会常务理事、中联部当代世界研究中心常务理事。教授，博士生导师。

1991年毕业于南开大学历史系世界史专业，获历史学硕士学位。2000年，中国社会科学院研究生院东欧中亚系毕业，获法学博士学位。2007—2012年，任中国社会科学院监察局副局长。2012—2014年，任中央纪委驻中国社会科学院纪检组副组长、监察局局长。2014—2017年，任中国社会科学院社会学研究所党委书记、副所长。

研究方向为俄罗斯与中亚国家社会政治、国际关系、上海合作组织等。主要著作有《中亚五国对外关系》（1999年）、《中亚新格局与地区安全》（2001年）、《中亚安全与阿富汗问题》（2003年）、《独联体国家“颜色革命”研究》（2011年）。发表论文有《上合组织新发展与我国对外经济合作的新机遇》（2012年）、《中亚新形势与上合组织的战略定位》（2011年）、《上海合作组织：中国与中亚合作的重要平台》（2011年）等。论文有《上合组织新发展与我国对外经济合作的新机遇》（2012年）、《中亚新形势与上合组织的战略定位》（2011年）、《“丝绸之路经济带”：打造区域合作新模式》（2014年）、《“一带一路”合作空间拓展的着力点研究》（2018年）等。多项科研成果分别获得国家和中国社会科学院一、二、三等奖。2010年获得国务院政府特殊津贴。

王晓泉

中国社会科学院俄罗斯东欧中亚研究所科研处处长
中国社会科学院“一带一路”研究中心副主任
中国俄罗斯东欧中亚学会秘书长

王晓泉，1999 年毕业于中国社会科学院研究生院，获得硕士学位。2005 年，中国社会科学院研究生院国际政治专业毕业，获得博士学位。2000 年，进入国务院发展研究中心欧亚社会发展研究所工作。2006 年，任国务院发展研究中心欧亚社会发展研究所所长助理。2013 年，调入中国社会科学院俄罗斯东欧中亚研究所工作。2015 年，任中国社会科学院“一带一路”研究中心秘书长。2016 年，任中国俄罗斯东欧中亚学会秘书长。2017 年任至今，中国社会科学院俄罗斯东欧中亚研究所科研处处长，兼任中国社会科学院“一带一路”研究中心副主任、中国俄罗斯东欧中亚学会秘书长。

研究方向涵盖欧亚战略、俄罗斯外交、“一带一路”建设等。长期主编《“一带一路”建设发展报告》蓝皮书、《中国俄罗斯东欧中亚学会年鉴》等，著有《“一带一路”建设中深化中俄战略协作研究》，发表《俄罗斯在东北亚的战略平衡作用论析》《欧亚全面战略伙伴关系研究》《俄罗斯的文明属性及其战略影响考论》《大国战略博弈下上合组织走向何方?》《对丝绸之路经济带的战略思考》等学术论文和研究报告近百篇。

中国社会科学院“一带一路”研究中心成立于 2015 年 4 月 16 日，隶属中国社会科学院，旨在以中国特色社会主义理论成果为基础，立足中国国情，统筹国内和国际两个大局，以建设“一带一路”为契机，深入研究符合时代潮流的区域经济合作新模式，综合研究“一带一路”相关的政治、经济、安全、外交、文化、社会等因素，跟踪研究世界格局影响下的地区形势和相关国家的国情，积极推动“一带一路”倡议的实施，服务于中央决策，服务于中国外交，服务于中国企业“走出去”的需求。

张陆彪

农业农村部对外经济合作中心主任

张陆彪，曾任中国农业科学院农经所副所长、中国农业科学院国际合作局局长、农业农村部国际合作司副司长、农业农村部农业贸易促进中心主任。兼任中国国际贸促会农业行业分会秘书长、中国国际商会农业行业分会秘书长。

1992 年获南京农业大学农业经济学博士学位，2002 年任中国农业科学院农业经济学博士生导师，指导培育国内外近百位硕士、博士、博士后专业人才和学科带头人。应邀担任联合国和平大学特聘教授和世界银行、非洲开发银行、世界粮食计划署等多个国际组织机构的专家顾问，具有丰富的国际机构和政府部门从业经验。

担任农业农村部国际合作司副司长期间，牵头完成《国务院办公厅关于加快农业对外合作的若干意见》《农业对外合作规划（2016—2020 年）》《农业对外合作与农业援助一体化实施意见》等多份顶层设计政策文件。任农业贸易促进中心主任期间，以中美贸易争端开展中美经贸摩擦对两国农产品出口影响、中美大豆贸易形势分析、美国大豆库存情况等多篇聚焦美国农业重点领域的报告获得部领导肯定性批示，多篇密切跟踪美国农业支持政策走向的报告为领导决策提供了重要参考，得到中央领导的认可。担任对外经济合作中心主任以来，推动建立农业走出去博士后工作站，聚焦中国农业对外投资合作，开展“十四五”发展规划研究、农业“走出去”总部基地建设、发达国家经验借鉴等一系列涉及发展方向的重要研究工作，成果得到部领导高度认可。

贺建东

北京市政协委员
BEYOND 国际科技创新博览会联合创始人
澳门科技总会会长

贺建东，BEYOND 国际科技创新博览会创始人，现任北京市第十三届、第十四届政协委员，中国航天基金会理事，广东省工商业联合会（总商会）常委，全国工商联青年委员，澳门特别行政区政府经济发展委员会委员，澳门科技总会会长、京澳经济文化交流促进会副会长等。2016 年获美国南加州大学工程管理硕士学位。在校期间担任香港学生会主席，积极组织举办各类活动。成功促成校友和在读学员的联系。多方联动美国东西岸各校香港学生进行学习和工作交流。

2018 年，作为创始人自主创立了科迪（杭州）科技服务有限公司（Forte Inc）。Forte Inc 整合国内外资源优势，致力于科创企业孵化、天使投资、企业加速和高科技创新转化，以打造国际创业社区为目标，促进港澳创业青年来内地创业和引入国外优秀人才与项目。同时，Forte Inc 利用国外的资源建立全球孵化器和加速器的网络，促进各地交流和市场落地。为打造高品质的孵化器，Forte Inc 未来将设立一只创投基金，着重投资与联合国可持续发展相关领域，包括大健康、农业和食物科技、环保技术和新基建技术等。2018 年被选为北京市第十三届政协委员并担任京澳经济文化交流促进会副会长，主要负责结合青年特点，从青年人的视角提出议案和建议，促进港澳年轻人更好地融入内地发展。曾参与“2019 京澳青年创新创业论坛”，澳门回归二十周年纪念等活动。

一直以来，贺建东关心社会、服务社会，不遗余力地促进内地、香港、澳门合作、交流和发展。他积极联动国内企业并将其引荐到澳门特别行政区，发挥青年生力军作用推动澳门特别行政区产业多元化发展。2019 年成为全国工商联青年委员参加粤商大会讨论并作发言。积极推动青年创业家参与探讨深化粤港澳大湾区工商合作，促进区域经济协调发展和高质量发展。2021 年，在贺建东的持续推动下，首届 BEYOND 国际科技创新博览会成功于澳门召开，博览会以“What’s Next”为主题探讨与展望科技未来发展。在博览会现场有近 5 万平方米的展区，吸引全球逾 20000 名科技创新专业观众参与，成为亚太区较具影响力的科技创新交流平台。2021 年 12 月 2 日—4 日，基于未来科技，生命科学，影响力科技，新基建、智慧城市与生活四大主题，向到场观众展示来自世界 300 家大型跨国企业、独角兽创新企业以及新型初创企业最新的创新成果及未来技术方向。受疫情影响，第二届 BEYOND Expo 于 2022 年 9 月 21—27 日以元宇宙形式举办，是截至当时最大规模的国际化线上科技博览会，在多个方面均开创了历史。2023 年 5 月 10—12 日，以“重义科技 Technology Re-defined”为主题的第三届 BEYOND 回归线下，在 3 天会议期间，累计参会超过 15000 人次，共有超过 600 家企业参与展示，海外展商占比 30%，BEYOND Expo 2023 在规模、规格、国际化上创出新高。

黄　平

中国社会科学院台港澳研究中心主任、香港中国学术研究院常务副院长
中国社会科学院原欧洲研究所所长、研究员
中国-中东欧国家智库交流与合作网络理事长
中国社会科学院“一带一路”国际智库理事

黄平，现任中国社会科学院台港澳研究中心主任、香港中国学术研究院常

务副院长、研究员、《读书》执行主编等。曾任中国社会科学院欧洲研究所所长，兼任中国与中东欧智库网络秘书长、中国社会科学院世界政治研究中心主任、台港澳研究中心主任，并担任中华美国学会会长、中国国际关系学会副会长、中国世界政治研究会副会长、全国港澳研究会副会长、中国人民对外友协理事、外交学会理事。

1991年毕业于伦敦经济学院，获社会学博士学位。历任中国社会科学院社会学研究所副所长、国际合作局局长、美国研究所所长。其间，曾任联合国教科文组织（UNESCO）社会转型管理政府间理事会副理事长（1998—2002年）、教科文组织重大科学项目国际评审委员（2003—2005年）、国际社会科学理事会副理事长（2004—2006年）和国际社会学会副会长（2002—2012年）。

在布鲁塞尔、巴黎、北京等地组织过四届中欧文化高峰论坛，在华盛顿、伦敦等地举办过中国社会科学论坛等国际问题圆桌或高端对话，负责过国家社科基金、中央部委委托课题、联合国粮农组织、教科文组织、欧盟等委托的大量课题。他是国家“四个一批”和哲学社会科学领军人才，享受国务院政府特殊津贴。

在社会发展、人口流动、城乡关系、中美关系、中欧关系、全球化、中国道路、现代性等领域长期从事专业研究，出版《寻求生存》、《未完成的叙说》、《误导与发展》、《与地球重新签约》、《公共性的重建（上、下）》、《中国农民工反贫困》、《西部经验》、《乡土中国与文化自觉》、《梦里家国：社会发展，全球化，中国道路》、《华侨华人在中国软实力建设中的作用》、《中国与全球化：华盛顿共识还是北京共识》、*China Reflected* 等著作，还翻译过《现代性的后果》《亚当·斯密在中国》等重要著作。

裴长洪

中国社会科学院经济研究所原所长

中国市场学会会长

第十三届全国政协委员

中国社会科学院大学研究生院经济学院博士生导师

裴长洪，博士研究生毕业。1981 年进入中国社会科学院经济研究所工作，后于 1983 年调入其他单位任职，并于 2010 年回到经济研究所工作。1995 年，获得国务院政府特殊津贴、先后入选中宣部“四个一批”人才工程与中组部万人计划“国家哲学社会科学领军人才”。

长期以来，专注于中国开放型经济相关领域的研究，包括国际贸易与投资、金融与服务经济、自贸试验区、全球经济治理等。研究大多立足于中国现代化建设的重大实践问题，力图作出理论解释并探讨政策领域的应用。博士论文《利用外资与产业竞争力》于 2000 年获得国务院学位委员会和教育部颁发的全国百篇优秀博士论文奖。

在《中国社会科学》《求是》《人民日报》《经济研究》《中国工业经济》《财贸经济》《国际贸易》等重要报纸杂志发表论文百余篇，同时在国内外英文期刊发表英文论文十几篇。代表性论文包括《我国对外贸易发展：挑战、机遇与对策》《从需求面转向供应面——我国吸收外商投资的新趋势》《习近平新时代对外开放思想的经济学分析》《中国公有制主体地位的量化估算及其发展趋势》《中国开放型经济新体制的基本目标和主要特征》《中国企业对外直接投资的国家特定优势》《中国特色开放型经济理论研究纲要》等。

善于把其学术研究成果凝练为现实意义强、具有可操作性的政策研究报告，并报送党和国家的决策机构。这些研究成果产生了较大的社会影响力。2005 年以来，研究成果获奖 20 多项，其中有商务部颁发的研究奖项、安子介国际贸易研究著作奖以及中国社会科学院设立的有关奖项。他提出的若干政策建议，曾得到习近平、李克强、温家宝、汪洋、马凯等党和国家领导人的批示。

积极为党和国家的决策研究提供理论支持，2005 年 5 月 31 日为第十六届中央政治局第 22 次集体学习讲解“经济全球化与国际贸易发展的新特点”；2011 年参加中央经济工作会议文件和 2012 年《政府工作报告》的起草工作。多次参加李克强总理、吴仪副总理以及国家发展改革委、商务部、国家外汇管理局领导主持的专家座谈会，参与讨论有关领域的政策问题。

李进峰

中国社会科学院民族文学研究所党委书记

李进峰，管理学博士，中国社会科学院民族文学研究所党委书记，研究员。中国社会科学院“一带一路”研究中心副主任。中国社会科学院上海合作组织研究中心执行主任。

1981 年 9 月至 1984 年 8 月，在河北水利电力学院工程管理专业学习。

1984 年 8 月至 1985 年 8 月，在河北省邢台市南和县水利局工作，任职员。

1985 年 8 月至 1988 年 8 月，在华北水利水电学院北京研究生部水工结构专业，攻读硕士研究生。

1988 年 8 月至 1992 年 12 月，在北京城建四公司方庄项目部，任技术员、工程师。

1992 年 12 月至 1993 年 12 月，在北京城建四公司第十项目部，任主任工程师。

1993 年 12 月至 1996 年 10 月，在北京城建四公司任副经理，其间，1994 年 4 月至 1996 年 4 月赴南非任中国海外工程集团公司（北京城建）博茨瓦纳海外项目经理。

1996 年 11 月，由北京市高级专业技术评审委员会评审为高级工程师（副研究员）。

1996 年 10 月至 1998 年 7 月，在北京城建集团戎泉工贸有限公司任总经理。

1998 年 7 月至 2001 年 3 月，在北京城建集团有限责任公司工程承包部，任副总经理。

2001 年 3 月至 2008 年 9 月，在中国社会科学院研究生院，任副院长。

2007 年 12 月，由中国社会科学院委托建设部高评委评为教授、研究员级高级工程师（研究员）。

2008 年 9 月至 2011 年 8 月，在新疆生产建设兵团第十一师任党委常委、副师长（中组部第六批援疆干部）。

2009 年 9 月至 2013 年 7 月，在北京大学教育学院经济管理专业在职攻读博士研究生。

2011 年 9 月至 2020 年 4 月，在中国社会科学院俄罗斯东欧中亚研究所，任党委书记、副所长。

目前兼任中国社会科学院研究生院上海合作组织研究中心执行主任，中国社会科学院“一带一路”研究中心副主任。主要研究领域为应用经济（建筑经济）、上海合作组织、“一带一路”、丝绸之路文化等。在企业从事国际商务工作和学术研究期间，多次赴南非、博茨瓦纳、赞比亚、津巴布韦调研。在中国社会科学院俄罗斯东欧中亚研究所工作期间，多次赴俄罗斯、哈萨克斯坦、吉尔吉斯斯坦、乌兹别克斯坦、塔吉克斯坦、印度、巴基斯坦、乌克兰、白俄罗斯、捷克、斯洛伐克等国家作学术访问和学术交流。主持多项省部级课题和国家相关部委的委托课题。

主要学术专著有《转型期中国建筑业企业问题》《援疆实践与思考》《上海合作组织 15 年：发展形势分析与展望》等。主编《上海合作组织发展报告》（2012—2020 年）。最新研究成果主要有《上合组织扩员：挑战与机遇》《上合组织 15 年发展历程回顾与评价》《“一带一路”建设五周年发展回顾与展望》《“一带一路”高质量发展的新机遇》《中国在中亚地区“一带一路”产能合作评析：基于高质量发展视角》等。

七、公共卫生与医疗健康

毕井泉

第十三届全国政协经济委员会副主任

中国国际经济交流中心常务副主任

原国家食品药品监督管理总局局长

毕井泉，中央党校研究生，北京大学中国经济研究中心高级管理人员工商管理硕士。现为第十三届全国政协委员、经济委员会副主任，中国国际经济交流中心常务副理事长。

2001—2003 年，任国家发展计划委员会经贸流通司以及经济贸易司司长；2005—2006 年，任国家发展改革委秘书长、副主任、党组成员兼秘书长；2006—2008 年，任国家发展改革委副主任、党组成员；2008—2015 年，任国务院副秘书长、机关党组成员；2015—2018 年，任国家食品药品监督管理总局局长、党组书记；2018 年 3 月至 2018 年 8 月，任国家市场监督管理总局党组书记、副局长；2020 年 8 月至今，任政协经济委员会副主任。

在政府工作期间，参与了国务院近 30 年来历次重大医改决策过程，并参与相关调查及中央文件起草工作。

在任国务院副秘书长期间，推动国家药品安全“十二五”规划出台，明确开展仿制药一致性评价计划，为后续中国药品监管改革及产业发展奠定基础。

在担任国家食品药品监督管理总局局长、党组书记期间，全力推动中国药品审评审批制度和监管制度改革，成为改革的开拓者。其中，推动了 2015 年《国务院关于改革药品医疗器械审评审批制度的意见》（国发〔2015〕44 号）的出台，重新定义“新药”概念，改革临床试验审批制度等，从转变监管理念开始引导产业走向国际化发展；2017 年主导起草中共中央办公厅和国务院办公厅《关于深化审评审批制度改革鼓励药品医疗器械创新的意见》，成为中国药品监管制度改革的里程碑。此外，2017 年推动原国家食品药品监督管理总局正式加入 ICH（国际人用药品注册技术协调会），并于 2018 年成功当选 ICH 管委会成员，逐步实施国际最高技术标准和指南，实现将我国的药品审评标准与国际接轨，为中国医药产品走向世界打下坚实基础。

2020 年担任第十三届全国政协经济委员会副主任之后，仍致力于中国医药卫生体制改革相关研究和促进中国医药创新产业发展。

曾　光

国家卫健委高级别专家组成员
中国疾病预防控制中心流行病学前首席科学家

曾光，1970 年毕业于河北医学院（现河北医科大学），1982 年获得中国协和医科大学硕士学位；1983 年自协和医科大学流行病学专业研究生毕业；1985—1986 年，美国 CDC 访问学者。国家卫健委高级别专家组成员、中国疾病预防控制中心流行病学首席科学家、博士生导师，WHO 传染病监测和应急反应科学委员会委员，中国现场流行病学培训项目执行主任，国务院政府特殊津贴获得者。

现兼任北京市政府参事，国家突发公共卫生事件专家组成员，卫健委艾滋病专家咨询委员会委员，国家人口计生委生殖道感染干预工程首席科学家，2008 年北京奥运会公共卫生顾问等。

擅长现场流行病学和公共卫生对策研究，长期工作在疾病控制和应急反应一线，处理国内重大、复杂的公共卫生事件，关键时刻多次向国家提出重要的公共卫生对策建议。

2001 年，创建了中国现场流行病学培训项目，为国家培养了有实战经验的高级流行病学人才；2003 年任首都“非典”防治指挥部顾问，发挥了突出的作用；2019 年末，新冠疫情暴发，深入武汉抗疫一线，为国家抗疫成功作出重要贡献。

宋瑞霖

中国医药创新促进会执行会长

中国药学会医药政策研究中心原执行主任

宋瑞霖，现任绿叶制药非执行董事，中国医药创新促进会执行会长。中国政法大学法学学士、中欧国际工商学院工商管理硕士、中国药科大学博士，曾任国务院法制办公室科教文卫法制司副司长。

1985—2007 年历任国务院法制局工作人员、副处长，法制办公室教科文卫司处长、副司长。工作期间，主要从事卫生医药方面的立法审查和研究工作，参与了1987—2006年中国卫生立法方面的所有活动，成为中国卫生医药法律专家；2007—2009年任中国药学会医药政策研究中心执行主任。2006年初，赴澳大利亚悉尼大学作为访问学者研究医药卫生体制改革，两年后回国参与建立中国药学会医药政策研究中心。2009年11月起，当选为中国医药工业科研开发促进会（现更名为中国医药创新促进会）执行会长。宋瑞霖长期从事卫生与药物政策、法律研究，特别是在完善我国药品审评审批制度改革、医保报销制度改革和医药创新政策方面作出了重要贡献。

2008年，参与卫生部“健康中国2020”课题研究，任药物政策组副组长，组织撰写了《中国药物政策研究报告》；2008年11月至2011年1月，主持研究《完善我国基本药物制度研究》；2011年8月，主持撰写《完善中国药品不良事件救济机制研究》第1版；其主持出版的《中国新药杂志》对我国医药卫生体制改革面临的挑战提出深层思考。

李定纲

北京陆道培血液病医院执行院长

李定纲，1982年毕业于南京医科大学，其后就职于首都医科大学附属北京友谊医院普外科，先后任普外科住院医师、主治医师，从事临床与教学工作。1990—1995年，赴美国约翰·霍普金斯大学（Johns Hopkins University School of Medicine）公共卫生学院临床流行病研究室与医学院肿瘤外科实验室，从事博士后研究工作；1995年5月，留美回国后继续就职于首都医科大学附属北京友谊医院普外科，任普外科副主任医师，从事临床、教学与科研工作；2004 年 5 月，调至北京海淀医院创建肿瘤基因治疗中心并任中心主任，主任医师；2007 年 4 月，在北京燕化医院建立基因生物治疗与热疗+微创的综合治疗中心，任中心主任、首席医学专家、主任医师；2015 年 9 月，任北京陆道培血液病医院执行院长；2016 年 1 月，任华润凤凰医疗集团凤凰牛津国际肿瘤中心首席专家。专业特长包括肿瘤个性化综合治疗方案的设计与实施，外科手术治疗、化疗方案的制定、肿瘤的中西医结合治疗、基因治疗、氩氦刀微创治疗、热疗及生物靶向治疗。在肺癌、乳腺癌、胃癌、胰腺癌、肝癌、头颈部肿瘤等实体肿瘤的治疗方面积累了丰富的临床经验。

从事肿瘤治疗 30 余年，在国内率先开展肿瘤基因治疗、肿瘤的综合个体化治疗，如放化疗、中医药治疗，以及氩氦超冷微创治疗、热疗、生物治疗等多种疗法，对中晚期肿瘤患者的治疗有丰富经验。

陆家海

中山大学公共卫生学院教授

中山大学公共卫生学院 One Health 研究中心主任

国家药品监督管理局疫苗及生物制品质量监测与评价重点实验室主任

广东省科学技术实验室联合会会长

陆家海，毕业于解放军农牧大学，中山大学教授、博士生导师，具有流行病学、疫苗学、病原生物学和兽医学的多学科教育背景。现任国家药品监督管理局疫苗及生物制品质量监测与评价重点实验室主任，中山大学公共卫生学院 One Health 研究中心主任，海南医学院全健康中心主任，*One Health Bulletin* 主编、广东省科学技术实验室联合会会长、广东省热带医学会副会长、广州市中华预防医学会副会长、纽约州立大学兼职教授。

陆家海一直是中山大学公共卫生学院统计与流行病学系的教授。主要研究方向包括“One Health”（新发传染病、抗生素耐药和食品安全）、流行病学评估、疫苗开发以及预防寄生虫病（如虫病）和人畜共患病（如SAR、登革热、禽流感、狂犬病和布鲁氏菌病），以及该领域的预防和控制。同时，他是10多名博士生、60多名硕士研究生的导师。曾担任多个广东省SARS公关项目和香港横向合作项目及其他相关研究项目的首席研究员。新冠疫情暴发后，和世界著名流行病学专家、哥伦比亚大学教授、有“病毒猎手”之称的利普金（W Ian Lipkin）教授建立起国际合作关系，合作承担国家重点研发计划科技部对外战略合作重点示范项目等，是中国One Health的倡导者和践行者。

获得20多个享有盛誉且具有竞争力的国家和国际资助，包括中国自然科学基金会以及各省市和其他研究项目。发表了200多篇学术论文，其中包括50篇SCI期刊（如科学、生理基因组学、呼吸研究、疫苗、BMC传染病等）作为第一作者或通讯作者的出版物。还是《中华医学杂志》（英文版）、《中国预防医学》、《国际病毒学》等杂志的审稿人（或编委）。

八、工业信息与科技创新

张　立

赛迪研究院党委副书记、院长

中国半导体行业协会常务副理事长

张立，管理学博士，现任赛迪研究院党委副书记、院长，中国半导体行业协会常务副理事长。

曾任中石化胜利油田有限公司东辛采油厂党委书记，宁夏回族自治区吴忠市委常委、副市长，宁夏内陆开放型经济试验区办公室副主任、宁夏博览局副局长，中国-阿拉伯国家博览会秘书处专职副秘书长，宁夏回族自治区信息化建设办公室副主任，工业和信息化部机关党委常务副书记。在宁夏回族自治区任职期间，努力推动宁夏内陆开放型经济试验区建设，积极参与打造中国与阿拉伯国家、穆斯林地区交流合作的新优势；牵头组织筹办中国-阿拉伯国家博览会，支撑中阿务实合作不断向前推进。

主要研究方向为电子信息产业规划、产业政策等，主编出版了《2019—2020年智能制造产业发展蓝皮书》《2019—2020年中国战略性新兴产业发展蓝皮书》等学术书籍，总结分析产业发展概况和特征，为各级工业和信息化主管部门提供参考。先后发表《在高水平对外开放中提升供应链韧性》《构建网络安全生态圈》《加快工业数据分类分级促进工业数据治理体系建设》《企业文化撑起石油行业的蓝天》《企业遏制非伦理化经营的对策研究》《我国石油文化建设研究》等学术文章，在产业链安全、网络安全、企业管理等领域形成了一批研究成果。

乔　标

赛迪研究院副院长

赛迪研究院副总工程师

《图解中国制造2025》作者

乔标，男，毕业于中国科学院地理科学与资源研究所，获理学博士学位。现任中国电子信息产业发展研究院副院长、赛迪研究院副总工程师。曾任赛迪研究院规划所所长、《工业经济论坛》杂志社总编。

长期从事制造强国、经济和产业规划及产业政策研究，多次参与工业和信息化部有关文件的起草，主持国家部委重大研究课题20余项，主持北京、天津、江西、湖南、成都、南京等政府委托课题60余项，被天津、金华、黄山、湖州等城市聘为专家顾问。在产业发展工作中坚持认为推动区域经济高质量发展，是推动我国经济高质量发展的重要基础。应发挥人才智力及平台优势，为发展做好顾问，为经济高质量发展贡献自己的力量。同时，坚持以创新推动新兴产业高质量发展，新兴产业是我国推动科技高水平自立自强和产业创新升级的重大突破，产业和技术的升级变革需要不断提升创新能力。

主持编纂《图解中国制造 2025》《制造业转型升级知识干部读本》《中国战略性新兴产业蓝皮书》等书籍。

董 凯

赛迪研究院产业政策研究所（先进制造业研究中心）所长

董凯，现任赛迪研究院产业政策研究所（先进制造业研究中心）所长。曾任赛迪顾问股份有限公司副总裁、赛迪（上海）先进制造业研究院执行院长、赛迪研究院团委书记、软科学处副处长等，并于2010—2012年在工业和信息化部机关挂职工作。

长期从事先进制造业、装备制造业、智能制造领域的研究和资源协同工作。曾参与《中国制造 2025》规划纲要、《“十四五”智能制造发展规划》等10多个国家产业规划的编制支撑工作，主持编制《中国智能制造发展蓝皮书》《中国智能制造发展趋势研究》《中国先进制造业城市（园区）发展指数》

《AI 赋能制造业发展研究》《中国工业大数据产业发展及投资价值分析》《中国工业机器视觉产业白皮书》等多个研究成果，以及《国家经济技术开发区智能制造产业集群研究》《沈抚改革创新示范区主导产业规划》《京津冀高新技术产业创新示范区产业规划》《上海市智能制造三年行动计划》等 30 多个地方产业发展规划。

项立刚

中国通信业知名观察家、智能互联网研究专家

柒贰零（北京）健康科技有限公司董事长

项立刚，毕业于中国人民大学，文学硕士。现任柒贰零（北京）健康科技有限公司董事长，深圳日海智能独立董事。中国通信业知名观察家、智能互联网研究专家、工业和信息化部高质量发展高层次咨询专家，中央电视台、中央人民广播电台、凤凰卫视评论员。专著《5G 时代》引发社会强烈反响。

长期研究智能互联网产业，率先提出了智能互联网理论，拥有多个智能互联网应用发明专利，领导开发了智能互联网服务的多个产品。中国 5G 产业、业务、技术研究专家，中国 5G 发展有影响的推动者，对 5G 技术、5G 业务与应用、5G 发展中电信运营商的选择、5G 与智能互联网对人类社会发展与走向的影响等有深入的研究。

对电信业的发展、电信管制政策、电信业的发展趋势有较多研究，熟悉通信业的组织结构、运作模式，了解通信技术发展历程，对通信业新技术有全面了解。被多家杂志和网站聘为专栏作家，任多个网站和增值业务提供商战略顾问，长期为多个国外投行和通信业分析机构提供通信行业咨询。

在北京科技周、移动通信高峰论坛、中国互联网大会等数十场国内顶级行业论坛中担任主持人，曾就通信业政策、发展战略、行业发展态势、市场动向、新业务等多个主题给国内外客户做培训和讲座，尤其是5G和智能互联网内容广受欢迎。曾多次作为工业和信息化部高质量发展高层次咨询专家，参与国家产业政策讨论，提供建设性意见。

陈俊琰

中国信息通信研究院华东分院人工智能与大数据事业部主任

陈俊琰，毕业于东华大学，获工学博士学位，2016年于东华大学控制工程与科学博士后流动站出站，在学期间长期从事工业生产过程中计算机模拟、控制和检测等方面的研究和工作，在计算机视觉、机器学习等技术领域积累了较丰富的经验。

现任中国信息通信研究院华东分院人工智能与大数据事业部主任，具有超过7年的项目咨询、执行、管理经验，主要面向各地政府、企业、产业园区等不同客户提供人工智能与大数据、企业信息化规划等相关领域的整体规划设计及解决方案等咨询服务，对人工智能、工业互联网、大数据、物联网、云计算等技术领域的知识体系有较深刻的理解。在人工智能产业发展方面，按照“高端、数字、融合、集群、品牌”的产业发展方针，强化高端产业引领功能，以提升基础创新能力和拓展应用场景为双引擎，形成更广泛的“智能+”深度融合应用和技术迭代，加快产业链供应链锻长板、补短板，努力掌握产业链核心环节、占据价值链高端地位，打造具有国际竞争力的人工智能高端产业集群。

曾参与部级重点实验室项目 1 项，国家自然科学基金项目和市级科技攻关项目各 1 项，现负责多项省市级人工智能大数据相关政策编制、课题研究、项目咨询、专项建设工作，发表学术论文 10 余篇，申请发明专利 10 余项，软件著作权多项。

程　楠

中国电子信息产业发展研究院规划研究所所长

程楠，中国电子信息产业发展研究院（赛迪研究院）规划研究所所长，清华大学博士后，产业经济学博士，研究员。主要研究方向为产业/园区规划、区域经济分析、产业政策研究等。她认为，产业集群可以从鼓励开放式创新、发展生产性服务业、厚植产业公地三方面入手，围绕集群主导产业布局一批专业化创新载体，建立平台化、开放式创新网络，推动企业走“专精特新”之路。国家先进制造业集群通过构建深度融合的协同创新网络，形成世界一流创新能力，推动集群高端化、智能化、绿色化发展，以实现“促进我国产业迈向全球价值链中高端，培育若干世界级先进制造业集群”的目的；中小企业特色产业集群强调“促进中小企业高质量发展”，目的是“增强中小企业核心竞争力、激发县域经济活力、提升产业链韧性和关键环节配套能力”。要保持企业的持续发展，一定要鼓励企业走国际化发展道路，通过开拓国际市场实现企业的规模效益。

作为主要成员全程参与了《京津冀产业协同发展规划》《新型工业化产业

示范基地发展指导意见》《关于培育发展世界级先进制造业集群的意见》等国家级或部级规划、政策的起草编制工作，完成了“制造业供给侧结构性改革研究”“制造强国建设实践研究”等部级重大课题，主持了北京、湖南、湖北、西藏、嘉兴、无锡、宁波、福州等一批地方项目，先后在学术期刊和财经媒体上发表文章30余篇。

孙会峰

上奇数科创始人、董事长

北京智源人工智能研究院知识引擎创新中心主任

北京海淀区工商联副会长

孙会峰，上奇数科创始人、董事长，北京智源人工智能研究院知识引擎创新中心主任，北京海淀区工商联副会长。

兼任工业和信息化部运行局特聘专家，中信基金会资深咨询委员，国家开发银行评标专家。中国计算机行业协会副秘书长、中国企业家联合会管理咨询委员会特聘专家、云计算专业委员会秘书长、中关村青年企业家联合会委员、北京交通大学兼职教授；曾任赛迪顾问股份有限公司总裁。多次受邀在世界互联网大会、世界人工智能大会、世界计算大会等作主题报告，作为首都优秀专家代表应邀参加国庆七十周年庆典观礼，受邀主持30余项专题规划研究，被中国企业家协会评为“中国管理咨询十大领袖人物”。

研究方向为科技发展战略、区域科技创新、产业发展规划。受邀主持国务院参事室、国家发展改革委、工业和信息化部、科技部、中国工程院等部委，以及北京、上海、广州、成都、南京、武汉、合肥等地市产业咨询和规划课题。如“中国制造业重点领域产业链安全研究”获工业和信息化部一等奖；

“高端制造业产业链创新研究”获中国工程院一等奖；“集成电路对外依存度研究”获得高层领导重点批示。

近年来，在业界率先提出构建以“数据+算法”驱动的新型产业治理模式和治理体系，面向政府，服务决策。主持研发全球首个“产业知识计算引擎”系统，主持“工业和信息化部产业大数据系统”、“深交所湾创100”指数、“北京行业知识图谱在线”等多个数据智能服务平台。

李 凝

上海市信息服务外包发展中心主任

“一带一路”信息产业发展联盟秘书长

中国网+数字经济高级顾问

李凝，上海市信息服务外包发展中心主任，“一带一路”信息产业发展联盟秘书长，中国网+数字经济高级顾问。

2005年起，致力于商务技术和服务外包等领域的研究工作，在海外市场、人力资源以及项目管理等方面有长期的一线实践经验，与美国、加拿大、澳大利亚及印度的信息技术企业有深入的合作。此外，李凝还是上海信息化发展研究协会和美国FIC咨询有限公司的高级顾问，在信息服务、电子商务、云服务、物联网等领域长期从事咨询工作，并参与多个城市和地区的产业规划项目。

在数字经济国际合作领域拥有超过15年的专业经验，成功建立了由十多个国家官方参与共建的上海市“一带一路”产业链国际合作平台，并策划举办了“一带一路”信息产业国际合作高峰论坛（2017—2020年）、上海软件贸易发展论坛（2016—2020年）等一系列信息产业国际会议。自2017年起已承办20多场“一带一路”国际市场拓展论坛，先后走进20多个国家政府驻沪机构与当地国企业合作交流，并积累了一定的经验和资源，推动了“一带一路”信息产业发展联盟服务，更好地发挥专家和合作伙伴的浓厚实力。

曾任上海信息化发展研究协会秘书长，主持及参与了《上海市推进智慧城市建设“十三五”规划》、上海仪电集团“十三五”信息化规划等项目，译著有《企业云计算：商业和技术领导者的战略指南》（上海交通大学出版社）。

九、文化旅游与宗教研究

单霁翔

文旅部原党组成员、故宫博物院原院长

故宫学院院长

蓝迪国际智库专家委员会委员

单霁翔，毕业于清华大学建筑学院城市规划与设计专业，师从两院院士吴良镛教授，获工学博士学位。高级建筑师、注册城市规划师。被聘为北京大学、清华大学等高等院校兼职教授、博士生导师。中国文物学会会长，中央文史研究馆特约研究员、故宫博物院学术委员会主任。历任北京市文物局局长，房山区委书记，北京市规划委员会主任、国家文物局局长、故宫博物院院长。为第十届、第十一届、第十二届全国政协委员。2005年3月，获美国规划协会“规划事业杰出人物奖”。

2014年9月，获国际文物修护学会“福布斯奖”。出版《文化遗产·思行文丛》《城市化发展与文化遗产保护》《从“功能城市”走向“文化城市”》

等专著10余部，并发表百余篇学术论文。担任国家文物局局长期间，单霁翔积极做好4件大事：第一，摸清文化遗产资源的家底；第二，注重文物保护的法治建设；第三，做好科技支撑和人才培养；第四，打击文物犯罪。在任故宫博物院院长期间，他大力推进制度改革，带领团队开始了各类创收活动。在他的推动下，故宫建设了数字博物馆和VR影院，在国内博物馆中率先采用VR技术介绍文物；2017年，故宫网站访问量达到8.91亿次。推出“每日故宫”“故宫展览”“故宫社区”等9个App，利用新媒体传播手段，提升了故宫文化的民间普及和亲和力。

杨小波

全国政协民族和宗教委员会驻会副主任

杨小波，中共党员。毕业于厦门大学化学系，后考入北京大学与国家行政学院首期研究生班，获得公共管理硕士学位（MPA）。曾在中国文化书院“中外文化比较研究班”、中国社会科学院“工业经济”研究生课程班学习。曾赴美国杜克大学学习公共政策与管理。曾分别参加中央党校中青一班、中青二班学习，参加国防大学第53期国家安全研究班学习。

曾任公安部群众出版社编辑，参加中央讲师团赴云南工作一年。后长期在全国政协机关工作，历任经济委员会办公室副处长，研究室理论处副处长，机关团委书记兼精神文明办主任，挂任安徽省枞阳县委副书记，人口资源环境委员会办公室处长，办公厅秘书局总值班室主任、副局长兼机关青联主席，秘书局局长，曾兼任办公厅信息中心主任。

2017 年 6 月，任第十二届全国政协民族和宗教委员会分党组副书记、驻会副主任。现任第十三届全国政协民族和宗教委员会分党组副书记、驻会副主任，中国统一战线理论研究会副会长。

党的十九大代表，第十二届、第十三届全国政协委员。

曾发表《中国全国政协和美国参议院政治协商功能比较分析》《协商政治初探》《“三个代表”与人民政协》《人民政协与协商民主》《创建三维度学习型党总支》《社会结构变化和政协界别设置》《全国政协“双周协商座谈会”初探》《人民政协与改革开放相偕相长》《对新时代人民政协的新认识》《“专门协商机构”是认识新时代人民政协的新钥匙》《把政协制度优势转化为治理效能》等多篇文章。

此外，多次应邀为全国政协干部培训班授课。就“学习党的十九大精神”“学习中央政协工作会议精神”“发挥人民政协专门协商机构作用”“扎实做好政协民宗委工作”等主题为安徽、云南、山东、江苏、贵州、宁夏、甘肃、内蒙古、河南多地政协和中国浦东干部学院、延安干部学院、中央社会主义学院等院校做专题辅导报告。2019—2021 年分别在清华大学、中国人民大学、北京外国语大学所做的“人民政协的历史贡献和时代使命”辅导讲座，被列为中央宣传部、教育部联合组织的国际新闻传播硕士班精品课程。

郭　旃

中国文物学会世界遗产研究会主任委员

国家文物局文保司原巡视员

郭旃，1978 年北京大学考古专业毕业，1982 年中国社会科学院研究生院历史系硕士研究生毕业。现任中国文物学会世界遗产研究会主任委员、广东五邑大学兼职教授。

1982—2009年，曾任国家文物局办公室主任、文物处长、世界遗产处处长、文保司巡视员，先后承担文物古建筑和历史文化名城保护管理工作，世界文化遗产相关工作；2005—2014年，任国际古迹遗址理事会（ICOMOS，联合国教科文组织咨询机构）前副主席以及该理事会理论委员会副主席；2014—2018年，为英国伦敦学院（UCL）名誉教授。

曾承担澳门社会文化司和工务运输司遗产保护和规划顾问咨询工作。曾参与ICOMOS《奈良真实性文件》《西安宣言》等国际文化遗产保护文献的研讨制定。1994年，奈良真实性国际会议中国代表；2005年，ICOMOS《西安宣言》起草组成员；2007年，东亚地区文物建筑保护理念与实践国际研讨会《北京文件》起草组主持人之一。多年在我国文物系统从事文物保护、研究、开发和管理工作。近年来，致力于我国世界遗产项目的申报评选，在世界遗产工作方面有丰富的理论基础和实际工作经验。对于文化遗产的保护，郭旃表示所有修缮应充分记录与存档、尊重原物、可逆、可识别和保护相关历史环境背景、景观氛围等。郭旃表示近年来文化遗产保护方面的持续探索，成果十分显著，体现了文物保护管理机制的健全；也体现了文化遗产整体保护的原则和理念，以及其海内外文化交流方面的影响。人们要把视野放开，从人类共同文化遗产的更高层次进一步发掘它的价值。2023年5月20日，中国工程建设标准化协会历史文化遗产保护专业委员会成立，郭旃担任学术顾问。

唐晓云

中国旅游研究院副院长

唐晓云，管理学博士、研究员、博士后合作导师、原国家旅游局数据中心总统计师，文化和旅游部优秀专家。现任中国旅游研究院副院长。研究领域：旅游统计与旅游产业经济、旅游数据与经济运行分析、科技进步与文旅产业创新、旅游影响与可持续发展。

自2009年起，先后担任中国旅游研究院副教授、副研究员、研究员，国家旅游经济实验室负责人等，分管科研管理部、国际交流，2017年6月获聘国家旅游局总统计师。

在 *Tourism management*、《光明日报》、《旅游学刊》、《旅游管理》等核心刊物及各类学术刊物上发表论文50余篇，出版专著3部，曾任《中国旅游评论》执行主编、《中国旅游经济蓝皮书》执行主编、《成都旅游经济蓝皮书》主编、《中国旅游大数据》执行主编。

主持或作为执行组长承担国家社科基金课题、国家社科重大课题子课题、原国家旅游局科研立项面上项目、原国家旅游局人才项目、广西科技攻关项目，以及全国游客满意度调查、中国旅游经济监测与预警、中央财政预算国家旅游经济实验室等国家项目、部委及地方委托的研究课题，作为骨干成员参与国家社科基金重点课题、国家自然科学基金课题、全球环境基金课题“全球重要农业文化遗产（GIAHS）保护项目”、浙江旅游发展模式研究等纵横项目。参与了《国民休闲纲要》《中国旅游业“十二五”发展规划纲要》等重要文件研究和起草工作。

耿　静

中国华夏文化遗产基金会理事长
中国文化产业联盟副主席
全国红军小学建设工程理事会副理事长

耿静，自2010年开始致力于中国公益事业及文化遗产保护工作等。作为中国华夏文化遗产基金会理事长，负责基金会日常运营并带领基金会落地实施多个项目及活动，如“东方之韵”“两岸三地青年牵手丝绸之路行”等，曾多次率参访团赴巴基斯坦、日本、英国、美国、法国、北欧等国家和地区进行考察访问与文化交流。坚持以“唤醒公民保护文化遗产的意识及责任，配合政府调动民间力量修缮和保护中国文化、历史遗迹，推动社会发展和经济建设”为宗旨和“取之于民、用之于民、造福人类”的原则。鼓励唤醒公民保护意识及责任，保护中国文化、历史遗迹，协助、配合政府调动民间力量，推动社会发展和经济建设。

坚持关注教育领域的公益行动，并长期开展助学活动。在她的组织带领下，基金会“小灯泡”公益项目为山区的儿童、红军小学的学生多次举办夏令营，设立奖学金、助学金，并为其培训师资，成立“教师公益培训班”和“儿童暑期中医公益夏令营”。为公益之路，撒播一颗传承的种子，从红军小学开始，让师生在理论和实践当中，感受到温暖和浓厚的学习氛围，她还组织为山区儿童捐赠图书与学习用具，用温暖的光芒和力量，照亮孩子们前行的路。

2015年，加入蓝迪平台，积极推进“中巴文化走廊”建设以及筹备基金会下属“一带一路”文化研究院，促进了中巴两国文化交流。

陈奕名

国资委中国商业经济学会理事、执行秘书长

56 号文旅经济公路理事长

陈奕名，著名经济学家、国企改革专家、中国百名经济学家前二十人成员、中国全面小康论坛特邀经济学家、党的十九大七大战略指导下 56 号文旅经济公路的开创者、“一带一路”经济发展资深专家，曾作为国家发展改革委中俄丝路经济发展论坛的特邀经济学家接受俄罗斯国家电视台的专访。

现任国资委中国商业经济学会常务理事、执行秘书长，持续推动国家双循环经济布局下对大消费大流通大市场的调研整合，推动央地结合，为地方政府经济发展作出顶层设计的同时，带领央企国企进行地方产业的投资布局，全系统推动地方经济的高质量发展。

兼任国资委新闻中心中央企业媒体联盟理事《现代国企研究》专家委员会副主任，曾任国务院国资委重点央企中粮集团混改企业领导班子成员、副总经理。在中国国企改革领域，尤其在央企混改领域，是我国首位兼具学术研究和运营实践的资深专家。

陈奕名建立的 56 号文旅经济公路课题通过覆盖中国四大经济区域（海南、澜湄、西部、黄河）16 个省份的城市群和大湾区、京津冀、长三角区域进行多层次的文化和经济联动，并在“一带一路”沿线国家的美国、意大利、英国、日本、韩国、阿拉伯等建立了秘书处，并重点通过澜湄经济区布局云南和东南亚各国的文化经济交流。

周泓洋

文化和旅游部中国艺术研究院副院长
国务院发展研究中心研究员、教授、博导

周泓洋，中共党员、经济学博士、教授、博士生导师。现任文化和旅游部中国艺术研究院党委委员、副院长（正司局级），国务院发展研究中心研究员；长期从事宏观经济规划和发展战略研究。

历任《人民日报》记者，《环球时报》副总编辑，中国作家出版集团总经济师兼文艺报副总编辑，国务院国有资产监督管理委员会企联干部兼中国企业报社常务副社长，中国艺术研究院纪律检查委员会书记、副院长。中组部第8批援藏干部，任西藏文化厅副厅长（正厅级）。

兼任国务院发展研究中心东方文化与城市发展研究所研究员、专家团成员、国家林业局经济发展研究中心研究员、北京大学光华管理学院WTO与中国经济研究中心研究员、新加坡经济研究院研究员、中国美国问题研究会理事、中国作家协会山东分会会员等。

3次获得中国新闻界最高奖“中国新闻奖”，数次获得省部级新闻一等奖及特等奖。他被林业部、中华新闻工作者协会表彰“林业宣传突出贡献奖”，两次获得林业部的“绿色金质奖章”。周泓洋当年参加全国统一高考，语文科目以作文满分的成绩，为“全国文科压卷之作”。

一直致力于文旅融合文化产业实践，2004年在人民大会堂成功举办首届中国文化产业论坛，提出“以草根之心做文化产业”。游历诸国合作研究、国内足迹870多个县。主要著作《潇洒赴试》《三元平恒》《现代西方商业银行管理与实务》《国有资产管理学导论》《谁来消费中国》《跨世纪生态战略》。

参加国家社科基金“中国劳动力转移”“生产资料市场监测”等多项课题研究工作。援藏期间作为五省藏区藏医药申遗工作组负责人向联合国成功申遗。

十、法律、标准与知识产权保护

吕红兵

世茂集团控股有限公司非执行董事
第十届中华全国律师协会监事长

吕红兵，华东政法大学法学硕士，中国科技大学在读管理学博士。全国律师行业党委委员、副会长，曾任第七届上海市律师协会会长、中国共产党上海市第九次、第十次代表大会代表；政协上海市第十一届、第十二届委员会委员、社会和法制委员会副主任、上海市青年联合会第十届副主席、上海市青年企业家协会第六届副主席、中国证监会第六届股票发行审核委员会专职委员、上海证券交易所和深圳证券交易所上市委员会委员、上海国际贸易仲裁委员会暨上海仲裁委员会委员及仲裁员、上海金融仲裁院仲裁员和复旦大学、中国人民大学、华东政法大学、上海外国语大学、上海对外经贸大学、上海政法学院、上海金融学院等高校兼职或客座教授。曾获“全国优秀仲裁员”“上海市优秀专业技术人才”“上海市劳动模范”“上海市优秀律师”“上海市司法行政系统先进个人”等多项荣誉称号。2021 年 3 月 8 日，吕红兵在全国政协十三届四次会议视频会议上作大会发言时说，政协委员应做尊法学法守法用法的模范，委员中的法律工作者更应同时当宣传法律的先进，开启“民法典委员大合唱”。

目前，带领来自国浩律师事务所全球20个办公室的近1500名律师为境内外企业及各类客户提供全面的专业法律服务。主编或参与的著作包括《民主立法与律师参与》《企业投资融资筹划与运作》《中国新型城镇化的法治思维》《中国产业律师实务》《现代商事律师实务》《金融证券律师实务》《如何存在——与青年法律人谈心》《律师眼中的注册制与证券法》《证券律师——投资银行律师实务》等。

李爱仙

中国标准化研究院副院长

李爱仙，毕业于北京科技大学，获工学硕士学位。现任中国标准化研究院副院长。曾任中国标准化研究院资源与环境分院常务副院长、中国标准化研究院首席研究员。兼任资环分院院长、全国节能减排标准化技术联盟秘书长、能效标识管理中心主任、标准馆馆长、院科技委副主任，分管生产许可证审查中心、基础标准化研究所。还任全国能源基础与管理标准化技术委员会秘书长、全国太阳能和氢能标准化技术委员会副主任、中国能源研究会理事、中国节能协会常务理事、中国可再生能源学会常务理事等职。

主持完成多项国家“九五”“十五”“十一五”重大科研项目，负责组织或参加制定了《节能产品的评价导则》（GB/T 15320—2000）等20余项节能方面的强制性和推荐性国家标准。作为技术负责人参加了我国节能产品认证、能效标识制度以及节能产品惠民政策的研究、建立和实施工作。主编《能效标识和标准　家用电器和照明产品指南》和《能效标识概论》等书籍。获得 10 余项原国家质检总局科技兴检奖和中国标准创新贡献奖等奖项。

谭晓东

北京标研科技发展中心主任

全国分析检测人员能力培训委员会办公室主任

谭晓东，2003 年毕业于武汉水利电力大学，获水利工程管理学士和法学学士双学位，2010 年毕业于北京交通大学，获项目管理在职研究生学位；国家级检验检测机构资质（CMA）主任评审员、评审组长，中国认证认可协会和湖北市场监管局培训中心特聘教师，曾任国家认监委（CCAI）认可技术研究中心主任，长期从事认证认可技术工作。2010—2016 年任国家认监委认证认可技术研究所认可技术中心副主任。国家高级项目管理师、国家级水利造价工程师。

全国《检验检测机构管理条例》（国务院行政法规）主执笔人、全国《检验检测机构资质认定管理办法》（质检总局 163 号局长令）释义编写专家、全国《检验检测机构资质认定评审准则》主要起草人及释义编写专家。其深入剖析 CMA 评审体系和标准制定的思路，对检验检测产业的挑战和机遇，以及检验检测机构发展等问题有深刻见解，主导、规划和建设了我国多个行业国家级检验检测标准化机构以及我国检验检测评价技术人员培训体系。2012—2014 年，牵头组织完成了我国检验检测行业统计制度设计和统计体系文件的编撰、发布和实施。

全国《司法鉴定机构资质认定评审准则》以及《工作指南》（第一版/第二版）主执笔人，国家公安刑事技术和司法鉴定领域全国师资课程规划及主讲人，培养了我国国家级司法鉴定领域和公安刑事技术领域资质认定评审专家800余名，指导建设国家级/省级司法鉴定机构百余家。

贾怀远

德恒律师事务所高级合伙人

德恒迪拜分所主任

贾怀远，毕业于中国矿业大学，英国曼彻斯特大学。具有中国律师资格，也是中国唯一具有迪拜律师资格的律师。

2004年，代表德恒律师事务所设立迪拜办公室。从事国际工程、国际项目投融资及争议解决法律服务30余年，对国际主要标准工程合同具有丰富的经验，包括FIDIC的各种版本，所服务的国际工程项目及国际投融资项目遍及中东、非洲、欧洲、北美、中南美洲、大洋洲、亚洲（南亚、东南亚、西亚、中亚）七大洲50多个国家和地区，包括世界最高层Burj Khalifa和Kayan水电站项目（中国最大海外水电工程项目）等；分别在伦敦国际仲裁院、ICC国际仲裁院，中国贸仲、迪拜、新加坡、老挝、加纳等国际仲裁机构代理重大国际工程案件与国际投融资争议案件。

中国国际经济贸易仲裁委员会、中国海事仲裁委员会、北京国际仲裁委员会、深圳国际仲裁委员会以及海南国际仲裁中心的仲裁员、国际上的工程争议DAB/DAAB裁决员。

自2015年连续6年荣获国际律师评估机构LEGALBAND评选的“基础设

施与项目融资”Band 1 排名及基础设施及投融资专业“业界明星”称号；中国国家发展改革委及财政部 PPP 专家库双库专家。

在清华大学、北京大学、对外经济贸易大学、中国政法大学等高校讲授“国际工程法律规则及实践”“国际项目投融资法律规则及实践”以及“英国证据法”等课程。

黄宁宁

国浩律师事务所合伙人

国浩律师事务所“一带一路”业务委员会主任

国浩律师事务所自贸港业务委员会主任

黄宁宁，自 1997 年开始从事涉外法律服务，2013 年入选第一批中华全国律协涉外律师领军人才库，具有跨境投融资、公司并购、金融服务创新、商务争议解决等领域的丰富经验。曾任美国国际集团（AIG）及友邦保险（AIA）区域高管，对跨国公司内部控制、治理结构等有深入研究和实际经验。服务客户类别广泛，包括大型国企、上市公司、跨国公司、金融机构、民营企业等。牵头领导境内外法律服务团队完成许多结构复杂的交易项目。服务包括：跨境投资的结构搭建、境内外并购管理；金融服务，特别是金融创新服务，其在金融监管合规性服务等领域有丰富经验。对新兴的中国自由贸易试验区的法律问题有深入的研究，同时牵头协调国浩律师事务所“一带一路”相关法律服务。

兼任中华全国律师协会涉外法律服务专业委员会副主任，上海律师协会理事、外事委主任。兼任香港基本法研究中心执委，中国国际经济贸易仲裁委员会、上海国际仲裁中心、香港国际仲裁中心、北京仲裁委员会/北京国际仲裁中心、海南国际仲裁院、上海仲裁委员会、深圳国际仲裁院仲裁员，新加坡国际调解中心专业调解员（中国），华东政法大学律师学院特聘教授，上海对外经贸大学法学院兼职教授。

解　喆

蓝迪国际智库专家委员会委员

解喆，拥有22年国际顶级咨询公司职业经验，包括波士顿咨询、德勤咨询、埃森哲等，任职副董事，专注企业战略和管理咨询经验，客户涵盖政府、高科技、互联网、文化旅游、地产、邮政、制造业和商业零售等。

政府战略和产业地产领域的资深专家，10年持续专注为政府客户和地产客户提供区域发展战略规划、产业发展规划、地产项目或园区规划、智慧城市规划和数字化平台设计。他服务过30多家部委、地方政府、园区管委会以及地产集团企业客户，成功实施近50个这种类型的项目。

具有丰富的顶层战略、业务规划、商业模式设计、组织管控、数字化规划等系统的经验，特别是能够为客户在不确定环境中进行战略重塑、业务创新、重构核心竞争力，并且为客户提供后续的融资支持、品牌营销、新业务孵化等关键落地服务。

在企业数字化领域，他为多个不同类型的客户提供数字化转型、商业模式创新、数字化营销等服务，能够帮助客户从顶层规划到落地实施。他负责的项目包括消费品互联网营销、大健康业务数字化、汽车交易类平台、政府大数据云平台等。

十一、专家型企业家

刁志中

广联达科技股份有限公司董事长

全联房地产商会副会长及数字城市分会会长

中国建设工程造价管理协会教育专家委员会委员

刁志中，1985 年毕业于沈阳航空工业学院（现沈阳航空航天大学计算机学院），曾在北京石化工程公司设计中心任工程师，从事计算机信息化的研发工作，先后被评为“第二届海淀科技园区优秀青年企业家”“改革开放三十周年自主创新优秀人物”。

1998 年，创办北京广联达慧中软件技术有限公司，开始从事建筑行业工程造价软件的研发与推广，成为广联达公司三大创始人之一。经过 11 年的发展，带领全体广联达人将广联达打造成国内建设领域颇具声誉的 IT 应用型高科技企业，持续为中国基本建设领域提供有价值的信息产品与专业服务。

刁志中明确提出为基本建设领域提供 IT 产品与服务的经营宗旨，即“立足建设领域，围绕客户核心业务，以软件产品、专业服务、内容信息为方向多维延伸”的立体化业务发展战略，形成了“真诚、务实、创新、服务”的企业核心文化。广联达以造软件起家，企业产品已从单一的预算软件发展到工程造价管理、项目管理、招投标管理、教育培训与咨询四大业务的 30 余个产品系列，被广泛应用于建筑设计、施工、审计、咨询、监理、房地产开发等行业及财政审计、石油化工、邮电、电力、银行审计等系统。其产品在东方广场、奥运鸟巢、国家大剧院等工程中得到了应用。

孙　彤

布瑞克农信集团创始人

布瑞克农业互联网董事长兼 CEO

全国农村产业融合发展联盟常务副理事长

苏州市政协委员

孙彤，布瑞克农信集团创始人、布瑞克农业互联网董事长兼 CEO，全国农村产业融合发展联盟常务副理事长、苏州市政协委员。

孙彤以独到的大宗农产品价格预测模型闻名业内，2009 年以来承担了多个世界 500 强农业咨询项目，是光明食品集团并购广西凤糖集团项目首席顾问。2010 年开发布瑞克农业数据终端。2012 年在证监会与中期协期货市场服务三农活动中主讲《涉农企业如何利用期货市场》，同年提出智慧农业的概念，并向全国推广。2014 年获聘河南商水经济发展顾问，开展县级智慧农业解决方案试点，同年农产品集购网落地苏州高铁新城。2015 年应邀参加第二届世界互联网大会并发表讲演，同年获得苏州高铁新城创业人才称号。

近年来，孙彤始终专注于以“互联网+农业”改变中国农业传统模式，打造基于“大数据+”和产业互联网的县域智慧农业生态圈，他带领团队不断开拓创新，将大数据与传统农业深度融合。2016 年入选 B2B 2.0 时代 50 位领军人物称号。2018 年，在首届中国新农人发展高峰论坛上，孙彤获评“大业农心，先锋人物”称号。2019 年全国农业农村创新创业大赛江苏省第一名，全国总决赛第二名。带领布瑞克农业互联网连续两年获得苏州市独角兽培育企业，入选 2020 年苏州市民营企业 100 强。江苏省 2022 年度互联网十大新锐人物。农业农村部创业创新优秀带头人。2022 年入选农业农村部“大国农匠”。

钟睒睒

农夫山泉股份有限公司董事长兼总经理
养生堂有限公司董事长

钟睒睒，企业家、现任农夫山泉股份有限公司董事长兼总经理、养生堂有限公司董事长。在 20 世纪 80 年代是一名财经记者，任职于《浙江日报》。1993 年，白手起家创立了养生堂保健品业务，推出以传统中药成分为特色的产品，一举赢得了市场成功和品牌认可。

1996 年，创立了农夫山泉，进入中国瓶装水和饮料行业。根据 AC 尼尔森的数据，自 2012 年起，农夫山泉已连续十年保持中国包装饮用水市场占有率第一的领导地位，旗下茶饮料、功能饮料、果汁饮料在中国的市场占有率均位列前三。农夫山泉于 2020 年 9 月在香港证券交易所上市（股票代码 9633）。2001 年，收购了一家小型创业型企业北京万泰，正式进入医药领域。在钟睒睒的支持下，北京万泰已成为中国领先的体外诊断和疫苗研发生产企业之一。基于自主知识产权的大肠杆菌类病毒颗粒疫苗技术平台，北京万泰的疫苗子公司 Innovax 于 2012 年 10 月在中国上市了世界上第一个戊型肝炎疫苗 Hecolin ©，2019 年 12 月上市了 HPV 双价疫苗 Cecolin ©。HPV9 价疫苗已经进入三期临床。2020 年 4 月，北京万泰在上海证券交易所上市（股票代码 603392）。钟睒睒从未忘记“兼济天下”的创业目标，每年都主动投入公益。1998 年，养生堂参与救助长江特大洪灾被授予“人民不会忘记”奖牌；2006 年，农夫山泉发起“饮水思源”活动，筹集资金用于帮助水源地的贫困孩子，感恩水源地人民为保护水源作出的巨大贡献；2008 年“5 · 12”四川大地震发生后，钟睒睒亲赴灾区一线“八天七夜”指挥公司救灾，累计向灾区捐款捐物共计 2533 万元，并组织“母亲”救护队到当地医院，陪护受灾孤儿、残疾儿童，被授予“慈善突出贡献奖”“抗震救灾最受尊敬十大企业”。钟睒睒也被评选为2008中国全面小康十大贡献人物。2018年12月，钟睒睒以个人捐赠发起设立杭州市西湖区钟子逸教育基金会，先后向北京大学、浙江大学、厦门大学、西湖大学、美国芝加哥大学、浙江京昆艺术中心、杭州市残疾人福利基金会等累计捐赠超过2亿元。钟睒睒一直牵挂农村及经济欠发达地区的发展，通过推广脐橙、苹果的种植加工，帮助江西、新疆农民共同富裕；通过在经济欠发达地区投资新建现代化饮料工业企业，为当地创造大量就业机会，拉动当地财税收入的提升。

杨　剑

泰豪科技股份有限公司总裁

江西省青年企业家协会会长

杨剑，南昌大学管理科学与工程专业博士研究生。曾被授予江西省优秀企业家、江西省青年五四奖章、第一财经年度创新力特别人物奖、211企业经营管理人才和区直接联系人才等荣誉。2022年5月，被评为“2021江西年度十大经济人物”；2023年4月，被授予江西省五一劳动奖章。

泰豪科技股份有限公司成立于1996年3月，2002年7月在上海证券交易所上市，为江西省首家民营上市公司。经过多年发展与积累，泰豪科技建立了较为完善的治理结构，形成了完整的内控制度，并在南昌、北京、上海、深圳、长春、济南、衡阳、龙岩等地拥有40多家分公司、子公司以及10多个高科技产业园区。杨剑带领团队捕捉改革发展机遇，瞄准能源互联网领域，建立能源配套互联网产业链，以打造信息共享、用能优化、多能协同的能源互联网示范区为目标提升电力改革，形成智慧能源领域完整的产业链优势。在企业发展的同时，杨剑坚持践行社会责任，回馈社会。多年来，公司一直坚持精准扶贫，出资筹建希望小学，同时在清华大学、北京理工大学、对外经贸大学、南昌大学等国内20余所高校设立奖助学金，为培养高素质人才提供支持。公司每年出资，用于教育资助、扶贫等公益事业，为社会的发展贡献力量。杨剑表示将继续带领团队深耕主业，围绕“军民融合”“一带一路”等国家战略，扎实做好军工装备和智慧能源两大领域的科技研发和人才队伍的建设，同时积极践行企业社会责任反哺社会，全力以赴开启公司的“二次创业”征程，引领公司向“中国的泰豪，世界的泰豪”迈进。

田耀斌

中电科技国际贸易有限公司总经理

田耀斌，现任中电科技国际贸易有限公司总经理。

2006—2010年，任中电科技国际贸易有限公司驻东南亚、南亚办事处负责人。任职期间负责多个军贸系统工程，带领团队积极推进重大国际项目落地建设，牢记职责与使命，以负责任的中国企业形象赢得了国际社会的尊重。

2011年12月至2014年2月，任中电科技国际贸易有限公司亚太地区部副总经理，兼北京华成昊普科技有限公司法人代表、总经理。任职期间带领团队开拓性地实现了中国电科集团首个在海外独立成功实施的太阳能电站EPC总承包工程、首单工程机械类出口项目、首单医疗卫生系统出口项目和首个大型综合承包工程项目等，完成了一批重大民品和海外工程项目的签约和执行工作。有力推动了与项目所在国的互联互通务实合作，对深化中国对外经贸合作关系产生积极影响。

2017 年 1 月至 2018 年 3 月，任中国电子科技集团公司国际重大项目办公室高级项目经理、集团驻巴基斯坦代表处总代表（高级经理），中电科技国际贸易有限公司国际工程二部总经理。2018 年 6 月至 2020 年 12 月，任中电科技国际贸易有限公司副总经理。在新型全球化和“一带一路”倡议向纵深发展的时代背景下，深耕“一带一路”沿线新兴经济体和转型经济体市场，带领团队在国际贸易、国际产能合作等领域不断取得优异成绩。为集团公司践行“走出去”战略，积极适应经济全球化、参与“一带一路”国际经济技术合作、提高中国企业国际竞争力作出了贡献，为国家和人民赢得了荣誉。

2020 年 12 月至今，任中电科技国际贸易有限公司总经理。

先后获得中国电科国际先进个人、特别奉献奖、重大项目签约奖、电科国际之星、创新之星、优秀干部、青年岗位能手、十周年“十佳人物”、中国电子科技集团公司“七好”优秀共产党员、国防科技工业军品出口先进个人等荣誉称号。

李仙德

晶科能源股份有限公司董事长

B20 中国工商理事会副主席

李仙德，晶科能源股份有限公司董事长，晶科电力科技股份有限公司董事长，B20 中国工商理事会副主席。

2006 年，创办晶科能源控股有限公司，将产品战略扩展到硅片、电池、组件等光伏产业的上下游，2015 年，公司实现营业收入 160 多亿元，跃升至 2016《财富》中国 500 强第 330 名。2011 年 7 月，在上饶注册成立了上饶市晶科光伏科技工程有限公司，后于 2017 年 6 月更名为晶科电力科技股份有限公司，担任晶科电力科技股份有限公司董事长；2015 年 1 月，因积极推动光伏行业的改革和创新，获评 2014 中国改革优秀人物；2015 年 10 月 19 日，随国家主席习近平一行访问英国，作为清洁能源企业代表，并作为唯一的中国光伏企业代表参加“中英能源对话”。

2016 年，晶科能源股份有限公司成为全球最大的组件制造商，拥有中国江西、浙江、新疆以及马来西亚、葡萄牙、南非 6 个生产基地，16 个海外子公司和 18 个销售办公室，全球员工人数达 15000 名，出口额超过 10 亿美元，被业界誉为“毛利润之王”。2010 年，公司在美国纽交所上市。

李仙德曾获 2009 年上饶市十大创业精英、2010 年第四届江西省十大经济人物、江西省 2012 年度优秀创业企业家、2013 年中国行业品牌十大创新人物奖、2014 年中国改革优秀人物奖、全球新能源杰出贡献人物等奖项。

张嘉恒

哈尔滨工业大学（深圳）教授、博士生导师
中国工程物理研究院化工材料研究所客座教授

张嘉恒，博士、教授、广东省珠江人才（青年拔尖）、深圳市孔雀人才 B 类。2008 年，本科毕业于中国农业大学；2013 年，博士毕业于中国农业大学。博士毕业时，以第一作者发表 SCI 论文 8 篇。2012 年起，分别作为项目研究员助理和博士后研究员，在美国 University of Idaho 从事研究工作，合作导师为含能材料领域世界知名专家 Jean’ne M. Shreeve 教授；2015—2017 年，入选日本学术振兴会（Jsps）研究员，在日本横滨国立大学从事研究工作，师从世界知名离子液体和电化学专家 Masayoshi Watanabe 教授；2017 年 6 月起，全职回国并被聘为哈尔滨工业大学（深圳）材料科学与工程学院教授、博士生导师，兼任中国工程物理研究院化工材料研究所客座教授、中国科学院珠海先进技术研究院生物材料中心客座主任。参与及主持国家自然科学基金、广东省科技创新战略专项、工信委石墨烯制造业创新中心项目、深圳市科创委学科布局项目、深圳市诺贝尔科学家实验室项目等多个课题，主持项目经费总额为3000余万元。近年来，发表SCI论文110余篇，论文他引次数3500余次，包括J. Am. Chem. Soc.（7篇）、Angew. Chem. Int. Ed.（5篇）及Chem. Rev.（1篇），h指数为35；申请专利50余件，授权10余件。

2017年创办深圳市萱嘉生物（现更名为深圳杉海创新技术有限公司）有限公司，致力于绿色溶剂（离子液体、深度共熔溶剂及超临界流体）和超分子材料（脂质体、纳米乳及超分子催化剂）的产业化，通过技术转化为企业带来新增产值过亿元，新增纳税500余万元；2019年，作为创始合伙人与深圳市政府投资引导基金、深圳市龙华区政府及深圳市中小企业担保集团共同发起深圳市三号人才创新创业基金二期。

曾获第二十三届全国发明展览会银奖、广东省“众创杯”创业创新大赛三等奖、工业和信息化部“创客中国”韶关赛区二等奖、广东省向上向善好青年、哈尔滨工业大学（深圳）抗疫先锋等荣誉。

刘家强

中国节能环保集团有限公司党委副书记、董事
中国科协生态环境产学联合体主席团副主席

刘家强，1988年毕业于大连理工大学工业涡轮机专业；2005年，获清华

大学工商管理硕士学位，教授级高级工程师，国家注册一级建造师、监理工程师，曾任中国化学工程集团有限公司党委副书记、董事、总经理。现任中国节能环保集团有限公司党委副书记、董事。中国科协生态环境产学联合体主席团副主席。

1988—1994 年，任中国化学工程重型机械化公司技术员；1994—1997 年，任中国化学工程总公司劳资教育部干事；1997—2001 年，任国家“九五”重点项目河南义马气化厂项目副总监；2001—2007 年，任中国化学工程集团公司企业管理部副主任。其间，作为建设部特聘专家参与全国建筑业企业资质标准编制工作，并作为石化专业副组长主持全国建造师执业资格考试大纲和教材编制工作。2007—2012 年，任中国化学工程集团公司总经理助理兼规划发展部主任，兼任科技部等六部门组织的“新一代煤（能源）化工产业技术创新战略联盟”秘书长，组织国家科技支撑计划煤制烯烃技术开发工作，并参与了国务院国资委《中央建筑企业布局与结构调整研究报告》编制工作。刘家强表示夯实产业基础、聚焦绿色低碳发展目标，加快布局战略性新兴产业，助力绿色低碳高质量发展新动能。

谭丽霞

海尔集团董事局副主席、执行副总裁

海尔金控董事长，海尔生物董事长

谭丽霞，1992 年毕业于中央财经大学；1992 年 8 月加入海尔集团；1999—2006 年任海尔集团海外推进本部副本部长、本部长，是海尔全球市场主要开拓者；2006—2010 年任海尔集团副总裁、财务管理部部长、首席财务官，领导建立了海尔“事先算赢”财务管理体系，搭建了国内一流的财务共享中心；2011—2015年任海尔集团高级副总裁兼首席财务官，青岛海尔股份有限公司（600690.SH）副董事长；现任海尔集团执行副总裁，海尔金控董事长。全面负责集团金融投资业务，涵盖金融、交易、投资、医疗康养、现代农业五大领域；分管集团财务审计、人力资源、法律事务及信息化流程等领域。2018年11月，当选全国妇联第十二届常务委员。2019年，当选山东省青岛市妇女联合会第十三届兼职副主席；2021年，担任海尔集团董事局副主席、执行副总裁。先后获得中国CFO年度人物、全国优秀企业家、全国三八红旗手、泰山产业领军人才等荣誉称号，曾荣获泰山产业领军人才、山东省金融高端人才、福布斯中国杰出商界女性、山东省优秀共产党员等称号。

王丽红

山东天壮环保科技有限公司董事长

王丽红，2006年起投资组建塑料降解技术科研攻关团队，成功取得具有中国自主知识产权的发明专利技术——生态塑料技术，为普通塑料降解缓慢引发的“白色污染”问题找到了最佳的解决方案。

2008年，王丽红回国创业，此后历时10年对生态塑料技术进行应用领域研发，走出了一条从源头即实现塑料完全降解的创新之路。2009年，带领团队开发出“绿塑宝”系列纳米生态降解塑料产品，获得“中华人民共和国第十一届运动会指定降解塑料产品”殊荣。2010年，其公司获得香港特区政府颁发的“2010绿色企业奖”，并入选“网上世博山东省100家特色中小企业”；

后荣获“2011年度中国留学人员创业园百家最具成长性创业企业”称号；公司于2012年建成中国博士后科研工作站，于2015年获得农业农村部（原农业部）中华农业科技奖二等奖。

王丽红为国家传统塑料包装行业新旧动能转换贡献出环保技术支撑。未来10年，她为公司制定的发展目标是：①实现每年治理2000万吨以上的塑料包装污染，创造绿色塑料包装产值过5000亿元，实现过1000亿元利税；②以公司的环保技术积极解决全球一次性塑料造成的环境污染难题，让创新的生态塑料技术在“一带一路”发展中作出积极贡献，让“自然环保”成为“中国制造”的新名片。

孙小蓉

武汉兰丁智能医学股份有限公司董事长

中国妇幼保健协会妇女病防治专业委员会副主任委员

孙小蓉，1977年考入武汉同济医学院，在国内完成本科和硕士8年医学教育，然后分别在澳大利亚和美国完成PHD及博士后工作。1993年，取得澳大利亚莫纳什大学博士学位，后于美国纽约Sloan Kettering肿瘤研究中心攻读博士后，主要研究领域为细胞病理学。2000年，成立武汉兰丁医学高科技有限公司，任董事长。

带领武汉兰丁团队经10余年艰苦不懈的努力，公司的技术和产品已分别获中国CFDA、美国FDA及欧盟CE认证。武汉兰丁还通过与阿里巴巴合作，建立了宫颈癌筛查诊断云平台，首创将细胞病理的第三方临床检验服务工作移到云平台上完成，为国内外大规模宫颈癌筛查提供高质量低成本的筛查服务，取得了领先世界的成绩，成为利用人工智能及大数据云计算平台癌细胞病理诊断的先驱。

武汉兰丁智能医学股份有限公司已入选工业和信息化部“2019年新型信息消费示范项目”名单，被湖北省科技厅授予“湖北省工程技术研究中心”，被国家生物产业基地授予“科技贡献奖”，获得湖北省经信委授予的“隐形冠军”称号。

孙小蓉在2011年被中国政府授予外国专家友谊奖、全国三八红旗手。曾获中国侨联科技创新人才奖、湖北省科学进步奖、武汉市黄鹤友谊奖，并入选湖北省第一批“百人计划”、东湖高新区“3551人才计划”。

张国明

安世亚太科技股份有限公司董事长兼总裁

张国明，1984年毕业于北京工学院力学工程系，获学士学位。毕业后在兵器部第354厂科研所、教育培训中心、职工大学从事科研、教学工作。1996年成立ANSYS公司北京办事处，该办事处于2004年发展成为安世亚太科技有限公司（简称安世亚太）。张国明现任安世亚太集团的董事长兼总裁。

张国明创立安世亚太20年来，一直致力于传播和推广先进的研发设计技术，为中国制造业信息化和两化融合作出了杰出贡献。他所倡导的精益研发思想基于系统工程的综合研发体系，将知识、工具、质量方法与研发流程深度融合以提升研发价值和产品品质。安世亚太的发展其实是一个不断探索的过程。从成立、发展到现在，在与行业用户和专家的频繁接触中，逐渐地融入各行业，并且不断成长。企业注重人文感受和环境建设，愿景是“人们享受充分信任与尊重，通过团队高效合作和不断创新服务于社会”。创新是基本素质，是要求人的一种不断进取的精神；团结、尊重是联系在一起的，只有在尊重、团结的环境中才能发挥团队的战斗力；服务社会是最终的理想，这是安世亚太的理念。

在北京生态设计与绿色制造促进会第一届理事会召开之际，张国明当选为第一届理事会主席团主席。他在当选致辞中表示，任期内将与各会员单位携手共进，发挥各自优势，积极宣传绿色发展理念，推广绿色研发、制造技术，助力“中国制造 2025”。

张　雷

远景科技集团创始人兼 CEO
第十三届全国人大代表

张雷，2007 年创立远景科技集团，以解决人类可持续未来挑战为公司使命，致力于开创美好能源世界。作为一家全球领先的绿色科技企业，旗下有智能风电科技企业远景能源、智能电池企业远景 AESC、拥有全球领先智能物联操作系统的远景智能，以及电动方程式车队远景维珍车队。远景拥有全球化的一流研发实力，在美国、德国、丹麦、新加坡、日本等国家设立了研发创新中心。2021 年 11 月，远景科技集团 CEO 张雷应邀到马德里首相府拜访了西班牙首相佩德罗・桑切斯（Pedro Sánchez Pérez-Castejón）；2022 年 2 月，拜会湖北省委领导，同十堰市政府签署战略协议，双方将围绕高端动力电池生产、智能换电网络及装备制造、零碳汽车技术研究等领域深入合作。

2009 年 10 月，远景能源被《福布斯》评选为“中国科技先锋封面企业”。2011 年 9 月，经著名科学家周光召院士推荐，获得“中国科协求是杰出青年成果转化奖”。2012 年 8 月，央视新闻联播专题报道远景智慧创新发展模式。2013 年 12 月，张雷被中宣部选为“中国梦”创业先进典型。2014 年，《哈佛商业评论》英文版专题报道了远景独特的以解决挑战为导向的人才发展模式。

张雷被美国《福布斯》杂志中文版评为“中美年度创新十人”。在他的带领下，远景在 2016 年入选《财富》“定义中国未来 50 家商业先锋”，并作为封面企业被报道。2019 年 6 月，远景荣登全球权威机构《麻省理工科技评论》“全球 50 家最聪明公司”榜单前十。2023 年 3 月，胡润研究院发布《2023 胡润全球富豪榜》，张雷以 350 亿元财富列榜单第 583 位。

十二、国际专家学者

让-皮埃尔·拉法兰（法国）

Jean-Pierre RAFFARIN

法国前总理

法国展望与创新基金会主席

2019 中华人民共和国“友谊勋章”获得者

让-皮埃尔·拉法兰，毕业于巴黎大学阿萨斯（Assas）法学院和巴黎高等商业学院法律专业，后于巴黎高等商业学院-欧洲管理学院（Ecole Supérieure de Commerce de Paris，ESCP-EAP）毕业。曾担任巴黎政治学院讲师、贝尔纳·克里耶夫通信公司总经理。

2002 年 5 月 6 日至 2005 年 5 月 31 日，任法国总理，2011—2014 年任参议

院副主席。拉法兰最初从政是于 1977 年当选普瓦捷市议员，1986 年当选普瓦图-夏朗特大区议员，1988—2002 年，任该大区议会主席；1989—1995 年，任欧洲议会议员，1995 年当选参议员，1997 年再度当选参议员；1993—1995 年，历任法国民主联盟发言人、副总书记、总书记；1995—1997 年，被希拉克任命为中小企业、贸易和手工业部长；1997 年，任自由民主党副主席；2002 年 11 月，加入总统多数派联盟（后更名为人民运动联盟）。2002 年 5 月，被希拉克任命为法国政府总理。

长期致力于促进中法友好合作、增进中法友谊，拥有重要国际影响力，是中国人民的老朋友，在中国享有较高声誉。曾作为法国总理在“非典”期间坚持如期访华，给予中国人民极大政治和情感支持。在 2019 年新中国成立七十周年之际，获授中华人民共和国“友谊勋章”。

大力推动“一带一路”合作，曾作为法国总统代表出席首届“一带一路”国际合作高峰论坛，积极为法国、欧洲各界客观认识、积极参与“一带一路”合作建言献策。发挥“中国通”优势，利用各种场合和平台宣介中国，增进中法友谊，与夫人合著《中国的启示》并在中国出版。积极推动世界和平与发展事业，解决国际和地区问题奔走努力。

伊萨姆·沙拉夫（埃及）

Essam SHARAF

埃及前总理

沙拉夫可持续发展基金会主席

伊萨姆·沙拉夫，1975 年获开罗大学土木工程学士学位，1984 年获美国普渡大学博士学位。埃及国家民主党政策委员会成员。2004—2005 年，担任埃及交通部长，后到开罗大学任教，其间，受阿拉伯联合酋长国政府的邀请，前往阿布扎比参加阿联酋国家规划工作，并联合其他埃及科学家成立了埃及科学协会。在交通领域成就突出，曾发表上百篇交通运输领域的学术论文。

2011 年 3 月，任埃及总理。2015 年，成立非政府组织沙拉夫可持续发展基金会，目的是推动埃及的可持续发展，同时加强与中国非政府组织的合作。在 2016 年 G20 和 C20 会上，伊萨姆·沙拉夫与蓝迪国际智库、中国国际网络等开展深度合作交流，旨在推进中埃之间文化与经济的合作。2019 年，成为国家发展改革委“一带一路”海外专家委员会成员。2021 年 12 月，以视频方式出席“一带一路”国际合作高峰论坛咨询委员会 2021 年度会议，并在发言中重点阐述了对“一带一路”倡议的理解。他在接受新华社记者专访时表示，“一带一路”倡议是一项互惠互利、推动全球发展的倡议，共建“一带一路”促进各国共同发展。

鲁道夫·沙尔平（德国）

Rudolf AlbertScharping

原德国国防部部长

德国总理候选人

鲁道夫·沙尔平，1991—1994 年任德国莱茵兰-法尔茨州州主席；1998—2002 年任德国国防部部长。研究方向包括国际政策、国家行为现代化进程、经济政策。代表作有《现在做什么》《我们绝不能无视科索沃战争和欧洲》等。

1993—1995 年，任德国社会民主党主席，并于 1994 年在德国联邦议院选举中被推选为总理候选人。从政期间多次访问中国，并且成为 1972 年中德建交后第一位访问中国的德国国防部长。中国同欧洲和德国在文化、政治、经济等方面开展了一系列交流。这些互动交流意义重大，极大地促进了各国、各大洲之间的相互了解，也对世界的发展产生了重大影响。

离开政坛，鲁道夫·沙尔平作为中德经济文化交流的友好使者，多年来一直致力于促进和加强中德之间多领域技术与项目交流，尤其注重在环保、能源、智能制造以及高科技领域的战略合作。关于中欧关系，鲁道夫·沙尔平认为必须确保中欧关系的准则，建立在合作与共同利益之上，而不是建立在冲突和制裁之上。中欧之间需要的不是教导对方，而是从对方身上学习。中欧必须有一个以尊重和互相理解为基础的公平对话。

维尔特·伊恩·利普金（美国）

Walter IanLipkin

哥伦比亚大学流行病学约翰·斯诺传染病学教授

梅尔曼公共卫生学院感染与免疫中心主任

维尔特·伊恩·利普金，美国籍，1952 年 11 月生。医学病毒学专家，美国哥伦比亚大学教授，世界卫生组织人畜共患病和新发传染病联合诊断中心主任。2016 年 1 月 8 日，获 2015 年度中华人民共和国国际科学技术合作奖。

是采用遗传学方法应对传染性疾病的先驱，在传染病领域中率先使用削减克隆和高通量测序，发现和鉴定了 800 多个与人类、野生动物或家养动物疾病相关的病毒，并发明和实施了一系列诊断平台。因识别新型病毒的速度和创新方法而赢得了“病毒猎手”（master virus hunter）这一美誉。

2003 年 SARS 流行高峰期，应邀来到北京，协助中国抗击 SARS 并指导相关研究，并将携带的1万个检测试剂盒赠予中国。对促进中美双方在SARS领域的科研合作，以及最终找出战胜SARS的有效手段起到了积极的推动作用。与中国科学院和中国疾病预防控制中心开展了密切的科研合作，在建立上海巴斯德研究所、广州生物医药研究院、中国疾病预防控制中心病原发现联合实验室等工作中作出了重要贡献。2019—2020年，新冠疫情暴发，带领公共卫生学院感染与免疫中心的50余名研究人员与中山大学研究人员进行了合作。

伊克巴尔·苏威（南非）

Iqbal SURVE

南非独立媒体董事会主席

Sekunjalo集团创始人兼董事长

南非总统顾问

伊克巴尔·苏威博士，Sekunjalo集团创始人兼董事长，是一名颇具影响力的非洲企业家，也是全球商业领袖和公认的慈善家。

Sekunjalo集团是一家投资控股集团，由伊克巴尔·苏威博士创立于1997年，其在非洲拥有70多家私营和上市公司。Sekunjalo集团在2007年被世界经济论坛提名为125个“新领军者”之一，被称为全球成长型公司社区。在创立Sekunjalo集团之前，因为对种族隔离的受害者开展医疗救助，并为从罗本岛释放后的南非人提供医疗服务，伊克巴尔·苏威博士被亲切地称为“斗争医生”。

伊克巴尔·苏威博士因其卓越的贡献获得众多重要奖项，并被权威的非洲杂志评为最具影响力的商业领袖之一，称其将“塑造非洲大陆的未来”。作为慈善家，担任多个非政府组织的主席，大力支持社会企业家和在教育、艺术、体育、音乐方面有才能的年轻人。是开普敦大学（UCT）商学院研究生院主席和 UCT 基金会的主席。

伊克巴尔·苏威博士是非洲领导力倡议研究员、威尔士亲王商业与环境项目 HRH 研究员，由克林顿总统任命的克林顿全球倡议治理委员会成员。是世界经济论坛的参与成员、沙特南非商业理事会主席、南非-美国商业理事会/论坛的理事会成员。

图尔苏纳里·库兹耶夫（乌兹别克斯坦）

Tursunali KUZIEV

乌兹别克斯坦原文化体育部长

乌兹别克斯坦新闻与大众传媒大学教授

乌兹别克斯坦卡里莫夫科学教育纪念馆副主任

乌兹别克斯坦国际象棋联合会副主席

图尔苏纳里·库兹耶夫，曾任乌兹别克斯坦文化体育部长。自 2017 年以来，担任乌兹别克斯坦共和国前总统以卡里莫夫命名的科学教育纪念馆副主任。

1969—1976 年，就读于边科娃国家艺术学院艺术教育系；20 世纪 70 年代，在谢尔盖职业技术学校教授艺术课程，在尼扎米师范学院教授一年级学生素描与风景画；1982 年，从奥斯特洛夫斯基塔什干剧院艺术学院图形系毕业，毕业后，在贾尔库尔干担任首席设计师；1987 年，任苏联文化基金会苏尔汗达里州分会主席；1992 年，任边可夫艺术学院院长并教授风景画与构图；1995 年，任乌兹别克斯坦共和国总统办公室顾问；1996—1997 年，任乌兹别克斯坦文化部第一副部长兼代理部长；1997 年，领导乌兹别克斯坦艺术科学院，同时在卡莫里金·别赫扎达国立艺术与设计学院任教，同年，被选为乌兹别克斯坦艺术家创意协会主席；2000—2005 年，任乌兹别克斯坦最高议会议员；2011 年，被任命为共和国文化体育部部长。曾任乌兹别克国立世界语言大学国际新闻学教授，教授“媒体教育”“文化学”“国情学”“精神学”等课程。

2001—2013 年，担任乌兹别克斯坦-越南友好协会主席；2014 年起，领导帕尔万民族中心委员会；2016 年，任乌兹别克斯坦国际象棋联合会副主席。

自 2017 年起，作为中乌合作的重要联络人，积极参与到与中国企业合作的“光明行”行动中，为乌兹别克斯坦的白内障患者带来光明。

穆沙希德·侯赛因·萨义德（巴基斯坦）

Mushahid Hussain SYED

巴基斯坦前参议院外事委员会主席

巴基斯坦“丝路之友”俱乐部负责人

巴基斯坦中国学会（PCI）主席

穆沙希德·侯赛因·萨义德，记者、地缘战略家、作家，获前基督教学院学士学位和华盛顿乔治敦大学外交学院硕士学位，致力于优质教育工作。

在美国完成学业后，成为巴基斯坦行政职员学院的指导人员，负责培训涉外服务人员。随后，在巴基斯坦旁遮普大学担任政治科学系国际关系讲师。

1982 年，成为全国英语日报《穆斯林》最年轻的编辑。

作为国际政治和战略问题专家，穆沙希德·侯赛因·萨义德的研究范围广泛，文章发表在各种国内和国际出版物上，包括《纽约时报》《华盛顿邮报》《国际先驱论坛报》《中东国际》等。是伊斯兰堡政策研究所（IPRI）理事会的成员。该研究所是一个领先的智囊团。他还是伊斯兰会议组织（OIC）为

2004—2005 年改革设立的巴基斯坦知名人士委员会代表，是中间派民主党国际（CDI）亚太分会副主席。2006 年 1 月 27 日，被菲律宾共和国众议院授予国会成就奖章。

目前，任巴基斯坦穆斯林联盟平台参议员和秘书长，由其组建和领导的巴基斯坦中国学会（PCI）在“一带一路”中巴经济走廊建设中发挥着重大作用。

萨利姆·曼迪瓦拉（巴基斯坦）

Saleem MANDVIWALA

巴基斯坦参议院副主席

萨利姆·曼迪瓦拉来自巴基斯坦卡拉奇市一个商业大家庭。2008—2013 年，担任巴基斯坦投资促进局投资委员会（BOI）主席；2012—2013 年，担任巴基斯坦政府国务部长；2013 年，任巴基斯坦联邦政府部长。自 2012 年起，一直担任巴基斯坦参议员，2018 年，被选为巴基斯坦参议院副议长。曾任巴基斯坦财政部长、巴基斯坦商会和工业联合会（FPCCI）管理委员会成员。

在任期内，致力于改善巴基斯坦的投资环境，并与外国建立经济和金融关系，使巴基斯坦成为外资投资的理想地，为巴基斯坦铁路项目和能源项目的国际投资作出了贡献。主抓与美国国际开发署的合作，在巴基斯坦引入了国际基准投资激励措施；不仅恢复了与俄罗斯的双边关系，还与上海合作组织进行了谈判。

萨利姆·曼迪瓦拉举办了多次国际会议活动，如“贸易投资促进活动”（意大利）、“第十届世界知识论坛”（韩国）、“第三届科威特联合部长级委员会会议”（科威特）、“贸易投资活动”（英国）、“投资研讨会”（马来西亚）、“海外投资博览会”（韩国）、以及“圣彼得堡国际经济论坛”（俄罗斯），这些主题不同的商业论坛，促进了各国商业领域的密切合作。

萨利姆·曼迪瓦拉通过巴基斯坦议会积极推动中巴经济走廊建设，多次组织议会多党对“一带一路”倡议的讨论。自 2015 年起，与蓝迪国际智库建立了密切合作关系，参加在新疆召开的克拉玛依论坛、推动巴基斯坦俾路支省、卡拉奇市与中国的地方合作，积极参加瓜德尔港建设，为中巴经济走廊建设，特别是民心相通工程建设作出了重大贡献。

宋永吉（韩国）

Young-gil SONG/송영길

韩国共同民主党党首

韩国国会议员

韩俄议员外交协议会副会长

东北亚和平合作特别委员会委员长

宋永吉，韩国政治人物，本身是一名律师。1988 年，毕业于延世大学商经学院经营学系，2005 年，毕业于韩国广播通信大学汉语言文学系。曾于仁川广域市桂阳区选出，连任三届（16 届、17 届、18 届）国会议员，2000 年起，连续三届获选为国会议员，并曾任民主党最高委员、韩美关系发展特别委员会委员长及韩日议会联盟法律地位委员会委员长。2010 年 6 月，当选为仁川广域市市长。

2003 年，布什政府毫无根据地以清除大量杀伤性武器为由，正式对伊拉克宣战。但当局政府基于韩美同盟考虑，始终对态势持不愠不火的态度。在此情况下，宋永吉议员与其他同僚就议会单独开展外交的必要性达成了统一意见，制定反对布什美军政府对伊战争的声明及决议案，呼吁国内外的广泛支持。之后，为通过联合国武器调查团等的活动，实地直接确认和平解决的可能性，并将大韩民国国会议员支持反战 · 反核 · 以和平手段解决伊拉克问题的立场广泛告知世界，最终决定由宋永吉议员担任团长，组织国会伊拉克实地调查团，访问伊拉克。

2008 年，美国大选给全世界带来了巨大的震撼和感动，同时民主党八年来再次掌权，很多变化即将到来，韩美关系也需要新的合作和紧密交流，宋永吉在党内组建了韩美关系发展特委，并担任委员长，为了应对新的变化潮流，建立均衡外交关系，解决北核问题，促进南北关系发展，加强韩美同盟，构建韩美 FTA 及巩固经济合作而积极努力。

2010 年 6 月，当选为仁川广域市市长后宋永吉宣布，将积极扶持中小企业，推动新旧城区均衡发展，从而增创就业岗位，提高社会福利，强化教育竞争力，为在校学生免费提供健康餐食等，努力将仁川打造成为大韩民国经济首都，做有作为、有抱负的仁川广域市市长。当选仁川广域市市长之后，宋永吉市长坚守南北友好交流及和平与统一的前沿阵地，为了仁川的经济发展而在政府的反对下仍主张保障西海 5 岛的和平，并通过与南北和平财团签订协约为朝鲜平壤产院的产妇和婴幼儿资助物品，从而在天安舰事件之后重新开始了对北援助项目。

2007 年，在驻韩法国大使菲利浦 · 提波的推荐下，宋永吉因促进韩法合作关系发展的功劳而获得了法国授予外国人的最高国家勋章——法国最高荣誉骑士勋章。2013 年，获得俄罗斯总统普京授予的俄罗斯和平友好勋章。

宋永吉认真执行韩国总统文在寅提出的“朝鲜半岛新经济地图构想”“新北方政策”“新南方政策”三新政策构想，积极促进韩国与“一带一路”倡议的对接，曾率团与中国全国人大、中国外交部门和中国社会科学院等智库组织开展充分交流讨论，为促进中韩在“一带一路”建设中的广泛合作作出贡献。

扎尔科·奥布拉多维奇（塞尔维亚）

Žarko OBRADOVICć

塞尔维亚议会外事委员会主席

塞尔维亚社会党副主席

扎尔科·奥布拉多维奇，毕业于贝尔格莱德大学政治科学学院，拥有政治学博士学位，是塞尔维亚议会对华友好小组主席、首任中国-中东欧国家合作国家协调员，并曾任塞尔维亚教育、科学和技术发展部部长。

2017 年 11 月，受邀赴北京出席中国共产党与世界政党高层对话会。作为塞尔维亚社会党副主席，在贝尔格莱德接受新华社记者专访时表示，政党高层对话会将是世界各国主要政党与中国共产党交流经验、互相取经的良机，会带来新鲜发展理念。

2018 年 3 月，在接受新华社记者专访时表示，中国是世界经济发展的重要引擎，中国两会的召开及其成果不仅对中国自身发展至关重要，更将促进全球经济发展，为世界人民构建更美好的未来作出贡献。2019 年 6 月，作为塞尔维亚议会外事委员会主席接受新华社记者专访时说，贸易冲突没有赢家，美国挑起的中美经贸摩擦也将影响美国自身经济，甚至冲击全球经济。

德西·艾伯特·马马希特（印度尼西亚）

Desi Albert MAMAHIT

印度尼西亚原海岸警卫队司令

印度尼西亚海军总长特别参谋

德西·艾伯特·马马希特，1984 年毕业于泗水海军学院（印度尼西亚海军学院）。毕业后他广泛接受国内外的军事教育：1987 年，在法国滨海罗什福尔接受 CIFR 训练；1988 年，在法国军舰 GEAOM PH JEANNE D'ARC 接受训练；1994 年，学习英国 HMS DRYAD 的首席作战军官课程；1994 年，在英国 HMS DRYAD 学习反潜作战课程。1998 年，获得美国政府提供的奖学金后在美国加利福尼亚州蒙特利海军研究生院接受教育并获管理硕士学位；2000 年，参加印度尼西亚海军指挥与参谋课程学习；2001 年，学习战略情报课程；2002 年学习国防武官课程；2009 年，学习武装部队指挥参谋课程；2013 年，学习国家复兴研究所课程；同年，在印度尼西亚茂物农业研究所（Institut Pertanian Bogor）完成管理与商业博士课程。

德西·艾伯特·马马希特曾在印度尼西亚海军西区舰队司令部和东区舰队司令部以及海军总部和武装部队总部的多艘海军军舰服役。2011 年 1 月，晋升为第一海军上将、一星海军上将，在印度尼西亚海军西区舰队司令部担任海上安全部队司令；2012 年，担任海军规划与预算参谋长副助理；2013 年 1 月，晋升为海军少将、二星海军上将，担任海军指挥和职员学院指挥官；2014 年 4 月，晋升为海军三星中将，担任海上安全协调委员会日常事务执行主任。

2014 年 6 月，被任命为印度尼西亚国防大学校长。2014 年 7 月至今，被任命为印度尼西亚最大的造船公司之一 PT DOK & PERKAPALAN KOJA BAHARI

（PT DKB）的总负责人，该公司隶属印度尼西亚政府。2015 年 5 月，被印度尼西亚总统任命为印度尼西亚海上安全机构（BAKAMLA）首席负责人，该组织由印度尼西亚总统直接领导；2016 年 4 月至今，担任印度尼西亚海军总长特别参谋。

阿苏拉利耶·拉坦纳（斯里兰卡）

Ven. Athuraliye Rathana Thero

斯里兰卡佛教僧侣、国会议员

南亚佛教论坛主席

阿苏拉利耶·拉坦纳，13 岁时在两位最著名的 Nayaka Thero 酋长 Wadiye Sumangala Thero 和 Polathugoda Gnaanaloka Thero 的带领下成为一名沙弥，接受小乘佛教传统寺庙教育（高等佛学院），课程包括巴利语和梵语、小乘佛教三藏、佛教哲学、瑜伽和内观冥想训练，以优异的成绩通过了 A/L 考试，进入佩拉德尼亚大学，获佩拉德尼亚大学哲学学位，之后继续攻读佩拉德尼亚大学哲学硕士，毕业论文为《大乘佛教与小乘佛教的比较分析》。

在大学时代积极参与社会主义政治，1992—1995 年，开创名为“贾纳塔·米楚罗”（Janatha Mithuro）的绿色社会主义运动，并在 1994 年推翻联保党政府方面发挥了关键作用。

是印度生态需求基金会联合主席。参加了来自人民自由联盟（UPFA）的 Gampaha 区的竞选，并在 2010 年大选中当选为国会议员。

作为政府无毒农业项目运营处的负责人，阿苏拉利耶·拉坦纳在国际论坛上发表了许多演讲，充分致力于可持续发展、保护环境和生物多样性。

阿苏拉利耶·拉坦纳坚决反对伊斯兰瓦哈比极端主义，该极端主义在过去

20 年中于穆斯林摩尔人社区中传播，并在 2019 年复活节星期日炸弹袭击中暴露出恐怖主义的面目。

阿苏拉利耶·拉坦纳在 Rajagiriya 建立了萨达哈姆·塞瓦纳佛教研究所，在 Elpitiya 建立了萨达哈姆·塞瓦纳森林修道院，萨达哈姆·塞瓦纳为人民的福祉组织了许多佛教和其他社会活动。阿苏拉利耶·拉坦纳担任南亚佛教论坛主席（任期到 2023 年）。

第七章　展望　努力实现中国式现代化

党的二十大是中国在迈上全面建设社会主义现代化国家新征程、向第二个百年奋斗目标进军的关键时刻召开的一次十分重要的大会，对未来五年乃至更长时期党和国家事业发展的目标任务和大政方针进行科学谋划和部署。特别是大会系统阐释了中国式现代化的中国特色、本质要求和必须牢牢把握的5个重大原则，为新阶段推进新型智库建设的各项工作提供了方向遵循。

一、准确把握中国式现代化深刻内涵

中国式现代化是对世界现代化理论和实践的重大创新。中国式现代化蕴含的独特世界观、价值观、历史观、文明观、民主观、生态观等及其伟大实践，打破了“现代化=西方化”的迷思，摒弃了西方以资本为中心、两极分化、物质主义膨胀、对外扩张掠夺的现代化老路，为全球提供了一种全新的现代化模式，为人类社会实现长治久安、消除极端贫困、促进共同发展、应对气候变化等挑战提供了中国方案。发展中国家有权力也有能力基于自身国情自主探索各具特色的现代化之路。中国式现代化的成功实践，使广大发展中国家在单一的“西天取经”水土不服之后，看到了新的希望，有了新的选择。中国式现代化不仅为中国未来的发展开启全新的可能性，也为世界提供新理念、新目标。

中国式现代化开辟了社会主义发展新境界。中国式现代化，不仅关乎经济社会发展，更是构建基于更高要求的社会文明形态，将带来包括经济发展方式、现代社会体系以及人民的生活方式、生产方式、生态方式等的新发展。继续释放人口红利，在不断实现人的现代化过程中推进国家现代化。中国式现代化以人为本，在注重保持个体创造财富的激情和动力的前提下，通过优化制度安排走向共同富裕，注重创造更多的精神文明供给，包括创造精神文明财富的制度供给、产品供给、行业供给。

推进高质量发展走好中国式现代化道路。高质量发展是全面建设社会主义现代化国家的首要任务。中国式现代化为 6 个方面的体系化高质量发展指明了方向。一是构建高标准的市场体系，包括商品市场体系、要素市场体系等，特别是要加快标志性枢纽型要素市场建设；二是继续夯实以实体经济为主体、制造业为中心、服务业快速发展的现代化产业体系；三是形成巩固加强研发投入、加快科研成果转化、大规模投资生产的科技创新体系；四是形成海洋文明、陆地文明双向发展的“沿海-内陆”均衡发展体系；五是“城市-乡村”共同发展体系；六是进口出口双向平衡、沿海内陆均衡开放、融入各种世界规则的“双循环”发展体系。

二、中国式现代化指引新型智库建设

2023 年，站在世界之变、时代之变、历史之变的交叉点，蓝迪国际智库将从中国式现代化中明确思想指引、方法遵循，在新型智库平台建设道路上坚定前行，推动国家治理体系和治理能力现代化，促进第四次产业革命发展和实践，服务“一带一路”倡议和人类命运共同体。

继续聚焦国家关切，开展针对性、战略性宏观研究和政策研究。主动围绕党和国家重大战略决策需求开展咨询研究，切实提高服务科学决策咨询的能力水平，取得有深度、有价值、有特色的研究成果。

继续关注科技创新，开展前瞻性、储备性技术发掘和企业培育。把握科技创新战略方向，助力国家抢占产业发展制高点，服务企业高质量发展，发挥科学决策支撑和运营管理支持作用，精准对接企业需求，为企业“请进来”“走出去”提供配套支持。

继续服务城市发展，开展链条式、集群式行业调研和产业打造。建立健全常态化沟通机制，为区域和行业产业发展提供准确、前瞻、及时的建议。深度参与重大决策部署，建立快速响应机制，推动国家战略在地方的落实落地，推动区域产业政策创新、招商方式创新和生态培育创新，助力地方高质量发展。

继续注重国际交往，推动更公平、更可持续的交往机制和规则体系。开展国际智库交流互动，促进对中国的客观认识和建设性思考，讲好“中国故事”，提升国家话语权和影响力。在国际合作中积极建言献策，在规划对接、政策协调、标准制定、国际规则等方面形成智库助力，推动构建更高效、更公平、更可持续的国际合作体系。

“从现在起，中国共产党的中心任务就是团结带领全国各族人民全面建成社会主义现代化强国、实现第二个百年奋斗目标，以中国式现代化全面推进中华民族伟大复兴。”在党的二十大庄严宣示引领下，蓝迪国际智库将同各方同心协力、共创共享，在新型应用型平台型智库探索中奋勇向前。